蓮實重彦

シネマの記憶装置

FILM ART
フィルムアート社

シネマの記憶装置　目次

Le Dispositif de Mémoire du Cinéma

Ⅰ章　シネマの記憶装置

Ⅱ章　フィルム断片、その引用と反復の記憶

Ⅲ章　映画の現在、その緩慢と弛緩の記憶

Ⅳ章　作家論、見えざる素顔への記憶

□カバー図版
表1　『市民ケーン』（オーソン・ウェルズ監督）
表4　『偉大なるアンバーソン家の人々』（オーソン・ウェルズ監督）
□表紙図版
表1・表4　『東への道』（デイヴィッド・ウォーク・グリフィス監督）
［本文写真協力］公益財団法人川喜多記念映画文化財団

I章

シネマの記憶装置

B級幻想――または黒澤明が文部大臣より背が高い事実のうちに映画の不幸が宿っているということ

文化功労者とやらに列せられた黒澤明が、たぶん表彰状かそれに類するものであろう紙きれをときの文部大臣から手渡され、いささか処置に困ったというあんばいに曖昧にまるめたりしながら軽く頭を下げるとき、なにしろそれは人並みはずれて背の高い人のことなので、深々とおじぎをする相手のトッチャン刈りの後頭部をほぼ三十センチ真上から見下ろす格好となり、不意にあの『チャップリンの独裁者』〔四〇年〕の床屋の場面を思わせる特殊な装置が大臣を六十センチほど持ちあげるといったギャグが仕組まれてはいまいか、といった期待をいだかせもしたのだが、腰を伸ばしてもふたりの背丈の差はあいかわらず三十センチのままで終わってしまい、かくして文化の日は、例年のあの退屈な儀式を単調に反復したにすぎなかったのだが、だがそれにしても、この滑稽でグロテスクな光景を映画人がバカ箱と呼ぶというテレヴィジョンを介してながめながら、これまであれほど悪口ばかりいっていた黒澤明の側につい肩入れなどして、もっと高くなれ、などとつぶやいている自分を発見するというのは、この光景以上に悲惨なまでにグロテスクな事態であって、それは多分、もう映画監督にはなれまいが、ことによると文部大臣ぐらいは、その気になればなんとかなれそうだといった妙な自信が心のどこかに巣喰っているからに違いなく、また、嫉妬の対象たりえないはずの黒澤をかりに一瞬にしても嫉妬を込めて応援してしまったというからには、やはりこちらもかなり映画に憑かれているのだとつくづく思い知らされたという次第なのだが、黒澤と文部大臣とのあいだにとり交わされたあのグロテスクなやりとりのグロテスクぶりに改めて視線を向けてみると、そこには間違いなく不幸なゆき違いが二重に演じられているわけで、表彰する側にしてみれば、日本映画といえば黒澤の名前ぐらいしか思い浮かぶまいし、またされる側にすれば、なんで俺が文化勲章じゃあないんだという不満があろうし、だからとりあえず文化功労者でもかまわない、こっちとしてはそっちの顔をつぶさずにもらってやるまでのことだという黒澤の態度が儀式を妙にシラケきったものにしてしまったのだが、じつは見ている者をシラケさせるのは、この不幸なゆき違いを介してすくなくとも黒澤が最も偉大な監督だとする無言の了解が表彰する側とされる側とに共有されている点なのであって、これではまるで本来が頽廃としてあるはずの常識までがさらに頽廃を希求せんとしていることになるではないか

黒澤明監督

と、まあそんな日ごろの憂鬱がますますその灰色の色調を濃くするほかはなかったのだが、それというのも、かなりの程度まで人を興奮させうる『姿三四郎』二部作〔四三年・四五年〕で世に出たこの作家は、自分がB級監督の資質にのみ恵まれてると知っていたはずでありながら、その後はついにB級作品の成功作を世に送りえず、だから自分は、仕方がなしにA級まがいの作品へと逃亡せざるをえなかった失敗者にほかならぬのだという挫折感を、このグロテスクな表彰の儀式が決定的に忘却させる口実ともなりかねるからであり、これは文部大臣にとってきわめて不名誉なことだというべきだと思うが、もちろん、ここでB級作品というのは差別的な呼称ではいささかもなく、作者のフィルム的造型性への欲望と観客の欲望消費への漠たる意志とがもろもろの障害にもかかわらずある一点でピタリと一致し、仮りにそれが妥協と挫折の産物であったとしても、その奇蹟的な一致が、あたりにたちこめる通俗性を嘘のように一掃することの可能なあくまで厳しい作品をかりにこう呼ぶまでのことであり、だからB級映画とは、面白ければなんでもよかろうといった怠惰な精神には撮ることの不可能な、言ってみるならあらかじめ失敗が宿命づけられた不可能な作品とでも定義するほかはなかろうが、かりに何かの間違いでその試みが成功したとすると、そこでは、どんな映画も多かれすくなかれはらみ持つ荒唐無稽な御都合主義といったものが、たとえばマキノのように、ヒッチコックのように、ウォルシュのように、ジャック・ベッケルのように、ジャン・グレミヨンのように、ベティカーのように、フォードのように、小津のように、ストローブのように、加藤のように、鈴木のように、その発想の図式性を途方もない透明性の彼方に雲散霧消させてしまうのであり、また、それが失敗すれば、山本のように、今井のように、スコセッシのように、ワイラーのように、マルのように、ソーテのように、フォアマンのように、レネのように、救いがたい通俗性に囚えられるほかはなく、たとえば小沼勝なら『ラブ・ハンター・熱い肌』〔七二年〕の途方もない美しさを前にした『生贄夫人』〔七四年〕、曾根中生なら『わたしのSEX白書・絶頂度』〔七六年〕の緊迫感を前にした『嗚呼！　花の応援団』〔七六年〕、鈴木則文なら『エロ将軍と二十一人の愛妾』〔七二年〕の言語を絶した美しさを前にした『トラック野郎』連作〔七五年〜〕の弛緩ぶりなど、それらはいずれも失敗したB級作品のほかならぬ点からくるものであり、この関係はルノワールの『素晴しき放浪者』〔三二年〕と『大いなる幻影』〔三七年〕との

『大いなる幻影』（ジャン・ルノワール監督）

対立にも反映するもので、後者は、完全版であれナチス版であれ、いわば出来そこないのB級作品として、失敗した東映やくざ映画以上に醜い図式性を露呈しており、しかもその貧しい人間関係は、ピエール・フレネーとシュトロハイムの、これまた失敗したB級の典型『アレクサンドル・ネフスキー』〔三八年・監督エイゼンシュテイン〕のニコライ・チェルカーソフにも劣らぬ醜い演技によって信じがたい通俗性の域に達してしまうのだが、まあこうした例外的な失敗に人は寛大であるべきで、問題は、誰もが、失敗したB級作品のみを愛し続けてきたという映画史的な現実、成功したB級は『十字路の夜』〔三二年・監督ルノワール〕から『万事快調』〔七二年・監督ゴダール〕まで一貫して蔑視されてきたという映画史的な現実であり、遅まきながらヌーヴェル・ヴァーグを介して自国のB級に目覚めたハリウッドの第九世代とやらが、ボグダノヴィッチ、ルーカス、メル・ブルックス、ポール・マザースキー、ジョン・ミリアス、等々、ひたすら失敗したB級を模倣しつつ映画の蘇生を夢想しているというのはまったくもって不幸なゆき違いであって、黒澤明と文部大臣とのゆき違い以上にグロテスクなこの光景は、せめて『アウトロー』〔七六年〕のイーストウッドほどの才覚があれば回避しえたはずのものであるだけに、いよいよアメリカ映画も最後の瞬間を迎えつつあるのかと暗澹たる思いに囚われるほかはなく、その思いは、こよなく美しい『ビッグ・バッド・ママ』〔七四年〕のスティーヴ・カーヴァーに期待を託すといったぐらいのことでは、とても払いのけることができず、だからB級映画など途方もない虚構だ、とるにたらない幻想だと思わず口にせずにはいられないのだが、**メル・ブルックスの鈍重なユダヤ流ジョークを良心的なスーパーで見ることより、バッド・ベティカーやバート・ケネディーを滅茶苦茶なスーパーで見ることのほうが映画革命の戦略にはるかにかなったやり方だということ**

もちろん、何から何まで昔のほうがよかったとか、最近の映画はからっきし駄目だといったことは金輪際口にしたくないし、だいいち、映画はいまだその最盛期には達しておらず、たえず来たるべきフィルムとして宙に吊られているとでも信じない限りとても映画など見続けてはいられないはずだと思いもするのだが、だがそれにしても、この数カ月ほどで目にすることのできた作品のうちでこちらの映画的感性の核心を震わせたものといえば、すでにこれまでに最低十二回は見ているはずのジャン・ルノワールの『ピクニック』〔三六年〕と最低二十二回は間違いなく見ている『キートンの大列車追

『アレクサンドル・ネフスキー』
（セルゲイ・エイゼンシュテイン監督）

跡』〔二六年〕と、そして最低三十二回半は確実に見た記憶のあるやはりルノワールの『素晴しき放浪者』のみであったという事実は、ともすれば人を自堕落な郷愁の風土へと誘い込まずにはおかぬ由々しき事態であり、これが日本映画の場合なら、清順が十年ぶりで作品を撮るとか、伊藤俊也が四年ぶりで一本撮るとか、胸がキューっと締めつけられるような話題があるし、また神代辰巳の『悶絶!! どんでん返し』〔七七年〕と『濡れた欲情・特出し21人』〔七四年〕をちゃあんと番組に組んでくれる名画座もあるといった次第で、たとえば『わたしのSEX白書・絶頂度』という曾根中生の傑作を完璧な一本としてみるのに、東京の盛り場と場末とを四カ所、数カ月もかけて走りまわり、数千円を投資しなければならない昼間勤務の国家公務員にとってさえ、欲求不満に陥るといった事態は存在しないのだが、これがこと外国映画となると、日曜ごとに繁華街へ出向いていってても、どうしてこんな貧しい番組ばかりがいつまでも同じ小屋にかかっているのかとても信じがたい事態に直面し、洋高邦低といった神話の無自覚な蔓延ぶりにすっかりうんざりしてしまうのだが、さりとてこちらは偏屈な愛国主義者ではないから、『エアポート'77／バミューダからの脱出』〔七七年・監督ジェリー・ジェイムスン〕を見る、『ロツキー』〔七六年・監督ジョン・G・アヴィルドセン〕を見る、『家』〔七六年・監督ダン・カーチス〕を見る、『キャリー』〔七六年・監督ブライアン・デ・パルマ〕を見る、『大陸横断超特急』〔七六年・監督アーサー・ヒラー〕を見る、『ピンクパンサー3』〔七六年・監督ブレイク・エドワーズ〕を見る、『ネットワーク』〔七六年・監督シドニー・ルメット〕を見る、といった具合に、そのつど、いささかの期待を無理に掻き立てて劇場の薄暗がりから薄暗がりへと駆けずりまわるのだが、そしてできることならだまされてみたい、何かの間違いでもいい、一瞬なりと興奮してみたいものだと思って精神と肉体とをできうる限り素直に解きほぐしはするのだが、まるでこちらのそんな善意を踏みにじるのが楽しみだと言わんばかりに、こうした一連のアメリカ映画は退屈きわまりなく、しかもその退屈さというやつが、役者の演技が拙劣だとか、物語が馬鹿げているとか、演出に手違いがあったとかいった点からくる退屈さであれば、それなりの楽しみ方というものがあろうというものだが、ここにあるのはどれもこれも妙に自足しきった退屈さなのであってまるで救いがないし、しかも、そのほとんどが、すでにどこかで一度は体験したことのある映画的感動を凡庸に薄めて引きのばしたといったたぐいの退屈さなのだから『ネットワーク』を見

『キートンの大列車追跡』(バスター・キートン監督)

ている者はエリア・カザンの『群衆の中の一つの顔』〔四七年〕を、『ロッキー』を見ている者はロバート・ワイズの『傷だらけの栄光』〔五六年〕を、あれはあれでそんなに悪い映画でもなかったんだなあと思い起こしてみたり、『家』の最後では『サイコ』〔六〇年〕の、『大陸横断超特急』では『見知らぬ乗客』〔五一年〕の、そして『エアポート'77』では『海外特派員』〔三九年〕のアルフレッド・ヒッチコックを改めて記憶に蘇らせたりしながら、たとえば数カ月遅れの「ニューヨーカー」誌でも開いてみればいくらなんでもこんな退屈な映画ばかりがアメリカで公開されているわけでもないことを誰でもが知りうる以上、なぜ、『断絶』〔七一年〕以前のモンテ・ヘルマンの西部劇をジャック・ニコルスンの人気にかこつけて輸入する会社がないのか、あるいはこのパロディー全盛の世の中に、文字通り必死のパロディーともいうべきバッド・ベティカーの『今は死ぬ時だ』〔七一年〕とか、バート・ケネディーの『ハニー・コールダー』〔七一年〕といった傑作でひと稼ぎする会社がないのだろうかとつくづく考え込まざるをえないのだが、おそらくこうした真のアメリカ映画が日本の観客の目から奪われているという事態は、アメリカのどこかの芸能特派員が「話の特集」誌上で指摘していたスーパーインポーズの誤訳の問題なんぞよりはるかに重要な問題であって、愚にもつかないメル・ブルックスのユダヤ流のジョークとやらをかなり良心的なスーパーで見せられるより、バッド・ベティカーやバート・ケネディーの代表作を滅茶苦茶なスーパーで見ることのほうが映画の世界革命的な戦略のうえではるかに有意義だと知るべきであり、こちらはこうした健全なるアメリカB級作品をひそかに見ているからまあ問題はないが、実際、この種の作品が日本で見られなくなってしまうと、このところいささか活力を失なったかにみえる和田誠の筆がますます衰えてゆきはしまいかと人ごとながら気が気ではなく、「お楽しみはこれからだ」などとつぶやいていると、お楽しみは本当に永遠のこれからになってしまいはせぬかといささか心配にならぬでもなく、しかし、和田誠氏は見も知らぬ他人だからどうでもよいが、といって中に山田宏一という共通の友人をひとり介在させると、その見も知らぬ他人がたちまち友人の友人になってしまう間柄だからどうでもいいというわけにもゆかず、とは言えそう悩んでみても問題は和田氏ではなくアメリカ映画のほうなのだから話を本題に戻せば、このところ日本で公開されるアメリカ映画は、どれもこれも面白くなく、面白くない以上真面目さに欠けるところがあるという点

モンテ・ヘルマン監督　Ⓐ

を言いたいのであって、それは何も大声で強調するまでもない常識にすぎないが、嘘か本当かは知る由もないが、とにかく『男はつらいよ』の山田洋次が『ロッキー』などと呼ばれる時代遅れの反共映画を持ちあげているのに出会ったりすると、日本共産党に投票したという記憶もあまりない者までが、ついつい今度の選挙で代々木は大丈夫なんだろうかと心もとない気持にもなろうというもので、日本におけるアメリカ映画の衰退というか長期凋落傾向は、どちらかといえば無国籍的なニコラス・ローグの『地球に落ちてきた男』〔七五年〕とか本人が撮ったわけではあるまい『アンディ・ウォーホルのＢＡＤ』〔七七年・監督ジェッド・ジョンスン〕などの散発的な活躍にもかかわらず、やはりすぐれて政治的な現象というべきものなのかもしれぬが、**メル・ブルックスの唯一の功績は、ジェリー・ルイスとフランク・タシュリンへの郷愁を呼びさましたことにつきるが、それで、人はさほど幸福になれるわけでもないということ**　そんな中にあって、スティーヴン・スピルバーグの『ＪＡＷＳ・ジョーズ』〔七五年〕はどちらかというと人を不愉快にする陰鬱な喜劇で、あまり二度見たいという気持は起こさない作品ではあったけれど、リチャード・ドレイファス扮する魚類学者がいきなり映画のこちら側をふりむいて「タイガー・シャーク！」などと叫ぶところなどは本当におかしいし、妙な爺さんの相棒をつれた魚師のロバート・ショウが、赤ん坊の頭ほどある餌をつけた釣針をドボンと暗い海に放り込んで「カム・アンド・ゲッ・イット」とどなる場面など、思わず椅子からとび上がりたくなるほど笑ってしまうといったあんばいに、この監督はいざという勘所だけはちゃんと心得ていて、まあそれも最低の職業的良心と言ってしまえばそれまでだろうが、そうかそうなのか、お前さんもいい加減ハワード・ホークスに狂ってるねといった微笑が唇に浮かぶという程度の楽しさはそこにあるわけで、だからといって『ジョーズ』を傑作だ傑作だと触れてまわる気はしないにしても、それなりの評価はしてやりたくなるというものだが、たとえば、『ヤング・フランケンシュタイン』〔七五年〕以来、その前作の『ブレージングサドル』〔七四年〕と、それに続く『サイレント・ムービー』〔七六年〕などがどういうわけかたて続けに公開されてしまったメル・ブルックスの場合をとってみると、とりわけ、悩んでみたりいらいらと怒っている限りはなんとか見られる御本人がなんと出ずっぱりで晴れやかに笑ってみせる『サイレント・ムービー』などという映画にあっては、まるでもう、最低の職業的良心さえもどこかに置き忘

スティーヴン・スピルバーグ監督

れてきたかのように、なにも四人で寄ってたかって作るにも及ぶまいわさびの利かないギャグの果てしない不発弾を、いかにも重そうに手の中でこねまわすばかりで、一年にせいぜい十回も映画館に足を運ぶまい怠慢な精神に向かって、そう、これは精神という人間の最も貧しい領域に向けられていて、断じて肉体に働きかける映画ではないのだが、ともかくその怠慢な精神がみずからの怠慢ぶりに満足しうる程度の、多少は気が利いていないではないが決して肉体を狂わせることのないテレヴィジョン向けのヴォードヴィルを貧しく演じながら、その貧しさを臆面もなくスクリーンに水増しして投影するだけのこの男がなんと全米興行成績の五位にランクされてしまった人のことだから、アメリカも随分とスケールが小さくなったものだと思わず昔を懐かしく思いたくもなるのだが、アン・バンクロフトを妻としたことのみが取柄としか思えないこのメル・ブルックスという人に欠けているのは、喜劇役者に必要不可欠なただひとつの美徳、生真面目さの美徳にとどまらず、致命的にも映画的な才能、すなわちイメージの経済原則というやつまでがすっぽり抜け落ちているのであり、それはたとえば、別にとりたててどういうほどもないが結構面白く見続けてしまうウィリアム・フリュエの『ウィークエンド』〔七六年〕といった映画の、ゴダールを思い出したくはなるがもちろんそれよりはるかに粗雑で官僚的な冒険物語で、別荘番みたいな役を演ずる奇妙な老人と若者とのコンビが、自動車のハンドルを握ろうとしてドアから草むらに転げ落ち、やっと動きはじめた車が今度は自分の家に正面から突込んでしまうといったあたりのおかしさが、酔っぱらいの出鱈目な言動だけにますます周到な画面処理を必要としているのだという点を確かめえた者にとっては、ほとんど信じがたい映画的欠落だというほかはなく、その欠落にもかかわらずメル・ブルックスが映画を撮りあげてしまったという事実は、われわれ素人に映画がいかに困難ないとなみかという絶望をではなく、誰にだって撮れる他愛もないお遊びだというぬぼれをあおる郷愁とともに駆り立てずにはおかぬのであり、実際、三人組の黄色いスポーツカーが、途中で拾った妊婦の重みでまるで前足で宙をける馬のようにのけぞったまま走りだすギャグの、あまりにフィルム的肉体を欠いたみすぼらしさに接したりすると、ああ、ここを俺に撮らしてくれたなら、というぬぼれが鏡のように佐藤忠男氏をも捉えたであろうことは確実であり、だから、スプリングがいかれていてたえず地震のように揺れているジェームズ・カーンのキャン

メル・ブルックス監督　Ⓑ

ピングカーでの一景とか、歪んだ鎧を身にまとって、宇宙遊泳者のように三人がもつれ合って食堂をほんのすこしぶっこわすというライザ・ミネリとのからみの挿話とかを、笑いを奪われたまま見続けねばならぬ者は、そこでカット、カメラ引いて、などと思わず心のうちで叫びながら、苛立たしげに吐く息でいくつものうぬぼれ鏡を鬱陶しく曇らせてしまうほかはないのだが、やがて鬱陶しく曇った鏡の向う側には、チャップリンだのキートン、ロイドなどとは言うまい、マルクス兄弟でもなくローレル＝ハーディーでもなく、そう、せいぜいジェリー・ルイスとフランク・タシュリンのフィルム的肉体運動が徐々に透けて見えてきて、当時は決して愛好したわけでもないこのふたりのコンビすらが、メル・ブルックスに比較してみればはるかに職業的良心で映画的造型性を支えるすべを持ち合わせていたといった郷愁がこの退屈にして単調で不真面目な『サイレント・ムービー』の一時間半を絶望的に耐えていた者の胸に湿っぽく漂いはじめたという次第であり、だからメル・ブルックスの唯一の功績は、ジェリー・ルイスとフランク・タシュリンへの郷愁を呼びさましたことにつきるが、しかしそれで、人はさほど幸福になれるわけでもないことは、あえて言葉にするまでもあるまいと思われるから、あとに残るのは、こんな雑駁な代物でも結構高級なジョークだぐらいに勘違いしかねない世代の抬頭にいかに抵抗すべきかという嘆かわしい感慨ばかりなのだが、**反＝マルクス論遅ればせなグルーチョ追悼**　決して唐突だったわけではないグルーチョの死を追悼する最上のやり方というのはなんであろうかといった問題へと視点を移行させてみたとすると、ここでも明らかなのは、彼がそれにふさわしく追悼される機会がわが国にはついに欠けていた、というより不意討ちをくらったわけではないのだからあらかじめ書かれた追悼文を何度も推敲するといったぐらいのことはありえたはずなのに、あの饒舌にはいかにもふさわしからぬ寡黙な言葉がほとんど投げやりにつぶやかれていたばかりだという事実なのであって、なぜそんな思いに誘われるのかといえば、グルーチョその人が最後に過ごした一日のそれも多分息をひきとる最期の瞬間に、彼がその兄弟たちとけたたましくもつれ合う映画をたまたま三本もたて続けに見てしまっていたという宿命的なめぐり合わせにいまだに脅え続けているという個人的な事情もあるわけであって、おそらく世界で百人は超えまいと思われるそんな特権的な観客のひとりであってしまったというこの怖るべき偶然は、もちろんそのときにパリに滞在して

ジェリー・ルイス

いたという理由によってある程度まで説明されはするのだけれど、しかし、生まれてはじめて父親と『オペラは踊る』〔三五年〕を見て映画館から出てきた十歳の息子が、笑い疲れたのか目をトローンとさせ、妙に足どりもおぼつかなく、焦点のきまらぬ視線を遠くに馳せながら、しかしいつもとは違って変に低く響く声でもう一度見たいとつぶやくなり、こちらの決断をうながすように黙りこくってしまったので、父親としては欠乏した酸素をすぐさま補給しないとこれは危険だなどとせっぱつまった気持からまるで映画館こそが酸素を生産する場所だとでも言うかのようにほとんどあわてふためくようにして『けだもの組合』〔三〇年〕から『ラヴ・ハッピー』〔四九年〕とハシゴしてまわることになったのだが、その結果として息子は息をふきかえしグルーチョが息をひきとったのだから、父親はグルーチョの生命を犠牲にして子供を救ったということになるわけで、誰も知ることのないこの秘密を罪のように背負い、江藤淳描くところの夏目漱石さながらに生を耐え続けることのせめてもの償いとして、いま改めて遅ればせの追悼に思いをいたした次第なのだが、では彼にふさわしい最上の追悼とは何かというと、それは、いまこそ、マルクス兄弟がついに映画を超えることなく敗北した惨めなるようにあることを確認する事実という事実を確認することにあるように思え、しかもそれは、よく闘ってなお勝利しえなかった者への愛惜の念ではなく、徹底して敗北しか選びえなかった者へのほとんど憐愍の情とともに確認すべきことがらであり、事実、考えてみるまでもなく、しばしばいともあっさりと気狂いじみたと言われているこの兄弟たちは、現実には映画をいささかも破壊することなどなかったのであり、サム・ウッドとかノーマン・Z・マクロードとかの才能ある監督に操作された場合に彼らはかろうじて映画と調和ある均衡を保ちえたにすぎず、それ以外の場合は、映画以前の段階でむなしく言葉と身振りの饒舌を撒き散らしていたまでのことであって、映画はあくまで安泰のまま骨抜きにされたわけでも狂ってしまったわけでもなく、つまりスクリーンはスクリーンとして映写終了後ももとどおり続けえたし、フィルムの説話的秩序だってどこまでも物語としてとどまりえたのだし、つまり制度としての映画は何ひとつ傷つくことなくこの三兄弟を玩具のように分節化し続けていたのであって、だから、メル・ブルックスの映画に比較すればその面白さに天文学的な差があると言ってみたところであまり慰めの言葉ともなりえず、アントナン・アルトーやレヴィ＝ストロースの讃辞

『オペラは踊る』（サム・ウッド監督）

にもかかわらず、彼らは映画にとっては凡庸なる役者集団というか、映画に保護されることではじめて畸型的怪物性の衣をまといえた悪童というにすぎないわけで、それはもちろん、『けだもの組合』でのハーポの登場のけたたましい無言ぶりといったもの、ただもう盲滅法に銃をぶっ放し、ふたり組の生きた彫刻にかえり撃ちにあうといったあたりの荒唐無稽ぶりは息をのむばかりのものだし、名画の贋物が贋物の贋物に置き換えられてついに本物の行方がわからなくなるといったギャグも人をしびれさせずにはおかないが、しかし、それにしてもしかし、そのときのハーポはまだまだ映画による手厚い庇護のもとにとどまっているのだということは忘れることはできないし、特に有名になりすぎた『マルクス捕物帖』〔四六年〕の冒頭のビルが倒れるギャグにしても、語られすぎたあまり崩壊すべき運動が途方もなく膨脹してしまっただけで、じつは視覚的にはかなり貧しいものにすぎず、あとで見なおしてみると、マルクス兄弟がグリフィスでもシュトロハイムでもなく、セシル・B・デミルでさえもなかったことが追認されるばかりで、秀逸なるギャグとして語られている場合に誰もが一続きのワン・シーンで想像するこのシーンは、じつはいかにも単調なモンタージュに還元されてしまっていて、ここでも映画による保護がどんなものであったかを思い知らされるわけであり、だから残るは問題の『我輩はカモである』〔三三年〕だが、この信じがたい映画が証明しうる唯一の映画的事実は、レオ・マッケリーが、ルネ・クレールよりもチャップリンよりも偉大であるという映画史の常識の復習であるにすぎず、ここに展開されるただもう呆気に囚われるしかない途方もない無意味の饗宴にしたところで、あくまで映画に保護されようとするマルクス兄弟の虫のいい出鱈目ぶりと、彼らをあくまで映画では保護しまいとするマッケリーの映画作家としては不条理というほかはない出鱈目さとの戦争で、マッケリーが手にした苦い勝利を祝う荒唐無稽ぶりなのであって、そこにあるのは、戦争のパロディーなどという弛緩しきったイメージではなく、勝つために、映画的庇護者の役割を戦略的に受けいれた倒錯者レオ・マッケリーが戦った真の戦争が正真正銘の戦争映画として存在しているまでのことであって、だから映画は、マルクス兄弟をそれと知らざる犠牲者の地位に陥れたまま姿をくらましてしまい、以後、グルーチョも、チコも、ハーポも、そして不運なるゼッポも、敗北者たるがゆえにまというる神話と戯れ続けることが可能になったというのが事態の正しい解釈なのであり、それゆ

『我輩はカモである』(レオ・マッケリー監督)

えいまこそ、映画の勝利とマルクスの敗北とを確認することが、グルーチョへの最大の追悼となるに違いないと思うのだが、追悼といえば、**ホークス追悼になりそこねたクリント・イーストウッド讃**　グルーチョを見殺しにした多くの観客がいつになく興奮したり、あるいは妙に肩に力をいれて否定しようとしていることで注目に値するスティーヴン・スピルバーグの『未知との遭遇』〈七七年〉は、それがホークスの『遊星よりの物体X』〈五一年〉に発想の源を持つ映画によるしたたかな映画発見の試みだといったことぐらいは、前作『JAWS・ジョーズ』のいたるところにちりばめられていたホークス的記憶の断片に触れえた者には見なくたってわかる単純な映画史的知識だというべきであり、その意味で、スピルバーグはホークスをめぐっていやというほどの文章を書き残したピーター・ボグダノヴィッチの『おかしなおかしな大追跡』〈七二年〉などとは比較にならぬ聡明さでハリウッド的伝統による分節化を受けいれていると言えようが、もちろん『遊星よりの物体X』は正確にはハワード・ホークス監督作品というより、『脱出』〈四四年〉、『三つ数えろ』〈四六年〉、『赤い河』〈四八年〉などの充実した作品群の編集を担当したクリスチャン・ナイビーにホークスが演出をまかした作品であり、彼自身は製作者でしかないわけだが、それでいてこの作品が正真正銘のホークス映画だという点を理解しえない者にはホークスを追悼する資格はないし、また同時に『未知との遭遇』になんでフランソワ・トリュフォーがつき合ったりしているのかも見当がつかないわけで、じつは『未知との遭遇』は『ジョーズ』がそうであったようにきわめて難解な映画であるに違いなく、その難解さは、多分ヴィム・ヴェンダースの『アメリカの友人』〔七七年〕のそれと通じ合った難解さであって、凡庸な視線にとっては通俗性と映りもしようこの難解さは、アメリカ映画史のうえで最も貴重な一群の作家たち、すなわちほぼ一九五〇年代に映画を撮りはじめたアンソニー・マン、ロバート・オルドリッチ、リチャード・フライシャー、エイブラハム・ポロンスキー、サミュエル・フラー、バッド・ベティカー、ロバート・ロッセン、ニコラス・レイといった才能豊かなひとびとを、通俗性の一語によって映画的思考から追放してしまったのであり、日本におけるホークス評価の信じがたい低さは、この難解さを通俗性ととり違える錯覚と決して無縁ではなかろうが、こうしたひとびとのどんな出来そこないの一本をとってみたって、エリア・カザンの上出来の一本とは比較にならぬ充実ぶりを示しているのは誰の目にも明ら

ハワード・ホークス監督

かであり、にもかかわらずそれが正当なる評価の対象たりえなかったのは、彼らが、多分ホークスにならって、カザンの真の通俗性に顔をそむけてしまったからにほかならず、この慎ましくも不運なる作家たちがいかに冷遇されているかは、日本で出版されているアメリカ映画史といったたぐいの書物のページをめくってみればあまりに明瞭であって、たとえばそれなりに努力の跡がみられぬでもない朝日新聞社版の『グラフ外国映画史・世界の名監督100人』の中にさえこうした五〇年代作家の名前がほとんど見当らないという驚くべき事態が映画ジャーナリズムを支配しており、そんなありさまに苛立たずにはいられないのは、なにも青春時代への郷愁からではないし、ホークス追悼の意味からでもないし、スピルバーグの映画史的系譜を明らかにするためでもないのであって、それは、ひたすら現代アメリカの最も才能ある映画作家にほかならぬクリント・イーストウッドの美しい『ガントレット』〔七七年〕が、五〇年代作家の正統的な後継者の作品であるがゆえに耐えねばならない蔑視というか無関心に激しいいきどおりを覚えるからなのだが、真に腹立たしいのは、この映画はあまりに難解でわたしの理解を超えていますとでも口にしながら判断を中止するならまだしも、またしてもその難解さを通俗性ととり違え、いかにも訳知り顔に脚本のまずさなどを指摘してまわる連中が跡を断たぬという事態であって、そんな連中の無自覚な通俗性と凡庸さをめぐっては、映画『ガントレット』の素晴らしさとともに雑誌「エピステーメー」七八年三・四月号の特集「映画狂い」での山田宏一氏との対談で充分論じつくしているので改めて繰り返しはしないが、この種の難解さを前にした者が武装すべきなのは〝知〟によってではなく、どこまでも柔軟で繊細な感性によってでなければならないという点は、五〇年代の作家たちに襲いかかった不幸をいま一度むなしく傍観してはならないと自分に言い聞かせる意味からも執拗に書き記しておく必要があり、だいいち、ここにはさまざまな映画的記憶が濃密に染みついていて、〝知〟が映画的記憶を始動せんとする以前に思い出という思い出がいっせいに記憶の表層に浮上し、とても〝知〟で武装して難解さを通俗性ととり違えている余裕などないはずであり、たとえばイーストウッドが乗っ取ったバスの乗客をいかにものんびりと降ろし、どこで見つけてきたのか厚い何枚もの鉄板で運転席を武装しはじめるとき、『荒野の用心棒』〔六四年・監督セルジオ・レオーネ〕の最後の決闘シーンで彼が胸もとに隠し持っていた鉄板を思い出さぬ人間がいたとしたらその映画的

クリント・イーストウッド監督 ©

感性はよほど鈍感というほかはなく、あのイタリア製の西部劇から何くわぬ顔でその鉄板をフェニックス・シティーに密輸入してみせるイーストウッドのしたたかな出鱈目ぶりは、黒澤明の『用心棒』〔六一年〕をあっさり頂載したボブ・ロバートソンことセルジオ・レオーネの図々しさよりもはるかに屈折した豊かな映画的記憶の所有者であることを証明していると思うし、この出鱈目ぶりを改めて出鱈目だと断ずる連中の無邪気さをあらかじめ禁じているはずなのだが、そうした罠にもあっさりはまってしまいしかもそのことに無自覚な怠惰な映画的感性の持ち主に対して、クリント・イーストウッドの『ガントレット』は一種の踏み絵のような作品として機能しているのであり、つまりこれを通俗的でいい加減だと思う人は自分が通俗的でいい加減な人間であると告白してしまうことになるといった映画はこのところごくすくなくなってしまっており、これを除けば、おそらく西河克巳の『霧の旗』〔七七年〕とロベール・ブレッソンの『白夜』〔七二年〕ぐらいしか思いつかぬが、『白夜』の『ガントレット』にも劣らぬ素晴らしさについては、いずれ詳細に語ることになろうから、ここでは、クリント・イーストウッドの『ガントレット』に感動しえなかった人間は映画の敵であるとのみ記しておくにとどめるが、**リメイクについて、または墓に近づくな**　それが墓からはじまるということで妙なもてはやされ方をした書物のひとつに小林秀雄の『本居宣長』というのがあって、これはべつだん退屈な読みものというわけではないけれど、退屈でない読みものというやつは世の中にはかなり沢山あるわけで、退屈でないというただそれだけの理由でこの重くて重い書物を読んだりするぐらいなら、墓とか埋葬とか告別式とかではじまったり終わったりする映画のことでも思いだしてみるほうがずっと気が利いているし、そもそもこの宣長という人物にしたところで、かなり本気に書いているらしい小林秀雄などの手にかかるより、あの傑作『アンナ・マグダレーナ・バッハの年代記』〔六八年〕を撮ったジャン＝マリ・ストローブなり『断絶』のモンテ・ヘルマンなりが映画化した方がはるかに感動的な作品たりうる資質を充分にそなえているので、どうだろう、今年はアカデミー脚本賞をとりそこねたロバート・ベントンと、しばらく賞からは遠ざかっている田村孟との共同シナリオ、それに大島渚の『愛のコリーダ』〔七六年〕、『愛の亡霊』〔七八年〕二部作を製作したアナトール・ドーマンのプロデュースによるジャン＝マリ・ストローブ監督作品『本居宣長』というのを企画したら、二年後のベルリン国際映画祭で

セルジオ・レオーネ監督

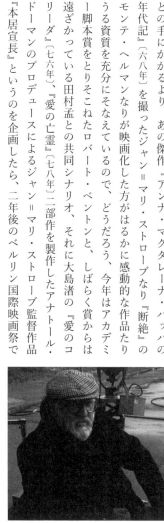

の大賞ぐらいはねらえると思うが、主演はもちろんジェースン・ロバーズだが、ひとことも口をきかないロバーズ＝宣長の想像する墓のイメージもまた、小林秀雄のそれよりはるかに鮮明な輪郭におさまりえたはずであり、それは多分、フランソワ・トリュフォーの『恋愛日記』〔七七年〕がジョゼフ・L・マンキーウィッツの『裸足の伯爵夫人』〔五四年〕の冒頭をそっくり頂戴して埋葬シーンからはじまっていたように、鈴木清順ばりの桜など散らせながら葬式の場面から長い長いワン・シーン、ワン・ショットではじまるに違いなく、しかもその総体としては、『アンナ・マグダレーナ・バッハの年代記』の周到なるリメイクとしてゴダールの『パート2』〔七五年〕にも劣らぬ刺激的な映画史の読みなおしをわれわれに強いるはずであるし、あるいはみずからの墓を夢想せぬことのみが映画たることの条件にほかならぬといった歴史批判の実践ともなりうるわけで、こうした映画が現実に出来あがってしまうと、その評判を聞きつけて大林宣彦氏みたいな人が、ロジェ・ヴァディム＝手塚治虫共同監修、主演はもちろんチャールズ・ブロンスンで『賀茂真淵』の映画化を企画、ストローブ『宣長』の日本公開にさきがけてモニュメント・ヴァレーに短期ロケ、これもなぜかファースト・シーンは墓からはじまっていて、どうやらフォードの『荒野の決闘』〔四六年〕とジョン・スタージェスの『墓石と決闘』〔六七年〕のパロディーのようで、この大林『真淵』には「ブラック・ジャック」よろしく「トゥームストン」などとカタカナのルビがふってあり、かなりの自信作らしいが、こんども また山根貞男氏にあっさり無視され、ふたたび長い長い山根貞男氏あての手紙をしたためているうちに、なぜ『賀茂真淵』が墓の場面からはじまっていたのか自分でもわからなくなり、要するにあれはカタログなんだとみずからに言い聞かせて曖昧に納得してみるがどうもわれながら腑に落ちず、そうこうするうちに「キネマ旬報」ベストテンの季節も近づきあれこれ思い悩む、といった程度の悲喜劇のひとつやふたつは惹起しうる刺激性をストローブ『宣長』の企画ははらみ持っているはずだと思うのだが、しかし、小林秀雄も大林宣彦もじつはこの際どうでもよいわけで、問題は、映画における墓、ないしは埋葬という主題をいわゆるリメイクなるものと関連づけて考えてみることにあり、そんな気になったというのも、ウィリアム・フリードキンの『恐怖の報酬』〔七七年〕の惨憺たる出来映えを見ているうちに、輸入会社の意向かそれとも劇場側の要請なのかとにかく三十分近くカットされているらしいのでフリードキンのみの責任と

ジョン・フォード監督

は言えないのかもしれないが、とにかく、決して珍しいわけでもないリメイク化という現象がこれほど墓をあばくという死者冒瀆の身振りに似たものはないと実感されたからにほかならないが、そんなことを言いだしたのは、なにもアンリ＝ジョルジュ・クルーゾォの『恐怖の報酬』〔五二年〕がたぐい稀な傑作で、フリードキンの無器用なリメイクが前作の快い記憶を醜く乱してしまったなどと怒っているからではないのであって、クルーゾォのものだってかなりいい加減な映画だとは思うのだが、フリードキン版のあまりの貧しさと比較した場合、クルーゾォ版がむしろなかなか充実したフィルム体験をもたらしたのではないかと錯覚させずにはおかぬという点が問題なのであり、だからといって、もちろん、あらゆるリメイクが前作には及ばないなどと言うつもりはないし、むしろあらゆる映画は、意図的であると否とにかかわらず多少ともリメイクたらざるをえないとさえ思っているのだが、ここで改めて主張したいのは、映画的記憶の厚い地層に対していかにして感性と欲望とを組織するかという点に関して、撮る側も見る側も、いまだ文化的と呼びうる申し合わせを持つにいたってはおらず、誰もが、多くの場合、ほとんど野生児に近い自然なる野蛮さの状態に暮らしているという事実をフリードキンがはからずも露呈しているという現実なのであり、まあ、言ってみれば、みんなが墓をあばくことについては素人の域を出ず、動物的な勘すら持ち合わせていないので、映画的記憶の墓地は荒廃するばかりだということなのだが、それはほかでもない、リメイクに成功するにはリメイクに失敗しなければならず、また成功すべく失敗するにはモデルとなるべき前作を記憶の地層から抹殺する必要があるということでもあるのだが、しかもその抹殺は排除とは異質の起源を欠いた荒唐無稽なる反復としてむしろモデルを恥じいらせるものでなければならず、ちょうどブニュエルの『自由の幻想』〔七四年〕の納骨堂の挿話がみずからの『嵐が丘』〔五三年〕のクライマックスのほとんど理由のない再現であって、その理由のなさが前者に込められている死体愛好の心理学をも解体しうる出鱈目な活力をみなぎらせているといった事情からも明らかなように、要するにリメイクに成功しつつ失敗するには墓をあばくことが納骨堂の豊饒化に貢献してしまうといったとり違えの才能が必要なのだが、そんな才能に恵まれた者がそう沢山いるわけではないし、またいたところでそう簡単に模倣できるわけでもないのだから、映画的記憶の眠る墓などみだりにあばいてはならないし、無償の饒舌によって納骨

ウィリアム・フリードキン監督　Ⓓ

堂を飾りたてようなどとも思ってはならないのだと、まあそんなことを言ってはみても世の中には、映画的健忘症にかかった人間もかなり存在するわけで、あばくべき墓のありかさえ忘れてしまったそんな人たちは、リメイクなどといった抹香臭い話よりは最新ニュースのほうを好むだろうから、中でも新鮮な話題を提供するとするなら、**暴力は暴力だ？**　一九七八年のカンヌ映画祭がエルマンノ・オルミの『木靴の樹』をグランプリに選んで閉じられたというニュースは最も人を興奮させる映画的話題のひとつであって、もちろん大島渚の『愛の亡霊』がそれを逸したというのは残念なことではあるけれど、大島やゴダール、あるいはトリュフォーといった傑出した作家たちとほぼ同世代にあたるエルマンノ・オルミが、五〇年代の後半から六〇年代の前半にかけて、つまりはアメリカを除いた多くの国々で映画的感情の大がかりな変容が実現されたという一時期に、『時が止ったら』〔五九年〕とか『就職』〔六一年〕とか『婚約者』〔六八年〕といった秀作を世に送って大いに期待されながら、その抒情的社会派ともいうべき繊細な資質が、あの思いだしただけで不愉快なパゾリーニ旋風に掻き消されてしまって、その後ローマ法王ヨハネス二十三世の生涯を映画化したとかしないとかいった曖昧な話題を提供しただけで映画的記憶から完全に遠ざけられてしまったかにみえたこのイタリアの俊才が、いま、こうして十五年ぐらいの期間をおいて記憶の表層に浮上してくるというのは、リナ・ウェルトミューラーなどと称するなんの才能もない女性監督のそれなりにおかしいが所詮は失敗したイタリア喜劇がアメリカ経由で日本で公開されたりすることなどとは比較しようもない刺激的な体験なのであって、だから実際に見てみなければ確かめえないその出来映えとはおよそ無関係に、人は、ただ、この帰還を理由もなく興奮して迎えればそれでいいのだと思うがそれは、アレクサンダー・マッケンドリックが『サミー南へ行く』〔六三年〕を撮り、ベティカーが『今は死ぬ時だ』を撮り、鈴木清順が『悲愁物語』〔七七年〕を撮り、ニコラス・レイが『湿った夢』〔七三年〕を撮るといった出来事とほぼ同程度に貴重な事件なのであり、こうした事件に興奮することを人が忘れてしまっている点にこそ映画の頽廃が潜んでいるのだ、というよりさらに正確には、映画史とは撮ることの歴史であると同時に、撮らないでいることの歴史でもあるという事実を誰も信じようとはしないことから頽廃がはじまるものなのだから、いま、たとえば山下耕作が映画を作らずにいることは、大森一樹が映画を作ることと同じぐら

エルマンノ・オルミ監督

い重い映画的事件なのであり、そんなふうに考えてみた場合、撮らないでいることから撮ることへと越境しえたエルマンノ・オルミの姿勢がいやがうえにも人を興奮させるのは当然であろうが、もちろん、この際、グランプリ受賞そのものはどうでもいい話で、大林宣彦氏によると「賞が作品に権威を与えるのではなく、作品が賞に権威を与えるもの」だという「なだ・いなだ氏風」の発想にみられる賞と作品との律儀な相関関係などは、いかにも賞によって権威を得た作品の作者にふさわしい思考でにわかには信頼しがたいが、同じ大林氏によれば「佐藤春夫氏風」だという「くれるものはなんでも貰っておけばいいという発想に従って『HOUSE・ハウス』(七七年)よりももっといい加減な『反=日本語論』という書物で、何やら賞を貰ってしまった個人的体験からすると、正直言って作品にも賞にも権威なんてものははじめからないのであって、誰もが知っているそんな現実を信じまいとする大林氏はいかにも古いと言うほかはないが、ここで大林氏の名前を挙げる必然性などじつはまったくないわけで、山田洋次でも誰でもかまわないのだが、にもかかわらず大林氏の名前が引かれてしまっているのはこちらがもっぱら理不尽な暴力を行使しているからであり、また、現に読者を無視したあからさまな暴力をふるいつつある当の本人に向かって「暴力に等しい」などと平和な同語反復ですねてみせる大林氏は、やはり山根貞男氏が正しく指摘したとおり〝愚鈍〟というほかはあるまいが、徹底して〝愚鈍〟たることしか知らぬ人間に向かってあなたは〝愚鈍〟だと言うのもまた貧しい同語反復にすぎないから、まあ『ハウス』の作者としては、せいぜい他人の口から「これはパイプでない」といった台詞のひとつやふたつを吐かせるぐらいのことはやってほしいと希望しながらこのどうでもいい話を打ち切りエルマンノ・オルミに戻るとすると、この監督の作品など見ている人はほとんどいない読者に向かっては、オルミはエットーレ・スコラのように素晴らしく、パオロとヴィットーリオのタヴィアーニ兄弟のように素晴らしく、マルコ・ベロッキオのように素晴らしく、カルメロ・ベーネのように素晴らしく、といった説明とはなりがたい説明を加えるほかはあるまいが、こうした比較がなんの説明にもならぬ世界に生きているというのはいかにも絶望的というほかはなく、それは、経済がほとんど破綻したとか、要人の誘拐事件が危機的状況に達したとか、ユーロコミュニスムの最初の実験に向けて共産党が歴史的和解を演じたとかそんなニュースばかりが伝わってきて何か末期的症状に陥っている

エットーレ・スコラ監督Ⓔ

などと思われているこの国が、じつは映画の面で最も充実した作品を不断に作り続けているという点など、もはや日本の映画人は嫉妬の対象ですらなくなっている現象とどこかで通じ合って、作る側と見る側とをともに捉える頽廃となって日本の映画的感性の貧困化に貢献しているのであり、スピルバーグやジョージ・ルーカスによって蘇ったとされるハリウッドなどとは比較にならぬ誠実さで、しかもときには荒唐無稽な出鱈目さとも積極的に戯れながら映画たることの痛みを耐えているイタリアのこの貴重な感性の横溢ぶりを、ほぼ永遠に奪われて暮らさねばならない現実にもはや絶望しようともしない鈍感さは、まさに大林宣彦氏の言説に露呈している〝愚鈍〟さとほぼ同質のものであり、なんでも外国の事情に通じていればよいというわけではもちろんなく、問題はゴダールがあえてまともな映画を撮らず、加藤泰がまともに映画を撮れず、オルミの映画がまともに見られない現実に誰もが苛立っているふうにさえみえないという点につきるわけで、「ビジネス感覚、ジャーナリスト感覚の喪失」を恐れるという「CFディレクター」ともあろう大林氏が、こうまで鈍感であるというのは決して個人的な不幸の域にはとどまりがたい事態なのだから、あのエットーレ・スコラの感動的な『あんなに愛しあったのに』〔七五年〕に出てくる敗残者の映画批評家のように、学校の教師の職を捨て、家族をも放棄してたかが映画のために一生を棒にふるぐらいの心意気で、映画を猛烈に嫉妬するという倒錯的な頽廃をじっと耐え続けなければならないのだと思うが、嫉妬の対象として映画などあまりにちゃちだとみんなが本気で信じているのであれば、そうは信じたくない者としては、孤独な暴力をふるうのもまた当然だと思うのだが、**女と子供は映画の敵か？**　たとえば西河克巳の『お嫁にゆきます』〔七八年〕と大林宣彦の『ふりむけば愛』〔七八年〕の二本立てを、封切りから十日ほどたったあるウィークデーの午後見たとすると、ウィークデーといってもそれは旧盆に近い夏休みのことだったので、ほぼ満席に近い場内を充たしているのは年齢にかなりばらつきがみられる女たちばかりであり、映画館がこれほど明るいことははたして許せるだろうかといった、いつもながらの感慨に囚われつつその薄暗がりを透かしてみても、男性と思しき顔は数えるほどしか見当らず、だから、それとほとんど同じ条件のもとで長谷部安春の『エロチックな関係』〔七八年〕と田中登の『人妻集団暴行致死事件』〔七八年〕を見たとき以上に、それとは比較にならぬ現実感で、こちらが変質者めいたものになったような気分へと誘わ

『あんなに愛しあったのに』（エットーレ・スコラ監督）

れたものだが、というより、休憩時間のロビーを煙草などふかしながらぶらぶらしていると、まわりの女どもがこちらを不能者とか恋態とか思いはしまいかと気遣われたりしたのであるが、あえて変質者を演じるというのもそれなりにスリルのある試みに違いなく、可能であれば、一度ぐらいはやってみるのも面白かろうと考えても、それにはやはり環境がどこかしら華やいだものでなければならず、その日の午後だけが例外ではあるまいこの二本立の観客層は、それを女性と呼ぶならむしろ女性はことごとく地上から姿を消すことが望ましいとさえ思えるほどに鈍感で繊細さを欠いた存在からなりたっていて、こうした絶望感は、もちろんしかるべき状況のもとでは女性の側からも男性に対してもいだかれうるものだろうが、だがそれにしても、映画がいったいいつの頃からこれほど魅力のとぼしい女性しか集められなくなったのかという疑問は、やはり解きがたい疑問として最後まで残ったのであり、だいいちそのことで男性に媚びを売ったり自分を商品化せよなどとは間違っても言わないが、せめて人並みに映画館に来るときは香水ぐらいつけて昼めしの惣菜の匂いは消しておいてほしいし、なにもあれほど無防備に存在を人目にさらすことはあるまいと思うのだが、当節は宝塚さえがもっと気の利いた男性を惹きつけうるというのに、盆暮れになるとこれほどまでに貧しく、また緊張を欠いた女どもをなお武装解除して動員しなければ気がすまない映画会社の興行形態と宣伝方針にどこか根本的な勘違いがありはしまいか、というより男性と女性とを隔離し、しかもその隔離の絶望的な状況すらを意識させまいとする悪質な差別政策を巧みに駆り立てているのではあるまいかといった不信の念が心にわだかまるのだが、作品の質とはまったく無縁のところで成立しているこうした危険な状況に身をもって立ち会ってしまうと、もはや〝女性映画〟などと呼ばれる代物は、かりにそれが実体を欠いた虚構にすぎなくても、その虚構に一瞬だまされてみたいという欲求すらをむなしくついえさせる悪意の罠としか思えなくなり、だからそんな方針にそって宣伝された『ジュリア』（七七年・監督フレッド・ジンネマン）や『ミスター・グッドバーを探して』（七七年・監督リチャード・ブルックス）や『愛と喝采の日々』（七七年・監督ハーバート・ロス）といった映画が、女性の魅力的な存在感で瞳に潤いをもたらす瞬間がないではないが、やはり総体としてことごとく鈍重で冗重であり、ほとんど正視しがたいほど醜悪であったという事実の原因がそこにあろうなどと思わないし、だいいち鈍重で冗重で醜悪な映画

フレッド・ジンネマン監督

が〝女性映画〟に限られていないことなど誰もが知っているはずなのだが、女性は映画の観客たりえないし女性が映画を堕落させるといった偏見がふと頭をもたげるのもまた事実であり、じつはなんの正当な根拠もないこんな偏見がそれなりの現実感を持つというのは、そのこと自体がすでに男性と女性とを引き離す悪意の罠にはまった映画的感性が病み衰えている証拠でしかなく、われわれは映画による性の分断に抗うべく変質者とか不能者とか異常者とか呼ばれるのも怖れずに『お嫁にゆきます』と『ふりむけば愛』の二本立てを見に行くべきなのであり、もちろん誰もが魅力的な男性たることはできないから、せいぜい映画館に入るときぐらいは精神と肉体とを緊張させ、その端正で毅然たる存在感によってまわりの自堕落な女どもを恥じいらせてやらなければならず、そうした目的のためなら、愚鈍な人として知られる大林宣彦氏とだって協力するぐらいの心の用意はあるのだが、もっとも氏は、自分の名前が活字になって誰かの文章の中にあらわれると、もうそのことだけでたちどころに前後の見境を失なってしまうので協力者としては適性を欠き、事態をさらに悪化させてしまいそうだから仲間に入れることはためらわれるが、しかし作品が作品として論じられうる状況があればそれにこしたことはないし、またそれが可能であればどんなにか幸福だと思ってみても、映画という悪意の罠は、それが現実に人の瞳に触れる映画館にあっては、人をたやすく幸福にはすまいとするもろもろの邪悪なる戦略によってフィルム的感性を麻痺させ、またその邪悪なる戦略に無感覚を装い通すこと自体がすでに悪意の罠にはまることにもなるといった高度の政治性をも秘めているものなので、だからこそ映画について語るのは困難なのだし、映画について語っているつもりがたえず映画ならざるものについて語ることになってしまうという映画批評の危うさもそこにあるわけで、つまり〝女性映画〟として組織された映画の今日的戦略をそのまま素直に鵜呑みにすることは、それを大っぴらに嘲笑するのと同じぐらいの無邪気さで悪意の罠にはまることだし、また餓鬼によって作られた餓鬼の映画にほかならぬ『スター・ウォーズ』〔七七年・監督ジョージ・ルーカス〕を餓鬼の映画だと言って切り捨てる連中の無邪気な同語反復を導きだすのも悪意の罠の主要な機能なのだから、とにかく映画、という装置には、見ないでいることによっても抗いえないし、見たことを忘れることによっても抗いえないし、また見ることによっても抗いえないという途方もない悪意が漲っており、面白かったりつまらなか

リチャード・ブルックス監督 Ⓕ

ったりまたそのどちらでもなかったりする個々の作品など、映画にとってはそのとるにたらない細部であるにすぎず、映画がどこでいつはじまるかなどじつは誰にもわからないほど広大無辺であり、それゆえにこそ映画は宇宙と比較されもするのだが、一篇の作品を面白いと思いまたつまらないと断ずることは、この環境の無限の拡がりにとってはごく些細な事態であって、それで映画への態度を表明したつもりになっている連中の思惑をはるかに超えてそのいずれの姿勢をも映画に対する武装放棄の宣言として受けとめ、不可視の限界をどこまでも拡張してゆくものなので、その環境の無限膨脹に抗う、とまでは言えぬにしろそれに積極的に加担せずにおくためには、間違っても性の分断や年齢の分断を助長するがごとき言辞を口にしてはならぬはずなのだが、この点について思い出すのはひとりの男の話であって、**金を貰って映画を誉めろ？**　それが何を職業として生きる人なのかはよく知らないが、多分その律儀な書きっぷりから察するところ、有名国立大学法学部の少壮助教授といった感じの人で、ジャーナリズムでもかなり珍重されているらしい井上ひさしという男が、映画ジャーナリズムではほとんど無名に近い存在でありながら、夏休みに岩波ホールで上映されたフランス＝コート・

ジヴォワール合作映画『ブラック・アンド・ホワイト・イン・カラー』〔七七年〕のことを朝日新聞の夕刊に興奮した調子で書いていて、もちろん、素人の専門領域への侵入という現象自体は今日の支配的な傾向だからいまさらどうということはないし、また、誰がどんな映画を好きになってもかまわないから、井上助教授がアカデミー外国映画賞を獲得したジャン＝ジャック・アノー監督の作品に学究的な興味を示そうとそんなことは知ったことではないのだが、まあ、讃辞といってよかろうその短い文章を読んでいていかにも現代社会にふさわしい頽廃が感じられるのは、宣伝部から金を貰ったわけでもないのに、昔、まだ世の中が健全であった時代なら、金を積まれた映画評論家が、感動したわけでもない映画のことを感動したふりをして書いているときの感動ぶりとほとんど同質の感動ぶりをあろうことか本気で演じ、しかもその感動ぶりをこんどは生真面目に書き綴っているという点であり、だからこのユーモアもアイロニーも欠いた誠実な感動の表現というやつは、読者から、この批評家がこんなふうに持ちあげているなら、映画の出来は多分この程度だろうと予想することの楽しみをあらかじめ断ってしまっているという意味できわめて犯罪的であり、また、マス・メディアから流れてくる

ジャン＝ジャック・アノー監督　Ⓖ

言葉は、すべて生真面目で律儀で誠実なものだとする確信にそってそれが書かれているという意味でならファシズムを助長する危険な反動性を示しているともいうべきだろうが、教育ママの叱咤激励のもとにやっと法学部までたどりついた前途有為の青年たちをこうした無邪気なるファシスト助教授の手に委ねるのはいかにも心配で、せめてこの少壮助教授が、いま、演劇の世界で流行している道化論とか岩波ホールの数階下で編集されている雑誌や書籍に氾濫しているトリックスターによる文化の再活性化の理論にでも気を配るぐらいの現世的な余裕があったらと祈らずにはおれないのだが、それにしても、誰がどんな映画を好きになろうと勝手だとはいえ、現代フランスの文化的な貧しさがほとんど戯画的なまでに誇張されていてほとんど正視しがたいこの『ブラック・アンド・ホワイト・イン・カラー』という文芸映画に本気で感動しうる精神の持ち主が日本にいるということ自体、ひとつの徴候的な現象だというべきであり、映画は視覚芸術だから、イメージで、物語や思想を語ってみましたと言わんばかりのジャン＝ジャック・アノーの演出ぶりの徹底した官僚性、欠如も過剰もなしに説話的持続を統合してゆこうとするその戦略性の欠落、文化が香水だのシャンペンだののように輸出入しうると確信することのフジヤマ＝ゲイシャ的な鈍感きわまる商人根性をまのあたりにしてげんなりしないでいられる人間は、たぶん無知に安住する好奇心の欠如か、映画史への無自覚な蔑視かを誇らしげに顕示しているわけで、もし仮りに、個人的な理由から助教授がおのれの貧しさの顕揚に固執したいというのであれば、それは、こうした誰にも隠すことをしない貧しさにもかかわらず自分は法学部助教授になれましたと強調することになるから、はしたなくも慎みを欠いた行為だし、また、むしろ破廉恥に近いその告白にみずから顔を赤らめもしない図々しさというのは、あの晩、あそこで抱いた女の躰だけはどうしても忘れられないと言ってその性器が自分の性器といかに親しく密着し合ったかを、ただもう恥も外聞もなくまくしたてているようなものであり、もしそんなのろけ話をするというならそれなりの芸が必要というもので、そんなことは少壮助教授にはふさわしくなかろうが、是非にというなら、戯作者を自認する人はいくらもいようから弟子入りするのも一興だろうが、宣伝部に金を積まれて誉めたくもない映画の讃辞を綴るのが常識であったあの幸福な時代への郷愁のみを誘う井上助教授の文章が今日的な頽廃の極みに達するのは、彼が、『ブラック・アンド・ホワイト』を

『ミラノの奇蹟』（ヴィットリオ・デ・シーカ監督）

ヴィットリオ・デ・シーカの『ミラノの奇蹟』〔五〇年〕とともに忘れがたい映画になろうと断言しているところであり、ことによるとこの助教授は二流品三流品を積極的に擁護することで周縁性を顕揚すべき義務があると信じているのかもしれないが、世の中には、ひそかにそう思っていても口にしていいことと悪いことが存在する、つまり常識ってやつがどの領域にも存在するのであって、常識に抗うという常識とも思えぬ生真面目な調子でそんなことを公言されると、常識と慎ましさを欠いていさえすれば助教授になれるといった風潮を駆り立てぬでもないから教育者としてはいかにもかるはずみだし、また、たしかに少年時代の井上氏を感動させたかもしれぬ『ミラノの奇蹟』が、いまなお同じ感動を氏にもたらしうるかの検証もなしに比較の材料に持ちだすというのは学究的ではないというべきだが、まあ、非学究的に断言する井上助教授の姿勢を真似るなら、個人的な趣味の問題を超えてどうみてもデ・シーカは二流、ジャン＝ジャック・アノーは三流であり、しかも一流とは何かと問う以前に、また一流がどうしたとひらきなおる気も起こらぬほどに無気力な二流三流なのであって、それをわざわざ顕揚するには袖の下が必要だということを常識が教えているはずなのに、ただひたすら潔癖な正義感から金も貰わずに讃辞を綴るというボーイスカウト的な義務感の発露は、常識に抗うことへの無自覚さゆえに、逆に常識を蔓延させ現状を固定化することにしか貢献せず、十年昔の青年なら、権力の犬だとでも断言しそうな危険な行為なのであり、こうした人にくらべてみると、改めて「サヨナラ、サヨナラ」の人の偉大さが理解できるし、「映画って、本当にいいもんですね」の人の健闘ぶりが納得されるというものだが、にもかかわらず、世の中には、この井上助教授の生真面目さを共有する人間が間違いなくかなりの数は存在し、しかもその人間たちが、みずからの頽廃や堕落に加担しているのにまるで気付いていないという点が問題なのであり、だからこの頽廃と堕落とを回避するためには、金を貰って帳尻を合わせたうえではじめて映画を誉めるという姿勢を是非とも貫くべきであり、間違ってもタダで讃辞を綴る助教授を模倣したりしてはならないのだ。

シネマの記憶装置・完

淀川長治

Ⓐ
Film director Monte Hellman /by Rodrigo Sombra/ source: https://www.flickr.com/photos/rodrigosombra/9883860456/ (CC BY 2.0)

Ⓑ
Mel Brooks / by Towpilot/ source:https://upload.wikimedia.org/wikipedia/commons/0/00/Mel_Brooks.jpg/ (CC BY-SA 3.0)

Ⓒ
Film shoot with Clint Eastwood for "The Eiger Sanction" in Zurich, Switzerland / by Beat Albrecht / source: http://doi.org/10.3932/ethz-a-000500105/ (CC BY-SA 4.0)

Ⓓ
William Friedkin at Festival Deauville 2012 / by Elen Nivrae from Paris, France /source: https://www.flickr.com/people/39483448@N07/ (CC BY 2.0)

Ⓔ
Filmregisseur Ettore Scola en ir. Carel Weeber (l) / by Rob Bogaerts / Anefo/ source: http://www.gahetna.nl/collectie/afbeeldingen/fotocollectie/zoeken/weergave/detail/q/id/ad30ddaa-d0b4-102d-bcf8-003048976d84/ (CC BY-SA 3.0)

Ⓕ
Richard Brooks, an American screenwriter, film director, novelist and occasional film producer. / by Roland Godefroy / source: https://commons.wikimedia.org/wiki/File:RichardBrooks45.JPG/ (CC BY-SA 3.0)

Ⓖ
Jean-Jacques Annaud / Photo Claude TRUONG-NGOC/source:https://upload.wikimedia.org/wikipedia/commons/d/d6/Jean-Jacques_Annaud_par_Claude_Truong-Ngoc_f%C3%A9vrier_2015.jpg (CC BY-SA 3.0)

Ⅱ章

フィルム断片、その引用と反復の記憶

個人映画、その逸脱の非構造

ジョナス・メカスの『リトアニアへの旅の追憶』と『メカスの映画日記』

1

どこかしら胡散臭く、ある後ろめたさなしには口にしがたくみえながら、いざ耳を澄ませてみると、それが途方もない頻度であたりかまわず囁かれていて、むしろ誇らしげに発話行為の頽廃に加担しているといった不実な言葉があって、たとえば「近代」でも「土着」でも、「本質」でも「実存」でも、「理性」でも「狂気」でも、「根源」でも「主体」でもさしつかえないが、とにかく、無邪気な饒舌を糧に生きる楽天的な魂たちに快い誘いをかけるそんな言葉の群れに思いきって手をさし込み、なかでもとりわけいかがわしい「個人」の一語を摑みあげ、まるでありえない奇蹟を信ずるかのように「映画」という単語のかたわらに据え、「個人映画」などとそっと口にしてみる。

するとどうなるか。運よく奇蹟めいたものが起こってくれて、晴れがましくも名誉を回復した「個人」が、未知の地平線を開示してくれるのか。それとも、「個人」と「映画」との間に不意に曖昧な妥協が成立するのをみて、そっと胸をなでおろす発話者は、言語の、より正確には記号の無葛藤地帯での瞬時の延命を確かめながら、その虚構の確信と引き換えに、「個人」からも「映画」からも気の遠くなるほど離れた地点で、重くむなしい目覚めを目覚めねばならないのか。どうやら、記号としての「個人映画」は、その発信者と受信者を、ともども痛ましい白昼夢体験へと導くしかないもののように思われる。「個人映画」を口にすることによって、事態はいささかも好転せず、かえってすべてが混沌とした相貌におさまってしまうほかはないであろう。つまり、「個人映画」なるものをひとつの符牒として共有し、たがいに目くばせだのうなずき合いだのを交わし合うことは、頽廃——だが、何の？——に積極的に加担することにほかならぬということなのだ。にもかかわらず、このにもかかわらずという点が重要なのだが、記号論的畸型たる「個人映画」を語ることは、いま、この瞬間においてきわめて有意義な試みである。なぜか。そのことの意味をさぐってみたいと思う。

だがそれにしても、なぜかりの申し合わせであってさしつかえないひとつの符牒をめぐってのほとんど無償の気遣いと思える設問からはじめねばならないのか。抽象概念が戯れる記号の圏域ではなく、事件が交錯し合う生なましい現場に視線を注いでみさえすれば、そこにはもう、ジョナス・メカスの優しくも厳しい微笑が浮かびあがってくるではないか。仮りの申し合わせとして口にしたまでの「個人映画」が気にいらぬというのであれば、それこそ、「日記映画」と言い換えてもいっこうかまわない、と人は言うかも知れない。『リトアニアへの旅の追憶』〔七二年〕とともに、いま、われわれの前にはまごうことなき現象としてそれがあり、共感と連帯の環が、徐々にではあっても着実に拡がっていはしまいか。原正孝〔将人〕の『初国知所之天皇』〔七三年〕を見てみるがいい。あるいは才能の不幸な相殺現象からいささか惨憺たる結果に終わったとはいえ、原の着想に多くを負っている大島渚の『東京戰争戦後秘話』〔七〇年〕に、さもなくば、ある積極的な曖昧さで瞳が触れる機会を奪われている松田政男＝足立正生＝佐々木守による幻のフィルム断片に、すでにある萌芽が感じられてはいなかったか、とそんなふうに論を進めながら、詩人が、画家が、作曲家が、そして何でもない人間たち――とは、だが何か？――が、あらゆる領域でカメラを握り、「個人的」に、また「日記ふう」に、映画との新たな遭遇を生きつつある現状を指摘し、いわばゴダール以後の映画状況のもっともらしい透視図を描こうとする人間もいるかもしれぬ。事実、『ベトナムから遠く離れて』〔六七年〕のゴダールの独り言さえが、すでに「個人的」であり「日記ふう」ではなかったか、と彼らは考える。そして、「『プラウダ』〔六九年〕はいままでのゴダール映画のうちで最もよい作品である、『プラウダ』のゴダールはやっと「商業映画」と縁を切り、アンダーグラウンドに加わった」〔『メカスの映画日記』三三八ページ〕というメカスの文章でもしたり顔に引用しながら、人はたやすくその見取図を完成したつもりになってしまうのかもしれぬ。そう、「商業映画」から「アンダーグラウンド」へ、「作家の映画」から「個人映画」へ、「ミッチェル機」から「スーパー・エイト」へ、「クレーン」から「足」へ、「衣裳と装置」から「風景」へ、「物語」から「日常」へ、「スター」から「裸の素顔」へ、「現実の再現」から「抽象の創造」へと、すべてが、おびただしい数の同調者を伴って、移行しようとしている。改めて言うが、呼称の問題ではなく、事実としてある変容の重みを受けとめることが肝腎なのだ、と人は言うのであろう。いま、いたるところで、多分この瞬間もまわりつつあるに違いないおびただしい数の八ミリや十六ミリの存在が、その変容を無言のうちに語ってはいないか。この瞬間にもろもろのイメージを投影しつつあるおびただしい数のプロジェクターの存在が、すべてを無言のうちに語りつくしていはしまいか。そこで「個人的」に撮影され、現像され、編集され、投影されるフィルムの背後にはマックス・オフュルスもジャック・ベッケルもニコラス・レイもひかえてはいない。あるのはほとんど匿名の、顔も声もない非人称的な個体である。そして、その否定しがたい顕著な現象を、とりあえず「個人映画」と呼んでなぜいけないのか。これは、いわゆる「映画」とは異なる文字通り「別の映画」ではないのか、と人は、おそらくそんなふうに言うのであろう。

そう、たしかに、ここ十数年来、アメリカを中心として活況を呈するにいたったある種の映画的な試みが、いまや、汎地球的な尺度で「別の映画」の大規模な出現を否定しがたい事実にまで高めているのかもしれない。だが、「個人」の一語でそれを総称するか否かは度外視するにしても、危険なのは、この「別の映画」という概念なのだ。

では、「別の映画」は、なぜ危険な概念なのか。それは、「別の」という言葉を口にするものが示す排除的身振りが、別でない「映画」の総体を、そっくりひとつの虚構として制度化し、曖昧に生き延びさせてしまうからである。「商業映画」として、また「作家の映画」としてあったと想定される別でない「映画」の、その構造的特質を描写し、その記号的=商品的な流通の諸過程を明確化することもないまま、ただ否定さるべき対象としてそれが把握されてしまった場合、その否定の仕草は、錯誤と矛盾と欠落とに悩みつつ醜く肥大しているにすぎない別でない「映画」を、あたかもそれが調和ある秩序を生きるものであるかに錯覚しながら権威にまつりあげることにしか貢献しないだろう。

だが、別でない「映画」は、これまで、その構造を一度たりとも人目にさらしたことなどありはしない。ゴダールが、そしてメカスがわれわれの前にたち現われたのは、別でない「映画」がひとつの揺るぎない権威として確かな構造を誇示していたからではなく、まさに「映画」が、まだまだ見えるものにはなっていなかったからにほかならぬ。ゴダールも、メカスも、あの反抗という名の擬似冒険と戯れる無償の映像的饒舌に加担するものではなく、いまだにその全貌を露呈することもないいま彼らの存在の最深部までをも犯しきっている「映画」を前にした苛立ちと絶句を、なぞるがごとき発話行為の狂暴さにうったえて形象化せんとする、孤独な逸脱現象に身を投ずるものなのだ。

そして、今日、「個人映画」が改めて問題とされるに充分な理由があるとするなら、別でない「映画」へのアンチ＝テーゼを自認する「別の映画」としてではなく、いまなお不可視の領域に身を潜めつつ、なおそのときならぬ閃光によってわれわれの瞳を無効にするまばゆい光源に犯されたひとつの畸型性としての逸脱が、より濃密な実感となって迫ってくるからにほかならない。それが「個人」映画と呼ばれるべきなのは、そこに歴史も、連帯感も持たぬ裸の「フィルム断片」が投げだされているからなのだ。確立すべき「主体」もなく、「根源的」な何ものにも触れず、たやすく「狂気」を気取りもせず、「本質」を拒絶する徹底した不条理な疎外感そのものとしてあるがゆえに、それはむなしく「個人」的たることしかできないものなのである。

だというのに、多くの論者たちにとって、「個人映画」は、連帯と歴史の語彙で語られるべき何ものかであり続けている。現象としてあるアメリカ・アンダーグラウンド映画は、いまでこそかなり多様な発現形態をとってしまっているとはいえ、その発生期においては、ひとつの厚みを持った層として、拡がりを持った厚みとして、つまりは連帯を生きるグループとしてひとびとの前に姿を示している。たとえばシェルドン・レナンの『アンダーグラウンド映画』（波多野哲朗訳、三一書房刊）が提示する作家の展望図、そして『メカスの映画日記』（飯村昭子訳、フィルムアート社刊）が描写する作家の肖像は、現実の連帯意識に程度の差こそあれ、豊かな横の拡がりを予想させずにはおかない。事実、アンダーグラウンドを語る者は、それを擁護する場合であれ否定する場合であれ、誰しも、ケネス・アンガー、ブルース・ベイリー、スタン・ブラッケイジ、メカス兄弟、ジャック・スミス、スタン・ヴァンダービーク、アンディ・ウォーホル、等々、その主だった顔ぶれを拾いあげてゆくことからはじめる。そしてその列挙の仕草は、たとえば三〇年代中葉から活況を呈したいわゆる「ワーナー活劇」の厚い地層を立証するのは、ラオール・ウォルシュ、ハワード・ホークス、マイケル・カーティス、ウィリアム・キーリー、ジョン・ヒューストンといった名前を数えあげたり、六〇年代中葉から興隆の気運をみせた「東映やくざ映画」の豊かな土壌を確かな感触で把握せんとして、マキノ雅弘、加藤泰、佐伯清、山下耕作、中島貞夫、佐藤純弥、等々とたどりなおしてゆくときの仕草と酷似している。かくして、「別の映画」と、別でない「映画」との双方に、ほぼ同じ構造でかたちづくられたふたつの厚い地層が確認されること

『メカスの映画日記』（フィルムアート社）

になる。そこで、人は、おのれの感性と、戦略的視点と、野心と、未来への展望とに従って、このふたつの地層の一方を選択する。しかし、「商業映画」の地層が選ばれるにせよ、「非＝商業映画」が選ばれるにせよ、そこで「選択」されたものは、「選択」されえずに「排除」されたものと同様に、その実態を満遍なく触知される以前に、虚構の制度として権威づけられてしまう。この「排除」と「選別」の仕草によって失なわれるのは、まだ見えてはいないはずの「映画」が持つ、語の真の意味におけるアナーキーな力であろう。「秩序」の映画と「反秩序」の映画とが調和ある対立の構図におさまり、その結果、たえず人間の視線を避けて虚空に身を隠しているはずの「映画」が、矛盾も葛藤も忘れた領域でのもっともらしい透視図に還元され、したたかに瞳を無効にして存在を犯し、「主体」の贋の権威を崩壊へと導く危険で邪悪な何ものかであることをあっさりやめてしまうのだ。つまり、「映画」を所有しえたという錯覚が、錯覚である自分を忘れ、醜く肥大しながら、あたりに頽廃の風を駆り立ててゆくのである。

2

『メカスの映画日記』と呼ばれる一冊の書物——だが、それにしても、これは本当に一冊の書物でしかないのだろうか？——が途方もなく美しく感動的なのは、「非＝商業映画」の熱烈な擁護という、その戦略的姿勢にもかかわらず、偽りの境界線の設定にしか貢献しない「排除」と「選別」の身振りを、おのれにかたく禁じているメカスの晴れやかな表情が、あらゆるページに充満しているからにほかならぬ。ジョナス・メカスが前衛でありうるとしたら、一般に前衛的と見做されるもろもろの作品を顕揚し、みずからもまたそうした作品を撮っているからではなく、まさに、前衛と前衛ならざるものとの中間に凡庸な魂たちが捏造せずにはいられないあの虚構の境界線を、いたるところで曖昧にしてしまうからなのだ。彼は、確立された権威への反抗を気取り、根源的なるものへの回帰を装うことで前衛たろうとする怠惰な精神の持ち主ではない。ありもしない境界線を設定し、そのこちら側を既知の世界、その向う側を未知の世界と思い込んで越境をくわだてるあの掃いて捨てるほどいる疑似冒険者のひとりではなく、いま、この瞬間に立っているその地点で、時間意識と方向感覚への執着をも放棄しながら、積極的に曖昧さと戯れうる人間だという意味で、彼は前衛なのである。真の前衛とは、「排除」と「選別」の機能しえない場に自分を置こうとする反＝冒険者以外のなんであろうか。

「私は地方主義者だ」。メカスは、一九五八年十一月八日にこう書き記し、それにはじまる文章を『映画日記』の「序文」として据えている。「それがありのままの私だ」と、地方主義者メカスは続ける。「私はつねにどこかの場所に所属している。どこへでもいいから私を置き去りにしてみたまえ。渇いた、生き物などまったくない、死に絶えた、そこで暮らしたいと思う人など一人としていないような不毛な土地に――私はそこで育ち始め、瑞々しくふくらむだろう。スポンジのように。私には抽象的な国際主義はありえない。将来のための足がかりを作っておこうとも思わない。私には、いまとここしかない。それは私が、むりやり故郷から引き離されたためだろうか？　私がつねに新しい故郷を求めるのは、あそこ、あの土地以外のどの場所の人間にもなりきれないからだろうか？　あの私の幼年時代があった土地。もう永遠に取り戻すことはできないであろうか？」

反語的疑問符で終わるこのメカスの宣言は、疑似冒険者たちが堅持する方向感覚と時間意識への異様な執着がつむぎあげてゆく郷愁を語るものではいささかもなく、そこにあるのは、方向感覚の失調と時間意識の崩壊が起こったあとの、強いられた絶句と深く戯れんとする誇り高い反＝冒険者の声にならないつぶやきばかりである。「私」は、「あの土地」――リトアニアなのか、それとも「映画」なのか？――によって無媒介的に犯されながら、過去への郷愁も未来への展望もなく、ただ、いま、ここに「瑞々しく」息づいているばかりだ。そしておそらくは、生きものの影さえみえぬ「不毛の地」で息づいている地方主義者メカスこそが、いたるところで境界線を無効にしながら、真の越境を成就しうる前衛なのであろう。

メカスの方向感覚の失調ぶりは、疑似冒険者にすぎない自称前衛を戸惑わせるに充分なものを含んでいる。彼は、ジャック・スミスの『燃え上がる生物』〔六三年〕の美しさを語るのと同じ口調で、ジョン・フォードの『ドノバン珊瑚礁』〔六二年〕の美しさを語る。アンディ・ウォーホルの『エンパイア』〔六四年〕の美しさを語るのと同じ口調で、小津の『生れてはみたけれど』〔三二年〕の美しさを語る。スタン・ブラッケイジの『プレリュード』〔六一年〕の美しさを語るのと同じ口調で、ハワード・ホークスの『暁の偵察』〔三〇年〕の美しさを語る。ピーター・クーベルカの『アフリカへの旅』〔六六年〕の美しさを語るのと同じ口調で、ジャン・ルノワールの『草の上の昼食』〔五九年〕の美しさを語る。誰もが、彼は「前衛映画」を目指して進んでゆくと信じている瞬間に、おそらく彼自身もそう信じながら、いわゆる「商業映画」の美の領域へと踏み込んでいってしまうのがメカスなのである。

そして、この方向感覚の失調ぶりそのものが途方もなく美しく、前衛的なのだ。「ブラッケイジの詩情、グリフィスやエイゼンシュテインのサイレント映画、ホークスやウルマーの映画、ホーボーケン製のポルノ映画、ヴァンダービークの映画、シネマ16で上映された心理分析の映画、42丁目のウエスタン映画、実際、気分しだいで、私はスクリーンの上に動くものなら何でも、楽しむことができる」(『映画日記』六五ページ)と断言するメカスにとって、「排除」と「選別」の仕草ほど「映画」から遠い仕草は存在しないからである。

メカスの優れた前衛性を証拠立てるこの方向感覚のなかば意図的な失調ぶりは、当然のことながら時間意識の混乱と同時的に進行する。彼にとって、スタンリー・キューブリックがオーソン・ウエルズより若いことは、イングマール・ベルイマンがカール・テホ・ドライヤーより若かったことと同様に、ほとんど意味を持ってはいない。フランソワ・トリュフォーがジャン・ヴィゴのあとに現われた作家であるという事実も、マルセル・アヌーンがロベール・ブレッソンのあとに現われた作家であるという事実と同様に、彼の目には認めがたい時間錯誤であるかにみえる。そして、すべては、いま、ここという時空に、「映画」と呼ばれる未知でも既知でもない負の陥没地帯をかたちづくり、「映画」であったもの、ありつつあるもの、あるであろうところのものを隔てる境界線を無効にしてゆく。メカスにとっては、あたかもそれが彼にとってのいまと見做されそうなアンダーグラウンドが、豊かな連帯を生きつつ同時代的な拡がりを誇示するがゆえに貴重なのではなく、あらゆるものが、「映画」という陥没点に吸い込まれて姿を消してしまうがゆえに貴重なものだった。と同時に、フィルムの歴史もまた、その確かな継起=発展の一貫した軌跡ゆえに重要なのではなく、やはり、その発現形態の途方もない変容が予想させがちな脈々たる流れが、不意に陥没点に滑り落ちて跡絶え、過去そのものを貧しい錯覚としてあばきたてるがゆえに、重要なものとなるだろう。そう、メカス的時間意識の崩壊は、「映画史」を、現在へと注ぐ視線を強固なものにきたえあげるものというより、逆に、視線を馳せようとする瞳の「主体」そのものをいたるところで揺るがせ、過去と現在と未来への距離感を廃棄せしめる無時間の堆積へと変容させずにはおかぬのだ。たとえば、メカスがエイゼンシュテインの『アレクサンドル・ネフスキー』に対して否定的なのは、かつてのロシア・アヴァンギャルドへの同調者だった才能豊かなシネアストが、スターリン時代に余儀なく頽廃への道を歩まされ、いま、無残な形骸としてそこにあるからではない。ウェルズの『アーカディン氏』〔五五年〕が『市民ケーン』〔四一年〕と比較され不当な評価を下されたのに対し、「ほんものの芸術家のたった一つの不出来な作品は、その芸術家の生涯の仕事を総括してみた時に重要な位置を占めるということであり、それ故にわれわれは、それを彼の代表作に対する愛情と変わりない愛情をもって見なければならぬということである」(『映画日記』七六ページ)と書いているように、メカスは、ちょっとした失敗にはむしろ寛大なのである。だから、『アレクサンドル・ネフスキー』は、エイゼンシュテインのその前衛的な過去にくらべていささか劣っているといった視点から否定されたりはしない。そうではなくて、ハワード・ホークスの『空軍』〔四三年〕の「澄みきった美しさ」を前にしたとき、「オペラのように作為的で大げさ」で、「馬鹿ばかしいほど非現実的」なるがゆえに、『アレクサンドル・ネフスキー』は内部から崩壊するほかはないのだ。つまり『ネフスキー』は、いま、ここの時空にぽっかりとうがたれた陥没点そのものによって拒絶され、外界にその視覚的饒舌を醜くさらし続けるしかないのである。そのとき、澄明なホークスは、瞳という瞳をかいくぐって、「映画」と呼ばれる不可視の領域に身を潜め、なお無媒介的にメカスを犯し、ただひとこと、美しいとつぶやくことしかできない絶句ぶりへと閉じ込めてしまう。だから、ベルイマンの新作は、ことごとく「終りから上映せよ」とややヒステリックにメカスが「提案」するときも、彼は、ベルイマンの新作が、旧作に比較してつまらないと言っているのではいささかもない。「すべてが若さと新鮮さにあふれている」ジャン・ルノワール、「彼の語ることはすべて美しい。彼の語り方も美しい」とメカスが感嘆する「永久に新しい波」であるルノワールを前にするとき、「ドラマティックなクライマックスによってシーンを盛り上げ」ずにはいられないベルイマンの人物たちが、「すっかり型にはめられた十九世紀的ヒーロー」としてみずから稀薄化の道をたどるしかないからなのだ。

こうしてジョナス・メカスの視点をたどってみると——そして、その視点は、われわれのものと正確に一致するのだが——、彼が、あらゆる領域で、「排除」と「選別」の身振りをかたく自分に禁じていることが明らかにされてくる。彼は、おのれの周囲にかたちづくられた流派への忠誠心や、おのれの堅持する映画史的展望に従って一篇の映画を否定したりはしない。いま、ここというどこでもない時空に身を潜めた「映画」そのものが、「映画」に向かって微笑し、「映画」ならざるものに向かっては表情をこわばらせる。メカスは、その表情の変化にとりわけ敏感に反応しながらも、みずから「映画」によって演ぜられる拒絶と迎合とを模倣したりはしまい。そしておそらく、「個人的」であるとは、緊張し弛緩する「映画」がもらす秘かな吐息、あるいは微妙な脈搏の乱れ、さらには心臓の鼓動などへと、それがなんたるかを知ることもないまま、素直に身を委ねてゆくことにほかなるまい。この素直さが、それ自身としては何ものにも似てはおらず、必然として前衛的逸脱性を生きるものであるということ、つまりは、何ものかからの差異を誇示するのではなく、差異そのものとしての畸型的孤立を生きざるをえない点に、「個人映画」の幸福と悲惨とが含まれているのだ。

3

「別の映画」あるいは「個人映画」とあっさり人が口にするときの別のや個人といった単語は、それ自体として、そう口にするものが閉じ込められた政治的・文化的な一状況を如実に反映する。そこに、明確な「差異」的な思考がたち騒いでいるからである。では、その「差異」的な思考は、なぜ、すぐれて政治的＝文化的な状況を反映するのか。そしてかかる反映は、映画にとって健康なことなのか、あるいは不健康なことなのか。その意味をさぐることによって、一九六〇年から七〇年にかけて成就されつつあった映画の困難な変容の過程を跡づけてみなければならぬ。

あるものを他から識別し、そのそれぞれが別のものであることを立証するには、いかなる手続きが必要か。そしてその手続きそのものは何に捉えられているか。いうまでもなく世界をひとつの総体的「構造」と見做し、その「構造」の中にいくつかの異質な「系列」を、そしてその「系列」の中にまたいくつかの異質な「単位」を、さらにはその「単位」の中にさらにいくつかの下部「単位」を識別するという、理論と実践とをともに規制する巨大なメカニズムがそれを覆いつくし、その中で、人が一を多から識別する作業が可能となっているのだ。そしてこのメカニズムは、真実を誤謬から識別するという美名のもとに自己を確立した古代ギリシアの形而上学以来、今日のコンピューター的思考にいたるまで、ときにキリスト教的単一論とほどよく妥協し、近代的「個」の発見という途方もない錯覚をあたりに波及させた「ルネサンス」と折り合いをつけ、「我」の確立とやらを目指したという「ロマン主義」を神話化し、「民主主義」なる体制を曖昧に正当化しながら、西欧の思考一般を、そのあらゆる水準において支えてきた。真実の、あるいは善の探究としての「哲学」「科学」「倫理学」等々、真実は誤謬から、善は悪から識別され、その識別を支えるものとして「排除」と「選別」が思考の働きを律しているという揺るぎない西欧的構造。それは、政治、経済、文化の諸水準に満遍なく滲透している。こうしたメカニズムの内部にあって、単位としての「個」が総体としての「構造」から識別されようとするとき、たとえば国王が神の権威を、紙幣が富を、言葉がロゴスを象徴するように、いま、ここにない不在にして不可視なるものを「表象=代行」する力が作用し、そこにはきまって救済と処罰、富裕と貧困、真実と虚偽といったかたちで「排除」と「選別」の身振りが顕在化される。かかる思考形態の暴政への苛立たしい反応の最も先鋭な発現であったはずの「弁証法」までが、その対立の図式において「差異」的な思考を逃れきれず、また統合の運動においても、「個」と「総体」との新たな関係を開示しえずにいるのだから、別のもの、異なったものへの志向それ自体が、ギリシア以来の西欧的思考が必然的にはらむ、体制維持の円滑油にほかならぬというべきなのだ。政治的=文化的諸水準における「前衛」が、疑似冒険者としてひとつの「差異」の実現を目指しながら、いささかも反=西欧的な思考を創造しえず、たやすく風俗化するか、いまひとつの「小さな西欧」へと堕してゆくほかはないのは、そうした理由からなのである。

おそらく、日本がきわめて曖昧なかたちでその一環に組み込まれている西欧圏にあって、いたるところで観察される「前衛」党の、あるいは「労働組合」の体制化があからさまに証言しているごとく、たかだか別のもの、異なったものへの志向を基盤とするにすぎない運動は、理論と実践の両面において、別ならざるもの、異ならざるものの権威確立に貢献しながら、みずからも権威のアナロゴンへと堕してゆくほかはあるまい。これは、すでに触れたことだが、「個人映画」を「商業映画」とは別のもの、異なったものとして擁護する姿勢は、前提として「——からは違う」という「差異」的な思考に包摂されてしまっているのだから、とどのつまりは、いつもながらの「排除」と「選別」の身振りを誇示しながら、真の変容の萌芽をいたるところでつみとってしまうほかはない。

では、どうすればよいか。「変容」を、「差異」的な思考から解放しなければならない。それには、何をするか。あるものとの「違い」のうえに、自己の存立の条件を築くまいとするのだ。何かしらひとつの対象を選択し、その対象からの「距離」の測定にかまけて冒険者の姿勢を気取ることなく、それ自体としての「差異」を生きること。つまりは、方向感覚と時間意識とを放棄し、「自」と「他」の識別への執着をおし殺して、仮死の漂流を受けいれること。そして、「狂気」として、「逸脱」として、「畸型性」として、どこでもない場所、いつでもない時間に目覚めること。「理性」の対概念としての「狂気」ではなく、「調和」の対概念としての「逸脱」でもなく、「正常」の対概念としての「畸型性」でもなく、かかる二元論が基盤として持つ「単位」、「系列」、「構造」の概念をいっさい無効にする「事件」としてみずからを蘇生させることが問題なのだ。彼方を、向う側を、未知の領域を望見し、既知なる領域に支配している論理に従って征服の道へと踏み込み、未知を既知へと転換せしめる過程にその存在を賭けようとする怠惰な疑似冒険者ではなく、いま、ここにとどまり、既知と思われた領域の一点に未知の陥没地帯を現出せしめる反＝冒険者。そんな存在が成就する死と境を接した身振りをここで「批評体験」と呼びたいと思うが——この点に関しては、『批評　あるいは仮死の祭典』〔せりか書房刊〕に詳しく触れてあるので参照されたい——、その体験は、「差異」を正当化する「排除」と「選別」の身振りからは気の遠くなるほど隔たった時空での「事件」であり、類似も、比較も、対立も、表象も機能しえない場に宙吊りにされたこの「事件」こそが、真の「前衛」体験なのである。

自分は「批評家」ではないと繰り返し語ってやまないメカスは、しかし、「排除」と「選別」による虚構の境界線をいたるところで曖昧にし、既知と想定される「映画」の一隅に未知としての「映画」を陥没せしめ、そこでの「映画」の息遣いに呼吸を合わせつつ方向感覚と時間意識との失調を積極的に招きよせ、仮死の淵からみずみずしく生き返ってみせたことにより、自分を真の「批評」の体験者として「事件」化する。『メカスの映画日記』を読み、『リトアニアへの旅の追憶』を目にするわれわれが、ただ美しいとつぶやいて絶句するほかはないのは、そこに、ヨーロッパのダダイスム、シュールレアリスム、表現主義、ロシアの未来派、構成主義といった「前衛」運動に加担しつつはじまった「前衛」映画の「歴史」が、「商業映画」の「歴史」とは別の地点で、ついに「別の映画」の見事な結実ぶりを示したからではいささかもない。まさに、「別」であることを思考そのものとして廃棄する「狂気」の実現をまのあたりにして、不条理な失語感覚に囚えられるほかはない「狂気」の具現者を前にしているがゆえに、われわれはそうつぶやくしかないのだ。そして、それは、あの途方もなく美しいゴダールの『東風』〔六九年〕と遭遇して瞳を洗われるときの、不意の盲目体験の記憶を反芻させずにはおかぬ衝撃と同質のものであろう。痛みを、苦痛を言葉にはさせまいとするあの衝撃。何にも似ておらず、何とも比較できないあの痛み。それをわれわれは、美しいとしか口にする術を知らず、しかもその語彙の貧弱さと凡庸さとが、人を涸渇した風土には閉じ込めず、かえって世界との無媒介的な合一へと導かずにはおかぬ衝撃。いま、ここで、「個人映画」が改めて主題体系の一隅に浮上してくるとするなら、それは、こうした衝撃と痛みをゆっくり時間をかけて反芻しながら「映画」との関係をとり結ぶ畸型的逸脱者が、みずからの逸脱を意識的に組織せんとする試みが、触知可能な共通の運動圏をかたちづくりはじめているからである。その際、いくつかの「個人」的才能が、映画資本の支配から徐々に離脱し、フィルムを呼吸するような闊達さで思い思いにカメラをまわしはじめているといった現象は、さほど本質的な問題ではない。映画が、多くの人にとって、撮れば撮れてしまい、映せば映ってしまうという事実。それは、「映画」の不幸を証拠立てこそすれ、いささかもその幸福な未来を約束するものとはなりえない。「言葉」が、書けば書けてしまい、読めば読めてしまうという事態の絶望的な状況は、書き手と読み手とを、ともども、書きそして読む「主体」と、不可視の体系としての「言語」との中間の曖昧な地帯に宙吊りにしたまま、「個人」と「体系」とに触れることを禁ずるものなのだ。それと同様に、いま、いたるところでまわっているカメラ、現像中のフィルム、投影中のプロジェクターの存在も、「個人」と「映画」との遭遇を円滑なものたらしめるどころか、かえってその困難を日々つのらせることにしか貢献しはしまい。そして、いま、いたるところで「個人」的に機能しつつあるおびただしい数のカメラと編集機とプロジェクターとは、あたりにありもしない境界線を捏造しながら、一群の怠惰な疑似冒険者たちを生産し、「映画」的理論と実践とを、頽廃の淵へとおびき寄せるのがせいぜいだろう。そんなとき孤独な逸脱現象としての「個人映画」のみが頽廃を誇らしげに拒絶しうるのは、すでに述べたごとく、「排除」と「選別」の身振りをかたくみずからに禁じ、まやかしの距離の測定に存在の基盤を置いたりすることがないからである。

こうして、「個人映画」が、その負の相貌のもとにひとつの曖昧さとして自己塑成を完遂するとき、しかるべき作家や作品が「個人映画」であるか否かを「選別」する作業は意味を失なっている。「個人映画」は、「個人映画」ならざるものを「排除」するものではないからである。われわれが、ただ美しいとしか口にしない瞬間、「個人」と「映画」とは「事件」として遭遇し、それと同時に「映画」は「個人」の視線をかいくぐり、その瞳を無効にする閃光とともに、姿をくらましてしまっているからだ。かくしてわれわれは、凝視していたはずのゴダールを、メカスをあっさりとり逃がし、遭遇の記憶すらが鈍い痛みとなって存在の最深部へと下降してゆくのを不可解な表情のまま耐えているほかはない。そして、全身をゆっくりと時間をかけて麻痺させてゆく痛みのしたたかな伝播ぶりをいまいましげにまさぐりながら、思わず美しいと洩らしてしまったことのとり返しのつかぬ錯誤のうちに、崩壊が、そして精神と肉体の漂流がはじまっている不吉な予感を察知するのだ。この邪悪なる衝撃の余韻は、「映画」を、「個人」を、ともに美しさという名の、見るべき瞳もなければ玩味すべきにも触知すべき皮膚もそなわってはおらず、外界に向かって「個」を顕示する顔も内面の統一を支える「意味」もそなえてはいない白痴へと変容せしめる。そして美しいというつぶやきに、存在と世界とが、いきなり盲目の胎児のように白痴化してゆく崩壊現象のはじまりを告げる、聞きとりにくくはあっても明確なひとつの符牒なのだ。

だがおそらく、この美しさのすぐれて政治的な音調を聞きわけぬ限り、「個人映画」は、またしてもいつもながらの「審美主義」へとおさまってしまいかねない。「政治的」な、ということは、いうまでもなく、「文化的」など呼び換えてもさしつかえない「知」の特権的な制度の相貌をあからさまに露呈させずにはおかない状況と深く関わっている、ということにほかならない。では、こうした意味での「政治」とは、いま、ここにあって、「知」をいかなる制度として顕在化せしめるものか。それは、「差異の一覧表」の完成を目指して急進化する――すなわち反動化の歩みを無意識にたどる――言語学、さらには記号学的な言語を支える「構造主義」的思考をめぐって触知可能なものとなるだろう。分解不能な「単位」の所在の確認、その「単位」間の「差異」の測定、同型の「単位」の集合による「系列」化、そのうえに構築される「構造」といった具合に「排除」と「選択」なしには機能しえないこうした思考以上に、あからさまに「政治」的なるものがあろうか。そこに作用しているのは、ありもしない境界線のもっともらしい布設と、差異の捏造と、虚構の距離の測定とを媒介として、「排除」と「選別」とをこのうえなく有効に機能させるために、構成要素たちが必然的に生きる矛盾と葛藤とをほどよく隠蔽せんとする、見せかけの調和以外の何ものでもない。だとするなら、優れた「構造主義者」とは、すなわち「詩人」たる資格をそなえた「構造主義者」とは、「差異」に基づく「構造論」的思考を内部から崩壊させるために率先して「構造主義者」たり続けざるをえないという逆説的な不幸を生きる人間に付与さるべき名称だということになる。そうした意味で、クロード・レヴィ＝ストロースやロラン・バルトは、ゴダールやメカスにとってのフォード、ルノワール、ホークスといった役割を演じているのである。そして、あからさまな「構造主義」の批判者としていまわれわれの前に立ち現われたミシェル・フーコーやジル・ドゥルーズは、思考の領域における「個人映画」作家に相当しているといえるかもしれない。フーコーの『知の考古学』――これは惨憺たる醜さへと翻訳されてしまったが――やドゥルーズの『差異と反復』は、不用意な比喩へのもたれかかりをあえて覚悟して言うなら、ゴダールやメカスのように途方もなく美しい。孤独な逸脱現象として「狂人」のように美しいのだ。そしてその美しさは「個人映画」を事件として体験したものの不条理な絶句ぶりをなぞる、声にならないつぶやきである限りにおいて、隠蔽された葛藤を顕在化せしめ、距離を零に還元し、差異を廃棄し、境界という途方もない何ものかとして、その不可視の相貌を顕示する。つまり、美しさとは、「排除」と「選別」とが跳梁する政治的領域から、その本質的な機能を奪うものなのだ。それは、政治を崩壊せしめる契機を内包するものであると同時に、われわれを、顔も名前もないのっぺらぼうな狂人と向かい合わせに配置せずにはおかない。それは、きわめて不気味なことではないか。政治的空間を脱色し、われわれにも白痴の表情をまとえと強要しにかかる「個人映画」とは、多分、積極的に、何でもないものであるのかもしれぬ。ともかく、その美しさが、高度に政治的な美徳以外の何ものでもないと推察されるいま、人が、発話行為の頽廃に耳を貸す気遣いもなく、後ろめたさに囚われもせずに「個人」をつぶやき、その一語を晴れがましく「映画」のかたわらに据えることが可能なときがきていることは、間違いないように思う。

映画作家としてのロブ゠グリエ

最初の来日の折りに途中で事故に遭って以来すっかり飛行機恐怖症にとりつかれてしまったアラン・ロブ゠グリエが、かねての予言どおり汽車でシベリアを横断し船を乗り継ぎ、二週間かかって十七年ぶりに日本にやって来た。各地を講演してまわるというそのスケジュールはフランス政府文化使節としてごく当然のことであろうが、今回の来日を特徴づけるのは、映画作家ロブ゠グリエという側面が強調されているという点である。

アテネ・フランセで上映されたその長篇六本は、アラン・レネに『去年マリエンバートで』〔六〇年〕の脚本を提供した映画好きの小説家という、日本での彼のイメージをかなりの程度まで修正するにたる興味深い作品であった。個人的に言うなら、まだ見る機会のない唯一のテレヴィ向け中篇『Nは骰子を手にとった』が含まれていないのが惜しまれるが、『不滅の女』〔六三年〕『ヨーロッパ横断特急』〔六六年〕、『嘘をつく男』〔六七年〕、『エデンその後』〔七〇年〕、『快楽の漸進的横滑り』〔七三年〕、

『危険な戯れ』〔七五年〕と並べてみると、もはや小説家の素人芸と言い切れぬ充実した技法と斬新な映画的試みとに改めて驚かされる。

ロブ＝グリエの映画は、その小説がそうであるように、映画の説話論的な持続との積極的な戯れとして展開される物語を支えるもろもろの制度的な限界それ自体をこれみよがしに露呈させ、制度を無意識に容認することで現在の身振りや思考をこわばらせるものとして機能する支配的なイデオロギーに攻撃をしかけようというのが、彼の映画的戦略である。それ自体が捏造された虚構にすぎない映像と音響の連鎖を、いかにも自然なものとして提供し続けている作家と、受容し続けている観客のいかにも不自然な妥協ぶりを、ロブ＝グリエは逆に不自然さそのものとして提示するのである。そのことによって、現状を曖昧に肯定する、いわゆる現実主義的幻想の蔓延に抗い、物語の圧政を内側からつき崩そうというのだ。この内側からという点が重要なのであって、そこにロブ＝グリエと反＝制度的な言説をもてあそぶ自称前衛との違いが存する。映画という真赤な嘘を嘘として築くために、彼は本当以上のもっともらしさで映画と戯れてみせるのだ。

その本当以上のもっともらしさは、普通、ステロタイプと呼ばれて軽蔑されている。ロブ＝グリエの映画は、いわばステロタイプの饗宴である。風景は絵葉書のように薄っぺらだ

アラン・ロブ＝グリエ監督　Ⓐ

し、人物は心理を剝奪された機械人形のようにぎこちない。女たちはいずれも典型的な娼婦のイメージにおさまり、男たちもまた、性的偏執者の類型そのものだ。想像力は豊かに飛翔するというより、むしろ涸渇し、物語は無理に辻褄を合わせようとする者の言訳のように矛盾と反復に充ち、自分から罠に落ちて、訊ねられたわけでもない秘密を洩らしてしまう。だからその物語は、隠されていたものが徐徐に露呈されてゆくのではなく、はじめから露呈されていたものが、そのあからさまな露呈ぶりを重層化してゆくという過程をたどることになるだろう。この重層化の過程が、決してひとつの真実の意味にはたどりつくことのないイメージの多声的戯れへと見る者を導きいれ、表面という名の奥行を欠いた迷路の中の、距離と深さを奪われた表層的な彷徨へと駆り立てる。

だが、そこに距離も深さも存在せず、迷う気遣いがまるでないという理由で観客は不安を覚える。迷うことの不可能性からくる不安、あるいは不満。この不安と不満とが、物語の圧政という制度を無意識に支えるイデオロギーにほかならない。

『不滅の女』のヒロインは本当に死んだのか死なないのか、という問いに対してロブ＝グリエは、映画の撮影で女優を殺すはずがないと説明する。ロブ＝グリエ自身によって演じられる『ヨーロッパ横断特急』の映画監督が、あいつは妙に落ちつきがないが誰なんだろうと言うと、ロブ＝グリエ夫人が演ずるその秘書が、あれは役者のジャン＝ルイ・トランティニャンじゃないのと答える。『危険な戯れ』の主役ふたりは、映画の最後で、ところでこの映画の話の筋はうまくわかったか、いや全然わからないといった会話を交す。いずれもこれは本当のことである。そして本当すぎるがゆえに、映画の中では誰も耳にしたくない言葉だ。

そんなことを知らされるより、観客は『エデンその後』や『快楽の漸進的横滑り』のヒロインが本当にかどわかされたのか、本当に幽閉されたかと問うことの嘘に安住したいと思う。すくなくとも、この嘘に安住したいという欲望が、日常的な映画体験の基盤となるものなのだ。奇妙なことに、この欲望を共有し合う者たちが、かえってステロタイプの饗宴としてのロブ＝グリエの映画を、嘘の世界と断ずる矛盾を無邪気に肯定し合っている。そうした観客の存在こそが、彼に新たな作品を撮る意欲を駆り立てるのだろう。

ロブ＝グリエがその戦略をいかに精緻に構築したかを活字で追体験するには、シネ・ロマンとして発表された『去年マリエンバートで』（天沢退二郎訳）、『不滅の女』（拙訳、いずれも筑摩書房刊）と『快楽の漸進的横滑り』（平岡篤頼訳、新潮社刊）を読めば充分である。エロティシズム的風土の描写にしてはあまりに平凡すぎると思われるような場面には、いずれも通俗的な猥写真さながらのポーズで、といった指定がはじめから書かれているのだ。ロブ＝グリエにとってのエロティシズムは、非凡なる想像力が開示されるべき特権的な対象ではなく、あくまで凡庸な想像力がそこに凝固し、動きをとめる紋切型の構図でしかない。その意味で六篇の作品のうちの三本にまで主演しているジャン＝ルイ・トランティニャンの演技は、たとえばハワード・ホークスのコメディーにおけるケーリー・グラントのように、その紋切型を演ずる生真面目な真剣さによって途方もなく滑稽で、ロブ＝グリエ的な世界をいかにもロブ＝グリエ的に活気づけている貴重な演技だというべきだろう。彼こそ、深さと奥行を欠いた表層的な存在の典型だからである。

詐欺師、その肉体と声
オーソン・ウェルズの『フェイク』

1

オーソン・ウェルズとは、どこまでも膨脹してとどまるところをしらぬ途方もない球体である。その不断の膨脹ぶりは、もはやあらゆる比喩の領域を超えて球そのものの物質的な定義へと限りなく接近してゆくかのようだ。胴の直径がついに身長を凌駕するにいたるというあの信じがたい瞬間。その瞬間を、人はいかにして体験しうるか。そしてその瞬間には、何が現実に起ころうとするのか。球体存在というこの畸型性は、なぜ、かくも執拗にオーソン・ウェルズを捉えてはなさないのか。球を完璧に模倣せんとする欲望は、世界と存在とのいかなる関係を前提としているのか。

もちろん、ウェルズ自身はみずからこうした疑問に答えようなどとは思ってもみない。彼はただ、その球体的肥大の諸段階を正確に記述すべく映画を撮っているにすぎない。だからその映画は、自分自身を素材とした実験を正確に記録するドキュメンタリー映画ともいうべきものである。

その実験的ドキュメンタリーによって、われわれは、いまウェルズ的球体化現象の歩みがほぼ卵型の段階にまで達したことを知っている。『市民ケーン』から『フェイク』〔七五年〕にいたる三十年を超える映画生活を通じてウェルズが記録し続けた唯一のことがらは、人間が、短かったり長かったりもする直線に譬えられるべき存在ではないという事実である。やはり実験的なドキュメンタリーを撮り続けたチャップリンの場合は、その衣裳から小道具にいたるまで、すべてが人間を直線的存在として捉える姿勢を強調している。あの不必要に大きなドタ靴と、そしてとりわけステッキの細長いイメージとが、チャップリンを地上に直立させる視覚的必然性を語っているのだ。この乞食紳士はたしかによく転ぶし、またでんぐり返しのひとつやふたつは平気でうってみせる。だがそれは、倒れることと同じ容易さで起きあがり、よりよく直立してみせるためでしかない。ところで、平坦な地表に棒を直立させることほど愚かしい話はまたとない、とウェルズは言う。そんなことは、子供でもできる他愛もない遊戯にすぎぬ。平面と接し合うあるかないかの一点で自分を支える球体、それこそ人間が大地に立つということの真の意味だ。ちょっとでも均衡を失なえば、球体はごろごろと表面を転がり、斜面にさしかかれば一挙に転落しかねない。重く大きなドタ靴で起きあがり小法師の原理を応用してみたりする余裕は球体存在にはそなわっていない。そもそも上下に貫く垂直の軸など球体には存在せず、その運動はもっぱら無方向なものなのだ。いったん支えを失なえば、球体はただもう他愛もなく引力の支配圏に従属し、もといた位置に戻る才覚など持ってはいない。その意味でなら、球体的存在とはどこまでも謙虚で慎ましく、直線的存在のあつかましい図図しさの対極に位置していると言えるだろう。

事実、チャップリンほど傲慢な存在はまたとあるまい。現実のチャールズ・チャップリンがそうであったか否かは問わずにおくとしても、チャップリンが構図の中央に位置する映画的光景というものは、不遜なまでの傲慢さゆえにほとんど正視しがたいものがある。にもかかわらずチャップリンの映画が多くの視線を惹きつけえたというのは、そこに傲慢さへの郷愁が快く奏でられているからにほかならぬ。誰もがあの起きあがり小法師のドタ靴を漠とながら夢想し、直立することへの欲望を肥大させるのだ。

ウェルズ的球体化への意志は、何よりもまずこの夢想と欲望の肥大にさからうものである。起きあがり小法師のドタ靴など夢想せずに、あるかないかの一点で大地と接し、自分自身を支えること。ウェルズの生涯は、その危うい均衡の維持に費やされる不断の試みにほかならない。維持、というよりその均衡は更新され続けなければならぬというべきだろう。その意味で、オーソン・ウェルズはチャップリンとは比較にならぬほど倫理的な作家である。彼は、膨脹することによってむしろ積極的に不均衡を生産し、その不均衡を一瞬ごとに修正すべく肥大化する。その名高い変装癖は、不均衡の内部生産を修正する過程として理解されねばならない。つまり球体へ向けての膨脹は試練であって、いかなる快楽とも関係を持たぬものなのである。美食家ウェルズという神話も、そうした視点から捉えられねばならない。彼が扮装にもメーキャップにも凝ることがなかった唯一の作品はキャロル・リードの『第三の男』〔五〇年〕ということになっているが、それはグレアム・グリーンの原作も、またハリー・ライムというキャラクターも、とてもばかばかしくて本気で信じられなかったからである。その結果として、『第三の男』のオーソン・ウェルズは、例外的に、チャップリンに似てしまった。つまり、素顔の彼は、傲慢さへの郷愁をそそる直線的な存在を抒情的に演じてみせながら、キャロル・リードへの軽蔑をせいいっぱい表現することで満足するほかなかったのである。当然のことながら、『第三の男』は完璧なる球体を模倣するウェルズ的膨脹の、その実験的ドキュメントの系譜からは除外されることになる。おそらくそこらあたりにキャロル・リードという監督の映画的才覚の欠如という映画的現実が露呈しているというべきだろう。ウェルズは、もっともっといい加減な有象無象の三流映画にもいやというほどつき合っているが、そうした映画すらがかなり正確なドキュメントたりえている点を考えてみると、『第三の男』の持つ記念碑的な愚作性が改めてきわだってこようというものだ。さすがに小津安二郎となるとその辺の事情はかなり正確に把握していて、かりにチャップリンを六〇点とするとウェルズはほとんど満点に近いといった断言をどこかでしていたはずだが、戦時中のシンガポールで『市民ケーン』に接して興奮しきっていた小津が、復員後に『麦秋』〔五一年〕や『東京物語』〔五三年〕を涼しい顔で撮っていたというのも、やはり映画史的な奇蹟というべきだろう。また、こうした奇蹟とは徹底して無縁であったがゆえに、黒澤明はついにチャップリンを超えられないわけだが、まあ、それはさしあたってさして重要な話ではない。

『黒い罠』

　問題は、あくまでウェルズ的な膨脹にある。ところで、ふくらみきったその腹の周囲がいまなお増大し続け、刻々と背丈に追いつきつつあるという現実は、ウェルズ自身にとってはすでに述べたごとく必死の試練である。それは真摯なる鍛練なしには到底実現しがたい苛酷なる肉体的変型作業である。膨脹すること、しかも理不尽に肥大し、荒唐無稽なる畸型として膨脹することへの不条理な夢を着実に実現に移してゆくオーソン・ウェルズ。いつもながらのごく曖昧な風俗的理由から一九七七年度のアカデミー賞を獲得した『アニー・ホール』〔七七年〕のウッディ・アレンは、その少年時代に宇宙は膨脹する、マンハッタンは膨脹するとつぶやいて以来精神分析医のもとに通い続けていたが、みずから膨脹するオーソン・ウェルズの場合は、まさに精神分析医の存在そのものを嘲笑するために、深層における無意識の戯れをたえず表層に浮上させながら内部を否認し、もっぱら肉体的な球体化の道をたどっているかのようだ。

ウェルズにあってのなみはずれた暴飲暴食はいささかも精神分析的な主題ではなく、もっぱら肉体的な表層の体験である。そしてその苛酷な変型作業にとって肉体的条件がいまだ不充分と判断されるなら、衣裳によって、メーキャップによってその球体性を誇張すればよい。胴体のまわりにつめ込まれたボロくずや、後頭部を丸く覆うプラスティックのカツラなど、実際、どんなふうに分析されるというのか。シェイクスピアの『リチャード二世』、『ヘンリー四世』、『ヘンリー五世』、それに『ウィンザーの陽気な女房たち』を自由に脚色したということになっている『フォルスタッフ〔真夜の鐘〕』〔六六年〕におけるオーソン・ウェルズは、ただもう短い足のはえた卵としか思えぬほどの過激な扮装ぶりで球体を模倣し、ローレンス・オリヴィエの生真面目なだけに倫理性を欠いたシェイクスピア映画を嘲笑する。オリヴィエのハムレットだのヘンリー五世だのは、チャップリンにも劣るちゃちな棒切れにすぎない。馬から転げ落ちたからといって馬だ馬だと騒ぎ立てるくらいなら、はじめから重いドタ靴でもはいていればよいだろうし、背中を半分だけふくらませて片足を引きずって歩いてみせるくらいなら、あらかじめステッキでも用意していたほうがはるかに賢明なやり方というものだ。こんな子供だましの変装でシェイクスピア的畸型性を凡庸化することなど、はたして許されていいのだろうか。

だが、ローレンス・オリヴィエ的な凡庸さを前にするウェルズ自身は、そんな軽蔑ぶりを表明したりすることもなく、やや瞳を伏せるだけで寡黙に膨脹し続けるばかりだ。球体を模倣するという作業は、何よりもまず、世の中の些細な不正や勘違いに腹を立てずにいる術の体得を目的としているのだ。だからウェルズは着実に肥大し、苛立ってみたりはしない。それというのも、球体が黙ってやりすごす世の中の不正には、きまってそれをいきどおる他人が存在しているからだ。たとえばフランソワ・トリュフォー。まだ『大人は判ってくれない』〔五九年〕の作家ですらなかった不良少年トリュフォーは、服役中の営倉の便所に落ちていた新聞によって、ウェルズの『マクベス』〔四八年〕がオリヴィエの『ハムレット』〔四八年〕のためにヴェニス映画祭のグラン・プリを逸したという事実を知り、兵役中に監禁されたおのれの身の不幸を忘れてこの映画史的な不正に激怒する。またしても傲慢さへの郷愁を駆り立てるチャップリン的な直線性が、ウェ

『マクベス』

ルズ的な球体の謙虚さに勝利してしまったのである。これは許されてはならない犯罪である。

こうした赤の他人の怒りにもかかわらず、オーソン・ウェルズはその慎ましげな肥大をいっときもやめない。しかも、その倫理的な謙虚さが不遜なる傲慢さと誤解されようがそんなことにはおかまいなしに、球体性への不条理な夢を追い続ける。感動的なのは、このどこまでも慎ましい理不尽な欲望である。ヒエロニムス・ボッスの足のはえた卵にも、エドワード・リアのハンプティー・ダンプティーにも、その形態的な類似性にもかかわらず、この感動はない。そこには、この不断の膨脹実験の正確なるドキュメントが描かれてはいないからだ。また、ほどよい精神分析的な話題とも、神話的な原型論の議論ともなりがたい不条理な執拗さが、欠けているからでもある。実際、ウェルズ的球体性とは、表象されたイメージでもなければ想像された概念でもなく、それ自身がきわめて具体的な生成であり、たえず更新される現在のできごとなのだ。そして、肥大し膨脹するその一瞬ごとに、球体はウェルズ的存在に直立することとの不可能を宣言する。フォルスタッフにとって、立っていることはそのつどひとつの奇蹟に等しい。それは、自然な身振りに属することのない苛酷なる試練である。そして感動的なのは、ウェルズが、ほとんど倫理的と呼ぶほかはない特殊な技能によって、その試練に見事に耐えている点にあるのだ。球型の軽業師ウェルズ、それは、ただもう嘘としか思えぬ手品だと言ってもよい。巨大な球体としてのフォルスタッフ＝ウェルズが転がりもせずまた倒れもしないのは、世界がウェルズにだまされているのか、ウェルズが世界にだまされているのか、あるいはその両方が同時に起こったからなのか。いずれにせよ、球体は間違いなく大地と一点で接し、ピタリと固定される。そのシルエットが想像させがちな鈍重さが均衡を乱すこともなく、また起きあがり小法師のドタ靴なども必然とせずに、ウェルズは自分自身を的確に支えてみせる。慎ましくも倫理的なウェルズをめぐって、不意に詐欺師の一語がつぶやかれるのはこの瞬間にほかならない。というのも、この一瞬、立つことそれ自体がきわめて倫理的な詐欺の様相を呈するからだ。それは、仕掛けなしには実現しがたい大がかりな手品としか思えないものだ。

では、その詐欺師の演ずる手品とはどんなものか。卵を思わせるまでに膨脹しきった存在は、いかなるタネを使って平坦な地表に静止するにいたるのか。いうまでもなく、この倫理的な詐欺師には偉大なる先駆者がいる。クリストファー・コロンブスがそれである。新大陸など、発見さるべきものではなく捏造さるべきだと信じているウェルズのことだから、それはアメリカ発見者としてのコロンブスではなく、猜疑心の強い視線の前でテーブルに卵を立ててみせたコロンブスこそがウェルズの誇るべき先駆者である。そのコロンブスにならって、球体ウェルズは自分の尻のあたりをごつんと大地の表層にぶつけてみせる。するとどうだ。殼にわずかな亀裂をおびた球体は、見事に固定されたではないか。これこそ倫理的な詐欺師の手品というものだ。臀部にちょっとした傷を負いはするが、それは球体を見事に模倣しえたものの名誉ある特権にすぎない。

図体ばかりが大きな虚弱児と思われていたジョン・ヒューストンという監督はなるほど勘どころだけは心得ていて、その『自由の大地』〔五八年〕でウェルズの尻をめがけて散弾銃をぶっぱなした。手品のタネはこの一撃の中にある。その一撃によって、彼はスプリングのよくきいたソファーを正当的な手段で手にいれる。肱掛け椅子にゆったりと身を埋めることで、ウェルズはますます球との類似性を獲得する。そして臀部を負傷すればするほど膨脹しながら、球体と戯れる倫理的な手品師として、われわれの視界に、ウェルズは不敵な浮上ぶりを示すことになるのだ。

2

詐欺師たるオーソン・ウェルズの特権的な仕事場は椅子である。こんな他愛もない小道具もまたとあるまい。だがウェルズにとっては、この肱掛け椅子こそが奇蹟を生む装置なのだ。それ自身が現実のウェルズを多分に模倣している『自由の大地』のウェルズは、アフリカ象の保護を執念として生きる男たちをルポルタージュするニュース・キャスターの役を演じていた。だから最終的には、椅子に坐ったまま顔と声とをブラウン管に提供すればそれでよかったわけだ。そこにはいかなる仕掛けもないかにみえる。だが、椅子に身を埋めるというウェルズ的姿勢のうちには、怠惰と安逸への誘惑などいささかも認められはしないだろう。実際、『市民ケーン』から『フェイク』にいたる作品群にあって、その画面がこのうえなく生なましく息づきあやしい艶をおびるのは、どっかりと腰をおろした彼が、饒舌を視線の動きで寸断しながら低いつぶやきを洩らす瞬間である。その周辺には、ひとりあるいは数人の者たちが惑星に対する衛星といった関係で位置している。そしてその低いつぶやきと瞳の動きとが衛星どもに無限の拡散運動を波及させることになる。

たとえば『市民ケーン』でわれわれの前に姿をみせたウェルズは、老齢を誇張するメーキャップが二十五歳の肉体を覆って球体そのものと化した姿でソファーに沈み込み、ローズ・バッドと低い声でつぶやいてみせた。と同時に、手に握っていたガラス球を床に落とすのだが、この導入部に手品のタネのいっさいが仕掛けられていたことはいまや誰の目にも明らかである。まず、瀕死のケーンの肥大しきった肉体の球体性と、椅子。そしてガラス球。さらには声の響き。このつぶやきの意味をめぐってケーンの過去の究明がはじまるのだが、ローズ・バッドという謎めいたつぶやきが今日にいたる多くの人に無数の解釈を語らせ続けている点は、誰もが知るとおりだ。実際、その謎がいまだに解明されていないという意味でなら、手品のタネはなおも割れてはいないことになるだろうが、ウェルズにあって重要なのは、空白として残された言葉の意味を埋めることなのではない。問題は、『市民ケーン』の冒頭から、ウェルズ自身が椅子と球体こそが詐欺師の舞台だと明言しているという点だろう。だからガラス球とローズ・バッドとの関係を解明しようと試みたりするよりは、このガラス球に似たものを、『黒い罠』〔五八年〕で殺されたエーキム・タミロフの首だの、『マクベス』〔四八年〕の最後ではねとばされるいかにも手作りものめいた彫像の首といった具合にたぐりよせてみることのほうがはるかに有益だろう。ウェルズを語りながらローズ・バッドの隠された意味をさぐったりするのは、そこではたしかに贋作が主題となっているからという理由で、『フェイク』を贋作を介した芸術論としてしか語ろうとはしない姿勢とともに、子供でもできる他愛ない遊戯にすぎない。ここで最も感動的なのは、あくまで球体的存在の膨脹実験のドキュメントでなければならない。

たとえば、パリのオデオン座に近い名高い魚料理屋の奥まったテーブルで、女性たちに囲まれて食事をするウェルズの素晴らしさ。彼は、ほとんどしゃべるように食べ、食べるようにしゃべる。そこには、病的な飢餓感に促されての暴飲暴食とはまるで異質の、ほどよいリズムで嚥下される料理とその同じ口から洩れる声の響きとの快い交錯がある。誰もがその低いつぶやきに存在を解きほぐされ、武装を解除されてしまう。あの名高い一九三八年のラジオ放送による火星人来襲のスキャンダルも、こうした声によって周到に準備されたものであることがよくわかる。おそらく、アメリカ中がパニックに陥ったと伝えられる『宇宙戦争（火星人襲来）』の放送中も、ウェルズは、『市民ケーン』のローズ・バッドの場面のように、『フェイク』のレストランの場面のように、スタジオのソファーに深々と腰をおろしていたに違いないのだ。あるいはいっさいをスタッフにまかせてサンドイッチなど食べていたのかもしれないが、いずれにせよ、椅子に全身を埋めて球体性を誇張しながら何ごとかをつぶやくと、その声の伝播とともに右往左往するのがまわりの連中である、という点は一貫している。ウェルズ自身になり変わってヴェニスの審査員の無理解をいきどおったのがティーン・エイジャーのトリュフォーであったように、卵のような球体をごつんと大地の表面にぶつけて固定させた瞬間に、周囲に大がかりな運動が巻き起こるのだ。そしてその無方向な運動を秩序づけるのが彼の声である。オーソン・ウェルズは、その作品をひとつひとつ思い出してみるまでもなく、ナレーションの達人である。ときには『偉大なるアンバーソン家の人々』〔四二年〕や『審判』〔六二年〕の場合のように、キャスト・スタッフまでを読みあげたり、*My name is Orson Welles* といった声で作品を読んだりもする。あらゆる映画作家のうちで、これほどフィルムの全域に自分自身の声を響き渡らせた者はいないし、また、坐ったままでしゃべっている瞬間が鮮明なイメージとして記憶にやきつけられる役者もいない。『上海から来た女』〔四六年〕や『黒い罠』といった活劇においてすら、いったん彼が椅子に身を埋めてしゃべりはじめるとその瞬間から、フィルムの表層にはなまめかしい手ざわりがまつわりついて、見る者の感性に微細な声の粒子が放射されはじめる。おそらく、いまわが国のテレヴィジョンで放映されているアルコール飲料のコマーシャル・フィルムは、そんな瞬間のみを拡大したウェルズ的実験のドキュメントとして、映画史に記録さるべき傑作であるかもしれない。

『フェイク』がウェルズ自身の仮装された自伝であるとするなら、それはひとりの贋作画家のドキュメントにかこつけて、詐欺師としての自分の過去を正当化しようとしているからではいささかもない。そうではなく『市民ケーン』以来のウェルズ映画の特権的な構造、すなわち球体的存在をソファーに埋めて低い声を洩らし、そのつぶやきがあたりに運動を駆り立てるという運動と静止の弁証法そのものを改めてフィルムにおさめているからなのだ。だから、『フェイク』は、贋作としての芸術を讃美する映画ではないし、詐欺師の顕揚にあるのでもない。贋作画家エルミアの住むイビサ島に出かけて行ったのはフランソワ・レシャンバックだし、ジョゼフ・コットンのインタヴューを撮りに行ったのはたぶんピーター・ボグダノヴィッチであろう。その間、ウェルズはスタジオの編集室と録音室の椅子にどっかりと腰をおろし、自分自身の球体性を正面からカメラにおさめ、その声をテープにとっていたのだ。その椅子こそが映画にとっては必須の慎ましく倫理的な装置にほかならない。あらゆる映画が無意識に軽蔑しあからさまに

『市民ケーン』

無視しきった椅子の顕揚。これはコロンブスの卵に似たごく他愛ない手品であろう。だが重要なのは、巨大なる球体そのものと化したウェルズの口から洩れるつぶやきが微細な粒子となって空間に放射されるとき、われわれの皮膚の表層にまつわりつく声の粒子が、肉体の球型性の無限に縮小されたコピーの群れとしてあたりに飛び交っているという事実である。距離を介して視線におさめている対象そのものを、人は、ほとんど抽象化された環境として肌いちめんに受けとめているのだ。球体の膨脹とその濃密な拡散。ウェルズが詐欺師たる資格を主張しうる唯一の条件は、映画の視覚性を触覚化する手品の素材に、自分自身を提供している点につきるのだ。

手と指の宇宙的交感
ロベール・ブレッソンの『白夜』

ロマネスク期の聖像画から十九世紀の反＝文明的な画家の執拗なる手仕事への欲望にいたるまで、ヨーロッパ芸術史の動かぬ時間を超えてときには北斎の浮世絵などとも親しく共鳴し合う美しい手の物語に着目し、その無限の変容ぶりと寡黙なる雄弁さとに魅せられて「手の称賛」(『形の生命』所収、杉本秀太郎訳、岩波書店刊) を書き綴ったのはアンリ・フォシヨンだったが、第二次大戦末期にアメリカで客死したこのフランスの美術史家がもしも映画に言及していたら、とりわけロベール・ブレッソン監督の作品のひとつにでも触れる機会を持ちえたなら、この名高いエッセイはさらに繊細なみずみずしさを身にまとうことになりはしなかったろうか、と、そんな贅沢な感慨に囚えられずにいられぬのは、ドストエフスキーの短篇を現代パリの風俗に置き換えてカラーで撮られたこの『白夜』(七一年) のいたるところに、フォションが「目もなく、声を発することもないが、しかしこの顔には物を見かつ物を言う能力がある」と記した手の能力が、驚くべき鮮明な画像として定着さ

『白夜』（ロベール・ブレッソン監督）

れているからだ。

宗教的な題材を扱った『田舎司祭の日記』〔五〇年〕や『ジャンヌ・ダルク裁判』〔六二年〕などで名高いブレッソンは、しばしば虚飾を排する潔癖なカトリック作家だと思われているが、罪と魂の救済とを語ってやまぬその厳しい求道者的姿勢の背後に、生なましい指の動きで世界の表層を撫でまわしたいというきわめてエロティックな欲望が脈打っている事実を見逃してはならず、それはたとえば『抵抗』〔五六年〕で、無表情なフランス軍将校がドイツ軍の独房から脱走したり、『スリ』〔五九年〕で気の弱そうな青年が懐中から財布をかすめとるといった光景が、もっぱら指と指との肉感的な戯れとして描かれていたことや、あるいは土手にうずくまる『少女ムシェット』〔六七年〕の薄幸な娘が、級友たちに黙って土くれを投げつけるとき、その手の動きの狂暴さのうちに性に目覚める少女の黒々とした欲望のかたまりが直截に描かれていたことなどを想起してみれば明らかだろうが、そんなとき、そこにはいささかも劇的な要素は含まれていなかったにもかかわらず、映画がいきなりぬっと迫ってこちらの感性をじかにゆすぶりにかかるので、巧妙な仕掛けの張りめぐらされたヒッチコック映画でも見るときのように、胸を締めつけられる思いがしたものだ。

『白夜』もまたサスペンス豊かに語られる愛の映画と呼ぶべきものだろうが、主人公の青年の右手がしなやかに振りあげられてヒッチ・ハイクの合図を送る最初の画面からそれがまぎれもないブレッソン映画だと納得して胸を躍らせるわれわれは、むなしく宙を横切っただけのその手が、それからどんな世界と触れ合い、いかなる軌跡を描きつつ異性にまでたどりつくかを息をつめて見まもることになるのだが、夜のセーヌ河に身を投げようとする見知らぬ女性の右腕をその手が呆気ないほど無造作に摑みとる一瞬から、作品のあらゆる要素が手と指を中心とした緊密な構図におさまり、苛酷なる愛の物語をゆるやかに語りはじめるありさまはまことに感動的と呼ぶほかはなく、事実、来るあてもない恋人を待ちつつ夜ごとポン・ヌフ橋に姿をみせる女と、その心の傷に耳を傾ける青年とがすごす共犯者的な愛の数日間の記録は、あるいは闇の暗さに滲み、あるいは残酷な陽光にさらされたりしながらも、平凡な遭遇のみに可能な苛酷きわまる体験へと向けてゆるやかに進んでゆく。

すでにルキノ・ヴィスコンティが映画化してもいるドストエフスキーの短篇の、どちらかと言えば通俗的な、またいくらでも抒情的に語られうる平凡な物語がなお偉大なるサスペンス映画として見る者を魅了しうるのは、ほとんど神話的な簡潔さにおさまる不可能な愛というその主題が、買物籠からとりだした果実をテーブルに置いたり、戸棚の奥にウィスキーのボトルを捜したり、テープレコーダーのボタンを押したり、封筒を手渡したり、書物のページをくったりといったごくさりげない日常的な身振りによってゆるやかに輪郭づけられているからにほかならず、そうした単調な、だがどこまでも生なましい手の動きの累積があるからこそ、姿をみせぬ恋人の記憶を無理にも振り払うと女が青年の腕に手をからませてカフェに腰をおろす最後の晩の挿話で、テーブルの下の女の膝にそっと置かれる男の手の動きがなんとも感動的なのだし、そこにいたるまでのサスペンスも申しぶんなく高められるのだ。

このいかにも貧しげな愛の成就を秘かに祝福する街頭の音楽師たちのギターの音に耳を傾け、ことのほかエロティックなその指の戯れに見とれていると、『白夜』の美しさの秘密が音楽までを聴覚の支配から解放しながらしなやかな手の動きに同調させている点に由来することが明らかになってこようが、それは、鏡に裸身をさらしてラジオから流れる調べにつれて踊るヒロインが、素肌の腰から胸もとへと移動させる手のなまめかしい表情や半円型のアーチの下から不意に姿をみせて滑るがごときなめらかさであたりに光線と音響とを氾濫させるバトー・ムーシュの光景とも共鳴し合う美しさだと言えようが、絵葉書で誰もが知っているそんな世界の表情がいきなりその観光的な構図から溢れでて、ただ官能的と呼ぶほかはない生なましい興奮へと見る者を誘わずにはおかなかったのは、未知の天空から訪れた未確認物体さながらの透明に光り輝く船体から伝わってくるボサノヴァのリズムが、ボンゴの表層を撫でるように移動する黒人音楽家の指の動きによって刻まれていて、そのなまめかしい指の戯れが、汎宇宙論的ともいうべき体験を日常的時空へと不意に突出させたからにほかならず、そのとき、光と音の交錯に身をまかせつつ視界から遠ざかる観光船を見送っていたふたりの愛は、ついに五感を凌駕した手と指による宇宙との交感を奇蹟的に達成したと言えようが、それが奇蹟にほかならずしかも奇蹟でしかないという苛酷なる愛の物語は、嘘のように出現した恋人の胸に顔を埋めて女が青年から遠ざかることでいったん終わるかにみえるとはいえ、しかしおそらく映画的エロティシズムの極致ともいうべき途方もなく美しい観光船の場面が『未知との遭遇』のスピルバーグによって才能豊かに剽窃され、ＵＦＯが人類の前に姿をみせる瞬間のあくまでなめらかな運動と光と音との交錯として拡大投影されている事実は、『白夜』を改めて手と指による宇宙的交感の物語として眺めることの正当性を保証してくれるように思う。

ヴィム・ヴェンダースの『アメリカの友人』または稚拙なる模倣の倫理

ドイツ映画は面白い。とりわけ一九六八年以来ここ十年ほどのドイツ映画は面白い。いうまでもなく、面白いといった言葉は讃辞としてはあまり上質でない。それを承知のうえであえて面白いとしか言えないところがいささか心もとないのだが、しかし面白いことは滅法面白いのだ。何年ぶりかのドイツ映画祭、ペーター・フライシュマンの名前がないのがさみしいと言えば言えるが、それでもここに送られてきた作品はかなり充実したものだった。これだけの作品を集められる国は、いま、そう沢山はない。まずアメリカ、イタリア、日本、それに多分スイスとカナダ。フランスやイギリスはまず勝負になるまいと思う。なるほどドイツ映画のルネサンスが語られるのも無理からぬ話である。ドイツ映画は猥雑なポルノばかりではなかった。真面目な映画もやっぱり存在していた。想像力も豊かだし確かな現実凝視の姿勢も認められる。技術だってなかなかしっかりしている。立派なものではないか。人はそうつぶやくなりそっと胸を撫でおろす。ムルナウを生み、ラングを生み、スタンバーグを生んだ国がポルノ一色というはずがないではないか。しかし、こんな安堵のつぶやきをつぶやかせてしまうところが、今日のドイツ映画の限界だとも言える。それがたかだか面白いといった程度のものでしかないのも、その点と深く関わってくる問題なのだ。

たとえばヘルツォーク。ヴェルナー・ヘルツォークは面白い。彼の映画を見ると、いろいろなことがしゃべりたくなる。ある時期からのベルイマンやパゾリーニの映画のように、たとえば『カスパー・ハウザーの謎』〔七五年〕は人を楽天的な饒舌へと誘う。つまり面白いのだ。面白い映画を褒めるのは簡単である。だからヘルツォークをめぐる讃辞はごく日常的なフィルム体験を退屈に反復すればことたりる。要するに、ヘルツォークは、フィルム的感性とフィルム的欲望との常識的な対話しか可能にしないのである。たとえばジャン＝マリ・ストローブ。あの徴兵忌避のフランス青年がシュトラウプとしてドイツで撮った『アンナ・マグダレーナ・バッハの年代記』のように、ヘルツォークの映画は人から言葉を奪いはしない。実際、ストローブをめぐって人は何を言えるのか。しかしヘルツォークについてなら、人はなんでも言うことができる。安易な褒め言葉がいくらでも思い浮かんでしまうのだ。またスイス系のダニエル・シュミットの『ラ・パロマ』〔七二年〕のように、ヘルツォークは映画的饒舌と甘美な頽廃との戯れを大がかりに組織することもない。狂気と境を接したものの挫折を描きながら、シュミット的メロドラマのあの耐えがたい崩壊感覚で人を息づまらせもしない。ヘルツォークは、映画たることの健康をごく生真面目に信じているし、またヘルツォークを語る者の言葉を、その生真面目さで汚染させてしまうだろう。だからヘルツォークの作品は適当に面白いのだし、また面白さ以上のものともなりがたいのである。

たとえば神代辰巳。彼のいちばん出来の悪い映画をヘルツォークの脇に据えてみる。そうした場合、ヘルツォークの生真面目な時代錯誤ぶりは明瞭だろうと思う。いまはもう、こんなふうに映画を信じていられる時代ではないのだ。この信仰は、ベルイマンに似てきわめて十九世紀的である。どうせ面白い映画を作るなら、せめて『JAWS・ジョーズ』のスピルバーグほどの才覚がほしい。だいいち、面白いってことは断じて映画的な美徳ではない。カール・テホ・ドライヤーの映画はいかなるベルイマンよりも面白くないがゆえに、あらゆるベルイマンよりも貴重なのではないか。だいいち、キューブリックにしたって大島渚にしたって、ヘルツォークの年齢にはもっともっとつまらなかった。小津やルノワールだって、もっともっとつまらなかったのだ。だからヘルツォークが面白いというのは危険な兆候と言ってよい。彼はパゾリーニやベルイマンやレネのように駄目になると思う。どうでもいいことではあろうが、映画史はいくつかのヘルツォーク的な面白さを持っていたのだから、とりあえずそう断言しておこう。

総じて、ポルノならざるドイツ映画は、どれもこれもヘルツォーク的な面白さに汚染されている。なかで一篇、生真面目な映画信仰をまぬがれたような映画がある。ヴィム・ヴェンダースの『アメリカの友人』〔七七年〕がそれである。これはまったくもって趣味の悪い作品だ。スティーヴン・スピルバーグが巧みに避けて通った罠にひとつひとつはまって歩いたような醜悪な映画である。しかしこの醜悪さは、ドイツがはからずもポルノ映画の生産国であるという現実を内部にとり込んだことからくる積極的な顔なのだ。趣味の悪さで醜く武装しない限り、とても映画など本気で信じられないものの必死の顔がここにみられる。だから『アメリカの友人』は、きわめて倫理的な映画なのである。ヒッチコックのように倫理的な、とまでは言わないが、すくなくとも倫理的たらんとしている映画だ。パトリシア・ハイスミス原作の舞台をハンブルグに移植し、パリとニューヨークに小規模ながらロケーションする。これは、南米のどこかの国に大規模なロケーションを行なった『アギーレ、神の怒り』〔七二年〕のヘルツォーク的生真面目とは比較にならぬ悪趣味ぶりと言ってよい。それにニコラス・レイを連れてきて、ラオール・ウォルシュばりの眼帯をかけさせる。いったい、これほどあっけらかんと映画神話の最も神経過敏な部分に触れてしまっていいものなのか。ニコラス・レイに出演を依頼する。これはあらゆる潜在的シネアストの夢であろう。そう夢みはしても、それが映画への冒瀆にほかならないと知っていればこそ、誰もその夢を顕在化させはしなかったのだ。ニコラス・レイその人の姿を目にしたのは、あの感動的な『北京の55日』〔六三年〕が最初にして最後であったことぐらいは誰もが憶えているだろう。半身不随のアメリカ大使として、車椅子の上でぶるぶる震えていたあのニコラス・レイから今度は視力まで奪おうというのだから、ヴェンダースの趣味の悪さは徹底している。それに、ドイツ映画祭のプログラムには名前さえ載っていないが、サミュエル・フラーを引っぱりだしたことだって相当なものだ。しかも『気狂いピエロ』〔六五年〕での黒眼鏡を奪われてしまったフラーは、まるで『ショック集団』〔六三年〕の監督だとは信じかねぬほど両目をしょぼしょぼさせ、自信なさげに右往左往するばかりなのだ。五〇年代に活躍したこのふたりの神話的なハリウッドの巨匠を、しかも彼らの晩年が身にまとう不運さをことさら強調するかのごとき役柄に起用する神経というやつは、それが鈍感でないとしたらほとんど荒唐無稽の域に達していると思う。S・ブルーノといった自己同一性を欠いた存在で『カスパー・ハウザーの謎』を捏造するヘルツォークの生真面目さと比較にならぬほど、ヴェンダースの映画への関わり方は不真面目である。本当に、こんなことをしてしまっていいのか。われわれがゴダールの『軽蔑』〔六三年〕でフリッツ・ラングを見ていなかったなら話は別だが、しかし『軽蔑』はもう十五年も昔の映画ではないか。ヘルツォークがごく正常に時代をとり違えていたとするなら、ヴェンダースの時代錯誤ぶりは、ほとんどナンセンスに近い出鱈目さだと言ってよい。つまり、彼の時代錯誤は倒錯的なのである。ダニエル・シュミットの『ラ・パロマ』が戦略的に倒錯を選んでいるように、ヴェンダースは荒唐無稽を選んでいる。しかもそのことを立証するかのごとく、ダニエル・シュミットその人も『アメリカの友人』に姿をみせている。シュトロハイムとルビッチとをルノワール的に撮るといった荒唐無稽なスイス人シュミット。それに加えて、パリのシーンにはフランスの友人として『ママと娼婦』〔七二年〕のジャン・ユスターシュまでが顔をみせている。ジェラール・ブランはもちろん『ハタリ！』〔六一年〕からきているし、デニス・ホッパーの場合はどうだろう。はたして『イージー・ライダー』〔六九年〕からと言って、それですむものかどうか。とにかくここには、いかにも趣味の悪い雑多な映画的記憶の攪拌ぶりがみられる。その攪拌ぶりは、繰り返すが、悪趣味で、不真面目で、ナンセンスで、荒唐無稽で、出鱈目である。

いったい、映画史に限らずドイツ文化史一般で、これほどまでの荒唐無稽な言説が出現したためしがあっただろうか。しかもその荒唐無稽ぶりが、いかにもあっけらかんとした風情でドイツを代表してカンヌあたりまで運ばれてゆく。これはドイツ文化史上、まぎれもない事件というべきものである。こんな出鱈目な御都合主義が大手を振って歩く時代はドイツにはなかったはずだ。ヘルツォークみたいな生真面目な人間はほかの芸術ジャンルで何人も出ているし、これからもまた出るだろう。だが、ヴェンダースの鈍感さを装ったこの倒錯的な倫理性というやつは、ドイツ文化にはまったく未知の不気味な存在なのである。おそらく、ルートヴィヒⅡ世を除いて、こんな不可解な現象をドイツは体験しなかったはずだ。ハンス＝ユルゲン・ジーバーベルクの『ルートヴィヒⅡ世のためのレクイエム』〔七三年〕さえが、そのあまりの生真面目さゆえに、この現象に迫りえずにいる。『アメリカの友人』は、ちょっと映画的感性が繊細だとか映画的想像力が独特だといった程度の人間には撮ることができない。いかにもふてくされた映画なのだ。みずからの血統をあからさまに触れてまわるがゆえに身元確認が困難になるというこの理不尽な記憶の攪拌ぶり。この不可解なる現象に思わずうろたえたドイツ文学者やドイツ思想家がいなかったというのは、彼らが相も変わらず生真面目で、荒唐無稽に無感覚で、それにほんのすこしばかり教養が欠けているからだろう。連中の知的＝感性的好奇心の欠如は、この『アメリカの友人』という積極的にいかがわしい反ドイツ的現象に脅えてみることすらできなかったのだ。サミュエル・フラーから黒眼鏡を奪ってみせたドイツ人という存在を、彼らはいったいどんなふうに理解することができるか。見ているがよい。彼らはなんとも退屈なやり方でヘルツォーク的饒舌と戯れるという最も安易な道を選ぶことぐらいしかできないだろう。

映画にはやっていいこととやってはいけないことがある。これは慎みの問題であると同時に、映画の存在に関わる問題でもあると言える。たとえばピーター・ボグダノヴィッチの『ラスト・ショー』。あのジョン・フォードとハワード・ホークスしか上映していない映画館の光景というやつは映画がやってはならぬこと、慎みとして画面にはみせてはならぬことのひとつであろう。ところでこの『ラスト・ピクチャー・ショウ』の原題を持つボグダノヴィッチの映画のほかに、『夕陽の群盗』〔七二年〕のロバート・ベントンが撮った『レイト・ショー』〔七七年〕という原題の傑作があって、この種のアメリカ映画が日本にどうしても入ってこないという点が先刻の面白さとつまらなさの弁証法的関係を決定しているのだが、これは映画がやっていいことの限界をきわめた意味できわめて重要な作品である。これは胃潰瘍の初老の私立探偵が、『赤ちゃん教育』〔三八年〕のキャサリン・ヘップバーンを思わせるまったく出鱈目な女性の協力的妨害を得て事件を解決するハード・ボイルドのパロディなのだが、その探偵がついに独身生活に別れを告げる決意をする最後の場面は、ハリウッドの蠟人形館の巨大な広告の前で演じられていて、だから遠景から捉えられた一組の男女は、ボリス・カーロフのフランケンシュタインの怪物の絵から一貫して見下された格好で愛ならざる愛を告白し合うことになる。つまりロバート・ベントンは、慎みを欠いたボグダノヴィッチが落ちた罠を巧妙にかわしながら、罠をかわす身振りだけで一篇の映画を撮るという芸当をやってのけたのだが、じつはヴィム・ヴェンダースの前作『さすらい』〔七五年〕は、これまたボグダノヴィッチ的な罠に、すんでのところで落ちかねぬ作品だったと言える。というのも、これは、ドイツの田舎のうらぶれた映画館をまわりながら、その上映設備を修理したり映写技師を手伝ったりする男の物語だからだ。彼は、一応はミュンヘン・ナンバーの大型トラックで東独国境の近くまで放浪してまわる。途中で離婚したばかりの医者を拾って相棒としながら町から町へと移動してゆくこの物語には、あからさまに『イージー・ライダー』の記憶がまつわりついていて、医者を演じる役者がどこかジャック・ニコルスンに似ていたりもするのだが、われわれが画面で目にすることになる唯一の映画は、もちろんフォードやホークスではなく、題名も知れぬドイツのポルノ映画であるにすぎない。しかもその語りには、物語の進展をたえず一歩ずつ遅らせるといったたぐいの緩慢な運動に支えられ、たとえば『ラスト・ショー』でベン・ジョンスンの死を物語に導きいれるための若者たちのメキシコ旅行への出発といった、省略のための経済的挿話構築を徹底して排している。それが『時の絆とともに』という原題の持つ引きのばされる時間感覚と見事に調和し合って、この黒白スタンダード画面の二時間半という、ことのほかゆるやかな流れをほとんど甘美なといってよい停滞ぶりに仕立てあげている。たとえば放浪の映写技師がある朝トラックを離れてゆっくりと白茶けた丘を登り、誰もいない風景の中央にしゃがみこんでゆっくり時間をかけて野糞をたれる感動的な遠景のように、映画は、徐々に男の裸の尻を離れる排泄物が乾いた土地の上にすこしずつ弧を描いて堆積するのに立ち会うのに似た音のない運動を見る者にもたらしていた。まあ、言ってしまうならこれは面白さを避けたじつに静かで退屈な作品だったのだが、問題は、ヴィム・ヴェンダースがこの道を歩み続けていたとしたなら、彼があるとき知らぬまに面白い映画を作ってしまっていただろうという点だ。事実、それに続く『都会のアリス』〔七四年〕は、写真家と少女とのオランダ彷徨というかなり面白い映画であった。いかにも興味深いのは、『アメリカの友人』のヴェンダースが、罠を避けて歩くという罠をも避け、戦略的かつ倒錯的に罠に落ちることを選んでいるという点なのだ。つまり彼は、生真面目さを逸脱する方向に自分を位置づけたのである。これは『激突！』〔七二年〕、『続・激突！カージャック』〔七三年〕のスピルバーグが、『ＪＡＷＳ・ジョーズ』のスピルバーグへと変容するに似たかなり勇気のいる逸脱ぶりである。スピルバーグはその変容をあくまで聡明に生きてみせたわけだが、ヴェンダースの場合はそれをほとんど荒唐無稽に実践してみせたのだ。『ジョーズ』が潔癖さという生真面目さの余韻をとどめていたぶんだけ、ヴェンダースに分があるといえる。『アメリカの友人』がなにより優れているのは、彼の変容が、あえて頽廃に似ているという点だ。『さすらい』や『都会のアリス』が真面目にみえ、『アメリカの友人』があからさまに出鱈目に映るというところが肝腎なのである。

パトリシア・ハイスミスの主人公がハンブルグあたりをうろついているという点が、まずいかがわしい。こんないかがわしさを平気でやってのけうる人間は、ジェームズ・槇――三木ではない――ぐらいしかいないだろう。そこにテンガロン・ハットをかぶったデニス・ホッパーが姿をみせ、アタッシュ・ケースをさげたジェラール・ブランが顔を出すのだから、もう誰もこんな映画を信じはしない。ファーリー・グレンジャーのテニス選手が交換殺人をロバート・ウォーカーから提案されるならまだ話は信じられるし、アラン・ドロンがモーリス・ロネを殺してからそのサインを捏造するというのもまだ信じられる。だが、このさえない口ひげの額縁商人がパリのメトロやドイツの夜行列車で人を殺したり殺しそこなったりする筋書きなど、どうして信じられるか。アメリカのスパイ映画の稚拙な模倣にすぎぬではないか。こんなものはドイツ映画ではないと、ヘルツォーク的饒舌に汚染しきった感性は口にする。ところで『アメリカの友人』の素晴らしさは、それがまさに稚拙な模倣、不器用な翻案にしかみえないところにある。じつは、『勝手にしやがれ』〔五九年〕のジャン＝リュック・ゴダールは、なんとも巧妙にアメリカのギャング映画の模倣に失敗していたのだ。この巧妙なる模倣の失敗は小津安二郎のものであるかもしれない。ヴェンダースの見事さは、この巧妙なる模倣の失敗に失敗することをあえて選んでいるところにある。それというのも、いま映画にあっては、稚拙なる模倣と不器用なる翻案こそが真に独創的ないとなみにほかならぬことをヴェンダースが体験によって知っているからだ。巧妙なる模倣、器用なる翻案というやつは山ほどある。また巧妙なる模倣の失敗も山ほどある。映画でまだ行なわれていないのは、まさに稚拙なる模倣ではないのか。おそらくこれはフランソワ・トリュフォーが、『黒衣の花嫁』〔六七年〕と『暗くなるまでこの恋を』〔六九年〕とによって失敗した試みなのだ。ヴェンダースは、この稚拙なる模倣の成功に最も近くあった映画作家と言えるだろう。そしてもしそれに成功したなら、そのとき映画は、このうえなくいい加減な無責任といったものの責任を引き受け荒唐無稽な相貌におさまるほかはあるまい。だいいち、ヒッチコックの巧妙な模倣なんてできるわけがない。それはヒッチコックが偉大だからではなく、そんなことをしたら映画の虚構が崩れ落ちてしまうからだ。ブライアン・デ・パルマを見よ。それが堕落であり頽廃というものだ。ヴェンダースは、稚拙なる模倣、不器用なる翻案によって堕落を避け、頽廃にさからおうとする。パロディとは、いかなる意味においても映画的美徳ではないのだ。実際、ここでは、ニコラス・レイやサミュエル・フラーがなんともみっともない稚拙さで自分自身を模倣している。そこにはヴェンダースの真の倫理性を認める必要がある。それというのも、ここでのふたりの巨匠は、『軽蔑』におけるフリッツ・ラングの場合のように、作者ゴダールのオマージュを受けとめるといった単純な構図にはおさまりえない宿命を担っているからである。その理由は何か。彼らふたりが、すでに、一方は『北京の55日』、いま一方は『気狂いピエロ』

で、到底忘れがたい鮮明な輪郭におさまる素晴らしい姿を視線にさらしてしまっているからだ。レイもフラーも、すでに一度、映画的記憶に刻み込まれた顔であるがゆえに、ヴェンダースによって出演を依頼されたのである。そして彼らは、ともに自分自身を命令し矯正すべく、稚拙なる模倣を演技しているのだ。『軽蔑』のフリッツ・ラングは、模倣すべき自分のイメージを映画的記憶の底に隠し持ったりはしていなかった。だから彼は、堂々と自分であればよかったのだが、ニコラス・レイとサミュエル・フラーは、反復によって自分自身を減少させざるをえなかったのである。半身不随から視力の喪失へと事態を悪化させる『理由なき反抗』〔五五年〕の監督は、黒眼鏡から老眼鏡へとその表情を弛緩させる『四十挺の拳銃』〔五七年〕の監督とともに稚拙なる模倣によって減少し退化する自分を視線にさらし、そのことでヴィム・ヴェンダースの倫理劇を支えることになる。これが感動的でなくしていったい何が感動的というのであろうか。

　反復によって減少し退化する自分を受けいれること。戦略的に頽廃を模倣し、頽廃と思われるものとむしろ積極的に戯れながら荒唐無稽な御都合主義を身にまとうこと。夜汽車の殺害シーンに姿をみせるアメリカの友人の唐突な出現ぶりを見てみるがよい。なんといい加減な筋立てであることか。ニューヨークの摩天楼を背景とした開けた土地でデニス・ホッパーとニコラス・レイが謎めいた再会を演じるとき、それをはるかに監視するサミュエル・フラー一党を室内に据えた窓越しの遠景のとってつけたような偶然ぶりを見よ。何と出鱈目な劇作術であることか。このいかにもあっけらかんとした荒唐無稽ぶりは、いうまでもなくヒッチコックのそれでありブニュエルのそれでありハリウッド時代のフリッツ・ラングのそれであって、ヘルツォークをはじめとする生真面目なドイツ映画が徹底して欠いているものだ。ヴィム・ヴェンダースの作品は、いま、映画が醜く病んでいるという現実そのものを基盤としている。畸型を描き崩壊を語りながら映画そのものの頽廃を必死の環境として生きていないところにヘルツォークの面白さと倫理性の欠如とが露呈しているのだ。彼は、その想像力と感性とで映画的頽廃をかわしうるものと信じており、模倣的反復による減少と退化とを倒錯的に受けいれねばならぬ現実に盲目なのである。

『アメリカの友人』の素晴らしさは、何よりもまずこれが病気の映画だという点にある。病気という名の存在の減少、そして退化。ハンブルグの額縁職人ヨナタンは、冒頭から生の緩慢なる崩壊に身をさらしている。このヨナタンを演ずるブルーノ・ガンツのいささか鈍重でたるんだ表情が途方もなく感動的である。彼の演技、というよりその身振りのいっさいは、『真夜中のカーボーイ』〔六九年・監督ジョン・シュレシンジャー〕のジョン・ヴォイトのように素晴らしい。これは文字通り病気の眼、病気の指、病気の髪の毛そのものだ。そのシャツから帽子までが病気に冒されたようにたるんでいる。しかもブルーノ・ガンツは、その肉体の頽廃をより大がかりな頽廃の網の目にいささか逡巡しながらもみずから進んで捕えられることで超えようとする。この殺人の契約の曖昧な肯定ぶりが不自然だと言う人がいるとするなら、映画とはそれ本来が途方もない不自然であり、今日その不自然さが癒しがたくあたりに蔓延しているのだと答えよ

『アメリカの友人』

う。トリュフォーの『私のように美しい娘』〔七二年〕の素晴らしさも、そうした認識による頽廃こそを描いていたからではないか。

『アメリカの友人』は不治の病に冒された額縁職人が演ずる減少と退化との戯れであると同時に、映画自身が演ずる減少と退化との戯れでもある。あらゆる映画的体験が稚拙なる模倣的反復にすぎず、巧妙なる模倣やその失敗こそが映画的頽廃を普遍化しているということ。だから真の独創性とは、映画的倒錯の中にしかない。荒唐無稽な出鱈目さと積極的に戯れること。それが唯一の倫理的姿勢というものだ。映画が懐しいから、敬愛するニコラス・レイやサミュエル・フラーの姿を画面に必要としているのではない。映画という頽廃をより大がかりな頽廃によってくぐり抜け、そのためにみずからの減少と退化とを受けいれること。緩慢に、ゆっくりと時間をかけて崩壊をまさぐること。そしてその崩壊を稚拙なる模倣によって反復すること。ヴィム・ヴェンダースのこの姿勢は、ドイツ映画のルネサンスとやらを信じる無邪気さから、荒唐無稽なる無表情によって言葉を奪ってしまうだろう。しかしそれにしても、人は、この、面白さに背を向けたつまらない映画の、沈み込んだような鈍い輝きに、どんなふう敏感たることを学びうるだろうか。それには、誰もが、アメリカの友人との理不尽な遭遇へと向けて精神と肉体とを組織しなおさねばなるまい。

仰視と反復

スティーヴン・スピルバーグと『未知との遭遇』

1

すでに『JAWS・ジョーズ』の場合がそうであったように、スティーヴン・スピルバーグの『未知との遭遇』は、しかるべき細部に心惹かれるということはあっても、それをそっくり好きになるのはかなり困難な映画だ。実際、心から堪能したという気分に人を誘いはしないし、粛然として思わず襟を正すといった一瞬もそこには含まれていない。はじめからある覚悟をもってのぞまぬ限り、腹立たしげに舌打ちして顔をそむけることはあっても、ひたすらわれを忘れて画面の推移を追い続け、ある瞬間、説話的持続とすっかり同調しきっている自分を発見するといった事態はまず生じまい。つまり『未知との遭遇』は、無条件に人を感動させることもないし、また存在に不意の変容を強いる刺激に充ちた作品でもないのだ。いずれにせよ、あらかじめしかるべき妥協を受けいれておくことが必須なのだが、それは何もこの映画に限ったことではなかろう。感性と思考とをいきなり不意打ちする作品などそうあるわけではないのだから、こうした覚悟なり妥協なりは、むしろ映画的日常の仕草というべきものかもしれない。にもかかわらず、『未知との遭遇』と呼ばれるフィルム断片をその総体として好きになるのはかなり困難である。というより、好きになったり嫌いになったりする直接の契機がなかなか掴みえない作品なのだ。たとえばジョン・G・アヴィルドセンの『ロッキー』であれば、頽廃を幸福と錯覚するかしないかの選択を自分に課せば、それで態度を決定しうるし、イーストウッドの『ガントレット』なら、通俗的なるものを排除する凡庸さに固執するか否かによって、これを擁護するか軽蔑するかはたちまち明らかになってもくるだろう。ところが『未知との遭遇』には、そうした意志決定の基盤が見定めがたいのだ。だから多くの人が、フィルム体験の生なましい現在を回避しながら、いわば映画的環境をいささか離れた地点に肯定と否定の材料を拾い集めねばならなかったわけだ。これはSFである。いやSFとはこんな無邪気なものではない。しかし、この意図的な楽天性こそが忘れられていた感動を呼ぶのではないか。そうではない。この無邪気な楽天性こそ、ヴェトナム戦争を一刻も早く忘れんとするアメリカ合衆国のイデオロギーなのだ、云々。つまり、この映画が具体的なイメージと音の連鎖としてなにを撃たんとしているかをその説話的持続にそってくまなく触知する体験をおこたりながら、その現実放棄の姿勢をなんとかとりつくろおうとして、非=映画的思考を総動員しつつこの映画について語るという怠慢さに執着することしかできなかったのだ。つまり、人は、あらかじめ容認すべき妥協なり覚悟なりをめぐって、それがフィルム体験であるかに錯覚する抽象性を言葉の条件として選んでしまったのである。

こうした抽象的な言葉の対象となるものがふつうなんと呼ばれているかは、誰もが知っている。あたりに駆り立てる無償の饒舌によって虚構化される主題を、人はスキャンダルと呼んでいるのだ。そこに露呈される解読不能の記号を律儀なる思考に馴致せしめんとして口にされる言葉たちをそっくり宙に迷わせる悪意の罠。それがいかに無邪気な相貌におさまっていようと、この罠は、言葉たちに醜い自己正当化しか演じさせぬという意味で、スキャンダラスなものなのだ。おそらく『未知との遭遇』は、ベルナルド・ベルトルッチの『ラストタンゴ・イン・パリ』〔七二年〕以来の、それにまさるとも劣らぬスキャンダラスな作品だろう。『ラストタンゴ・イン・パリ』の場合、あらかじめ容認さるべき妥協としてあったのは、いうまでもなくセックスである。ベルトルッチの不幸なる傑作は、性をめぐる異常なる体験の映画として、肯定され、否定され、また無視されもしたのだ。『未知との遭遇』の場合、肯定と否定の基礎となるのは、楽天的な無邪気さである。この作品を支えている精神が無邪気で楽天的なものだという前提が容認されたうえで、しかるがゆえに擁護されたり、攻撃されたり、また無視されたりもしているのだ。これはかなり深刻な事態というべきだろう。というのも、肯定と否定と無視の身振りが、同じひとつの運動しか描いていないからである。擁護し攻撃する言葉たちは、ある常識を共有しながら顔をそむける素振りを演じているにすぎないのだ。ところで、こうした常識の共有が世間でなんと呼ばれ

『未知との遭遇』
（スティーヴン・スピルバーグ監督）

ているかはこれまた誰もが知っている。解読の契機を欠いた荒唐無稽なるものの常識化、それはファシスムと呼ばれる思考の凡庸化にほかならない。『未知との遭遇』は、いま、このファシスム的風土を助長しつつあるという意味で、すぐれてスキャンダラスな作品だと言える。総体として好きになることが困難であるにもかかわらずこのスピルバーグの新作について改めて語らざるをえないのは、そのためである。フィルム体験とは、何にもまして、荒唐無稽の常識化にさからう運動でなければならない。

2

『未知との遭遇』は、無邪気で楽天的な映画である以前に、何よりもまず空を見上げる身振りに充満した映画である。この作品の登場人物たちは、その全員がほとんど例外なしに視線を空に向けており、この瞳の運動は、それ自体としては無邪気でもなければ楽天的でもない。空を見上げることと、これは誰にでも許されたごく単純な運動である。では、彼らはなぜ、一様に視線を空に向けているのか。未確認物体が空を舞い、地上に降下して来るからか。そうではない。たしかにこの作品の最後には、巨大なるＵＦＯが岩山の頂上にゆっくり降りて来る場面が据えられている。音響と光線とをあたりにまばゆく氾濫させながら、あくまで緩慢な速度で着陸する円盤を見まもるひとびとの視線は、なるほど空を凝視していた。だが、ＵＦＯが降下して来たから彼らが空を見上げていたのではない。彼らが空を見上げていたがゆえに、ＵＦＯが空から姿をみせたのである。この因果関係をとり違えてはならない。この関係を見落としてしまうと、『未知との遭遇』は楽天的で無邪気な映画となってしまうだろう。この映画の登場人物たちは、とりわけ最後に岩山の頂上に集結して未確認物体の着陸を見まもる者たちは、徹頭徹尾、一貫して空を見上げていた連中なのだ。そこで改めて、なぜ連中が飽きもせず瞳を空に向けていたのかと問うとき、人は、彼らとともに、空を見つめよという予言が、声としては響かぬ言葉となってあたりに散乱していた事実を想起せずにはいられないはずだ。『未知との遭遇』の作中人物たちは、幼児性と境を接した純粋さでＵＦＯの実在を信じたがゆえに空を見つめていたのではない。空を見つめよの予言を耳にして自由を奪われ、空を見上げるという不自由に囚えられていたにすぎず、実はわれわれ観客もその不自由を共有していたのである。

では、声としては響かぬその予言は、いつ、彼らの自由を奪ってしまったのか。いうまでもなく、ハワード・ホークスの『遊星よりの物体Ｘ』の最初の上映が終わった瞬間からである。一九五一年四月にアメリカで公開され、翌年五月に日本でも公開されたこの奇妙な映画は、ホークス最盛期の一連の傑作群の編集担当者クリスチャン・ネイビーが監督したということになっているが、これがホークス作品のひとつに数えられうる事実は、世界の映画史家の一致するところだ。ところで、この『遊星よりの物体Ｘ』の最後の台詞が文字通り空を見つめよであったことは多くの人が記憶しているだろう。しかも、*Close encounters of the third Kind*という原題を持つ『未知との遭遇』の最初の題が、*Watch the sky.* すなわち空を見上げよであったという点は、山田宏一氏宛のフランソワ・トリュフォーの私信によっても確かめられる間違いのない事実なのだ。つまり、一九五一年四月以来、われわれはハワード・ホークスの予言の中に暮らしつつ空を見つめ続けてきたのであり、たまたまスティーヴン・スピルバーグもそうしたひとりだったというわけなのだ。われわれは、もちろん誰ひとりとして、その予言を無邪気に信じたのではなく、また信じなかったわけでもなく、ただたしかに聞いてしまったその言葉の実在を否定しがたい不自由さの中で暮らしていたにすぎない。スピルバーグはその不自由さを彼の作中人物に共有させたまでのことであり、無邪気な楽天性で彼らを汚染させたのではいささかもない。

『ジョーズ』に接しえたものにとって、『未知との遭遇』がホークスの『遊星よりの物体X』に発想の源を持つ作品だといったことぐらいは、見なくたって明らかな事実であった。『ジョーズ』ほどホークス的な記憶に重くたわみきった作品もまたとなかったからである。『ジョーズ』の作中人物たちは、台詞のかたちで何度かホークスの作品に言及しているのだ。たとえば魚類学者のリチャード・ドレイファスは、いきなりカメラのほうに向きなおって*Tiger shark!*と絶叫するが、これは三二年の『虎鮫』の原題だし、漁師のロバート・ショウが最初に鮫に挑戦するときに発する*Come and get it.*は、三六年のワイラーとの共同監督作品『大自然の凱歌』の原題である。こうした細部が明らかにするのは、スピルバーグとホークスとの濃厚な血縁関係なのだから、彼がSFまがいの作品を撮ると聞いた瞬間、『遊星よりの物体X』を即座に想起せずにいられる精神こそ、無邪気で楽天的というほかはないだろう。誰もがハワード・ホークスを想起せざるをえない不自由によって、映画的環境に結ばれているからである。スピルバーグは、映画を撮る限りにおいて、ホークスを引用せざるをえない不自由な存在なのである。そして、この不自由を自覚することこそが、無邪気な楽天性を拒絶しうる唯一の道にほかならない。引用とは、独創性を欠いた模倣の仕草と思われがちだが、実は引用することで映画ははじめて映画自身を肯定し、本来が正統性を欠いていた自分を危うげに支えることが可能となるものなのだ。いわば、必死の反復こそが引用なのである。今日、映画的記憶を欠いた映画は存在しえない。独創的な作家と思われる人から凡庸な作家と見做されている人にいたるまで、あらゆるシネアストは、意図的であると否とにかかわらず、映画自身を反復することによってしか映画たることはできない。それは、ジャン＝リュック・ゴダールをはじめとして、フランスの「ヌーヴェル・ヴァーグ」の作家たちが明らかにしえた唯一の映画的真実である。それは、映画以外の場所に映画はありえないという、映画の制度的な真実でもあるだろう。潜在的なものであれ顕在的なものであれ、映画的な記憶を離れた時空での映画的な身振りは、必然的に抽象たらざるをえまい。そうした映画的記憶の厚みにわけ入るようにして、空を見つめよの一語は、声としては響かぬが幾重にも共鳴する振動となって、あらゆるフィルム断片へと伝播していく。この共鳴に最も敏感に同調する『未知との遭遇』の作中人物たちは、だからきわめて具体的な存在だと言えるだろう。UFOの降下は、その具体的な身振りに応えつつ実現されたものであり、そこにはいかなる無邪気さも楽天性も認められはしない。家族に見捨てられながらも手仕事的な皮膚感覚からUFO着地点を確信しつづける電気技師のリチャード・ドレイファスにしても、宇宙的知性との言語学的交流を確信するフランスの科学者フランソワ・トリュフォーにしても、彼らはひたすら映画的記憶の断層に走る地下水脈としてのホークス的予言を聞いてしまった宿命的な存在なのである。空を見つめよ。この映画自身がつぶやく言葉に耳を傾けた者たちこそが、あらかじめしめし合わせたわけでもないのにあの岩山に集い寄って来たのだ。そして、ホークスの傑作『コンドル』〔三九年〕の冒頭で、夜露に視界を奪われた単発機の着陸を見まもるケイリー・グラントのように、トマス・ミッチェルのように、ジーン・アーサーのように、夜空を凝視し続けているのである。実際、UFOが姿をみせるあの岩山の着陸基地は『コンドル』のアンデス山中の飛行場がいささか華麗に再現されたものではないか。そして円盤から帰還する飛行士たちは、『コンドル』や『空軍』といったホークスの航空映画の犠牲者なのではないか。『未知との遭遇』が感動的なフィルムたりうるのは、決して短くはない歳月を隔ててひとびとが共有し合う空を見つめる瞳の運動を通して、映画による映画の肯定がそこで具体的に演じられているからにほかならない。つまり、スティーヴン・スピルバーグは、ホークスの『コンドル』や『遊星よりの物体X』を引用することで、その『未知との遭遇』を撮りあげたしたたかな映画的記憶の持ち主なのである。

確かな映画的記憶を誇ること。しかし映画的環境での引用という仕草は、いくらでも対象を操作しうる恣意的な運動であるかにみえて、じつはいささかも恣意的ではありえない。選択する身振りそのものがすでに記憶に統御されているのだから、選択とは、むしろ徹底して不自由なものというべきだろう。空を仰ぎ見ることで『未知との遭遇』にふさわしい人物となる存在たちは、したがって、無邪気で楽天的な率直さをあらかじめ奪われたうえで映画的記憶の断層にわけ入り、と言うよりそこへの埋没を受けいれ、自分自身に似た不自由さと共鳴しつつそれを模倣する反復者にほかならない。あらゆる映画的な身振りは、意識的であると無意識的であるとにかかわらず、模倣的な反復しか演ずることはできないのだ。そして独創的なるものが、模倣的反復者たらざるをえないみずからの脆弱さを過激なまでに徹底させる無謀さにほかならぬと身をもって立証したのが、ジャン＝リュック・ゴダールだったことは誰もが知っている現実だろう。スティーヴン・スピルバーグがはたしてゴダール的過激性の域に達しているか否かはさしあたっての問題ではない。だが映画的身振りにおいて彼らが同じ方向を共有していることは誰の目にも明らかである。意図的にハワード・ホークス的風土の模倣的反復者として出発した『勝手にしやがれ』〔五九年〕のゴダールが、その映画的記憶から途方もなく逸脱した畸型性として自分を捏造しつくした事実を忘れている者はいまい。

だが、ここで強調すべき点はスピルバーグとゴダールとの類縁関係の指摘にあるのではない。そうではなく、この楽天的SF超大作になぜフランソワ・トリュフォーが姿をみせているかを問うてみることが肝腎なのだ。どうして『突然炎のごとく』〔六二年〕の作者が未確認物体の大がかりな着陸劇に本気でつき合ったりするのであろうか。その公的な理由はスピルバーグ自身によって表明されている。つまり『アメリカの夜』〔七三年〕に出演したトリュフォーを見て、この科学者の役の着想を得たというのがそれである。つまり、ここでも映画的記憶の戯れが問題だというわけだ。だがこの理由は、なにゆえにトリュフォーが空を見つめる人物にふさわしいかの説明としては決して充分なものとは言えまい。では、スピルバーグはいかなる記憶に操作されてトリュフォーを選択する不自由に身を投じているのか。その理由は、われわれがフィルム体験の現在を生きる瞬間に明らかにされるだろう。そしてその体験の累積は、映画的記憶の断層で、『突然炎のごとく』の作者が、空を見上げる達人にほかならぬ事実を想起させてくれるはずなのだ。

空を見上げるトリュフォー。と言っても彼ほど徹底してその作品から空を排除しつくした者もまたとあるまい。仰角撮影を頑迷に避けて俯瞰にこだわり、空よりも地面に執着するトリュフォー。それでいて彼ほどの執念をもって存在や視点を空中に位置づけた作家もいないと思う。ここではあえて単純化しつつ略述するほかはないが、『突然炎のごとく』以来、トリュフォーほどヘリコプターによる俯瞰撮影の生なましさにこだわり続けた者はいまいし、『柔らかい肌』〔六三年〕以来彼ほど飛行機旅行を説話的技法として活用した者もいまいし、『ピアニストを撃て』〔六〇年〕以来投身自殺者の空中飛翔を執拗に追い続けた者もまたいないのだ。ここではトリュフォー的主題体系をくまなく踏査している余裕はないが、『恋愛日記』の主人公である流体力学の実験技師が、空洞状の世界に空気を送り込み、そこで演じられる小型飛行機の空中での戯れを観察する仕事であったことを思い出すなら、その映画空間が空と地面とを貫く垂直の構造を担っている事実はあまりに明瞭だというべきだろう。だから『未知との遭遇』で科学者を演じる俳優としてのトリュフォーは、その『トリュフォーの思春期』〔七六年〕の団地の庭で高い窓から落下する赤ん坊の姿を見上げる住人たちと同じ姿勢を共有しながら、空を見つめているのである。その意味で、スティーヴン・スピルバーグは、自分自身を模倣的に反復する存在として、ぜひともトリュフォーのイメージを必要としていたと言うことができるだろう。実際、『未知との遭遇』の未確認飛行物体は、あの赤ん坊さながらのあっけらかんとしたやり方で地上に降下したではないか。この映画は、ホークス的であると同時にきわめてトリュフォー的だともいうべき垂直の運動を軸に構築されているのである。

映画的環境とは、こうした模倣的反復を強制する記憶の断層にほかならない。その断層の襞という襞には、映画自身のつぶやきが声としては響かぬ言葉としてこだまを呼び合っている。映画を撮り映画を見るというといなみは、この感知しがたい共鳴と積極的に戯れることにほかならない。この戯れによって、人ははじめて映画的ファシスムに抗い、スキャンダルを回避することができるのだ。『未知との遭遇』がSF超大作という無邪気にして楽天的な相貌から自由になり、巨大なる人知を超えた装置としてのUFOが駆り立てる幼児的興奮をかわして、「作品」という荒唐無稽な過剰としてわれわれに迫ってくるのは、そうした場合に限られている。だからあらかじめ容認すべき妥協は、無邪気な楽天性という点をめぐってではなく、映画的記憶の断層の襞に潜入するという困難さをめぐってなされねばならない。この不自由と積極的に戯れぬ限り、人は映画的自由のさなかに目覚める瞬間を永遠に延期しつつ生きねばならないだろう。

みんなでいそいそとブニュエルを見に行こう

ルイス・ブニュエルが映画史において占めるべき位置は、たとえばフリッツ・ラングの位置がそうであるように、きわめて曖昧である。と言うより、むしろ積極的に歪んだ相貌のもとに、歴史の不幸とほどよく調和することを強いられているかのようだ。

ブニュエルもラングも、映画史家たちによって、いかにもしっくりしない神話的仮面をかぶせられて映画史の前景に引きだされている。「シュールレアリスト」ブニュエル、「表現主義者」ラング。そして、フランコによるスペイン独裁とヒットラー体制の確立。彼らは、たやすく亡命者に仕立てあげられてしまい、かくして、故郷を離れた異国の風土に移植されたふたりの神話的前衛作家は、そのおし着せの神話的仮面を食いつなぎつつ今日まで生き延びたとされる。『忘れられた人々』（五〇年）をメキシコで撮りえたブニュエルは、まだ幸福であった。ラングの場合は、亡命の地ハリウッドで完全に破産したとさえ思われているのだ。だが、それにしても、なんたる誤解。無知と鈍感さからくるなんたる映画史の読み違い。

『アンダルシアの犬』〔二八年〕や『黄金時代』〔三〇年〕は、たしかに悪い映画ではない。が、せいぜい、『メトロポリス』〔二六年〕や『ニーベルンゲン』二部作〔二二年〕が悪い映画ではないという程度のものであって、彼らの名を神話的なるものたらしめたこれらの作品は、ブニュエルがメキシコで撮り続けた喜劇やメロドラマ、ラングがハリウッドで発表した活劇や犯罪劇に比較してみれば、とるにたらぬものなのだ。ブニュエルの名を映画史が記憶すべきは、彼のメキシコ時代の最後の長篇『皆殺しの天使』〔六二年。六五年の『砂漠のシメオン』は中篇である〕によってでなければならぬし、ラングが永遠の作家たりうるとしたら、彼のハリウッド時代の最後のスリラー『条理ある疑いの彼方に』〔五六年〕があるからでなければならない。そこには、たしかにシュールレアリスムや表現主義が影を落としてはいる。だが、その神話のはるかな反映によって彼らが偉大にみえてくるのではなく、むしろシュールレアリスムと表現主義のほうがブニュエルとラングの晩年の傑作によって、はかり知れぬ恩恵を蒙っていると考えるべきなのだ。

ルイス・ブニュエル監督

フリッツ・ラングの『怪人マブゼ博士』

——もちろん六〇年版のほうだ——がそうであったように、ブニュエルの『ブルジョワジーの秘かな愉しみ』〔七二年〕は、途方もなく面白い。ただ、ひたすら、理由もなく面白いのだ。題名に含まれるブルジョワジーといった言葉を前にして妙に気をまわし、それとなく肩をいからせるのはやめにしよう。ハリウッドに定着した以後のラングがそうであったように、ブニュエルはここで、メキシコ定着以後の娯楽大作の映画作りの方法を十二分に活用している。だいいちこれは、フランス的映画制度にあっては、想像を絶した豪華オール・スター・キャストの映画であって、ついついラングの『口紅殺人事件』〔五五年〕の派手な配役を思い起こさずにはおれないほどだ。とりわけ女優陣をとってみると、日本ではあまり知られていないが、フランス最大の人気女優が集められていて、いまどきデルフィーヌ・セイリグとステファーヌ・オードラン、それにビュル・オジエまでを動員できる監督は、ブニュエルをおいてはいまい。言ってみれば、これは、フランス版『華麗なる一族』〔七四年・監督山本薩夫〕なのだ。ただし、娯楽映画の撮り方において、ブニュエルが山本薩夫よりはるかに職人的であり、フランスおよびスペインの役者たちが、日本の豪華キャストよりも、はるかに職業意識に徹しているがゆえに、『ブルジョワジーの秘かな愉しみ』のほうが圧倒的に面白いのである。もちろん、作品としても、ブニュエルの娯楽超大作のほうが、山本薩夫のそれより何倍か優れているが、それは、ブニュエルのねらいが、芸術的に高級だからではいささかもない。山本の発想が図式的であり、ブニュエルのそれが独創的だからでもない。ブニュエルの発想のほうが、より徹底して図式的であり、その事実は一度たりとも曖昧に隠蔽されてなどはいない。ブニュエルの人物設定は、たとえばフォードの『駅馬車』〔三九年〕以上に図式的であり、その図式性に戸惑うふうもなく役者がおのれの役割を演じている風情は、かつての、東映やくざ映画を思わせもするほどだ。そして、この徹底性という点において、『ブルジョワジーの秘かな愉しみ』は、『華麗なる一族』よりも面白く、また優れてもいるのである。

これが、ＡＴＧという特殊な制度的な場で封切られることで、難解な芸術映画と思われてしまうとしたら、それは不幸な——だが、誰にとって——ことだろう。『燃えよドラゴン』〔七三年・監督ロバート・クロウズ〕にも劣らぬ荒唐無稽な御都合主義からなるこの映画を、人は、いそいそと胸を躍らせて見に行かねばならない。ただし、そこで観客の鼓膜に響いてくるのは、ブルース・リーの鉄拳によって引きちぎられるあばら骨の砕ける乾いた音ではなく、ぬるぬると摑み取られる自分自身の脳髄の、妙に中に籠もった離脱音であろうことは、あらかじめ承知しておく必要があろうかと思う。

単性生殖のドン・キホーテ

1

母なる秘部に深く埋没してそれと親しく戯れつくすとき、母なる秘部の無数の襞の奥まったところに、また、戯れつつある子の感じやすい皮膚の先端に、さらには滑らかな接触を享受する母子をはるかに超えたどこでもない世界に、いったい何が生起するのか。そのことを教えてくれるのは、映画であり、日々のフィルム体験であるように思う。と言っても、なんでそうなるのかは深くきわめつくされぬままに、人類の現代的課題と思われてしまっている、「胎内回帰」とか、「近親相姦」とかいったどこか胡散臭い主題の再検討がここで問題なのではない。また、生誕という不条理によって、誰もが不可避的に結ばれてしまっている、あれやこれやの母親たちの特定のひとりが、問題とされるわけでもない。さらには、あたかも歴史の劇があっさり虚構化されて、言葉の制度的相貌が不意に免罪とされたかのごとくに事態が進行し、矛盾も葛藤も知らぬ空間に柳田國男が蘇生するといったとき、その背後に臆面もなく顔をみせるあの土着性とやらが問題となるのでもない。そうではなくて、たとえばゴラン＝ゴダールの、と言っても、これは決して個人的な趣味の問題ではなく、ゴダールの作品体系の不可視の拘束力が、ゴダールの意図とわれわれの了解を超えたところでジャン＝リュック・ゴダールの新作と言わせてしまう『万事快調』に一瞬挿入される途方もなく充実した男根の映像の、自分が勃起性それ自体だと口にしてあとは絶句してしまう、あの男根の孤絶せる無償の論証法がここで問題なのである。

そのことの意味をさぐってみよう。われわれのフィルム体験の根幹で展開さるべき母なる秘部との戯れは、自律的なふたつの個体が演じる禁忌とその侵犯という道徳論的領域へと人を導くものではなく、たとえば、ちょうど胎児にとっての母胎がそうであるように、名もなく顔もなく、乳房すらをもそなえてはおらず、まさに自己顕示の欠如した徹底した匿名性によって無媒介的にわれわれを保護し、郷愁としての空腹感によって回帰すべき対象たることなく、不断の飽満感の維持を保証してくれる、いわば記号論的なゼロ地帯としての、母親、つまり差異の識別をわれわれに許そうとはしない非人称的な母親を、抽象へと閉じ込める力に抗う試みのことである。そうした意味での母親は、われわれがわれわれたるべき始源の瞬間たる受精が成就してから、微妙でしかも確固たるリズムで進行する懐胎期間を通じて、やがて胎児が生きねばならぬ「自然」から「文明」への移行に耐えうるいっさいのものを、無口な着実さで供給しながら、まさにその寡黙な肥沃性ゆえに、いまや萎えきった男根の存在を完全に無効にし、孤独の劇へと追い落としてしまう。

ひとつの制度的な場にあって、映画が映画たるべく不断の自己増殖を生きうるためには、そのことが必然的にはらんでいる頽廃の萌芽を価値判断の対象とはしないとするなら、映画は、映画自身をめぐる神話を糧としなければならない。ここでいう神話とは、はじめはいかほどの意図を含んでもいないひとつの挿話が、制度としての映画をかたちづくる諸要素のどれかに触れ、些細なきっかけで異様な反響を巻き起こし、その響きが他の要素に伝達して無限に増幅しはじめ、ついには何が契機としてその音響がこれほどの高まりをみせたのかがわからなくなってしまう現象のことである。「ジェームス・ディーン神話」がそうであり、「東映やくざ映画」がそうであるが、その時ならぬ流行を支えるものが、会社の商業政策なのか、監督の技倆なのか、俳優の魅力なのか、観客なのか誰にもわからなくなり、ついに、その現象を操作するのが何ものなのかを問うことさえが意味を失なってしまうアナーキーな力の交錯する場にあっては、男根は、不断の射精を強いられながら、飛び散る精液の行方も、また佇立しつつある自分の時間と空間までも見失なってしまう。

作品の需要と供給に加担するあらゆる要素が、虚構としての映画を一心に信じきるふうを装ったうえで、恐るべきだまし合いにうってでて、嘘を承知で課せられた役を演じているうちに、動きをとめる瞬間を見失なってしまうというこの幸福な、また途方もなく不幸なアナーキー性は、おそらくアメリカ映画が、そしてそれをいささか小規模にしたかたちで日本とイタリアの映画が、さらにそれをいくぶんか稀薄にしたかたちでインドとアラブの映画が経験しえたものである。そこにおいては、男根はあくまで無効にされ、この虚構のドラマの舞台となる神話体系のみが豊かになってゆく。そしてその豊饒な土壌から、たとえば「やくざ映画」が『男はつらいよ』シリーズを育成したように、あるいはいささか痩せ細ってはいるが「ハンフリー・ボガート神話」がウッディ・アレンの

『ボギー! 俺も男だ』〔七二年・監督ハーバート・ロス〕を生み落としたように、一群のドン・キホーテどもを周期的に生産してゆく。ここで検討してみたいのは、ハリウッド神話という途方もなく豊かな母胎を前にしたときの、無残な男根の萎縮ぶりについてである。

だが、萎えた男根の所有者は、いったい誰なのか。廃棄される男根とは、父親のそれなのだろうか。それが勃起の特権を放棄するのは、間違いなく射精が行なわれ、受胎が成就したあとなのであろうか。ひょっとして、萎縮してゆくのは、母なる秘部と深く戯れていた子供自身の男根であり、そのとき、射精も受胎も行なわれはしなかったのではないか。そもそも、父親など、はじめから存在しないひとつの虚構にすぎず、断じて母親などではありえない母なる秘部に伝えられた物理的な刺激だけが、自然発生的に胎児の成長を促しただけなのではないのだろうか。だとするなら、ドン・キホーテは、単性生殖によって生まれ落ちたのかもしれない。

母なる秘部と戯れるのに多くの方法があるわけではないことを、現代的といわれるいくつかの映画が、その涸渇せる想像力を露呈しながら、悲しくわれわれに教えてくれる。禁忌の侵犯を、せいぜい今日的な異議申し立てのひとつと思い込んで、ひたすら侵犯者の異様な表情を強調して禁忌へのこだわりを隠蔽してみたり、あるいは傲慢さの仮面を借りて、侵犯者の無罪性を偽証しようとする。いずれにせよ、そうした姿勢にあっては、絶望と無邪気な現実肯定とが雑居していて、母なる秘部と子供たる疑似侵犯者との戯れが生み落とすものの実態を、あっさり視界の外に追いやって、精神分析学の道徳的な領域へと自分を閉じ込めてしまうのだ。

たとえば『8 1/2』〔六三年〕あたりからのフェリーニにつきまとって離れないあの大柄で醜い娼婦た

『8 1/2』(フェデリコ・フェリーニ監督)

ち。『ボッカチオ'70』〔六一年〕の、夜のローマ郊外の街路を彷徨う巨大なアニタ・エクバーグのイメージが如実に体現するフェリーニ的母親の無限膨脹は、小川徹の言うように、海を思わせる巨大なワギナへの回帰願望の二律背反的な表象としてあり、その膨脹に見合ったかたちで、「弱い父親」の縮小がはじまり、ついには萎えた男根たる自分を受けいれるのだが、フェリーニ自身が、男根の萎縮を父親の身に起こる現象と信じきっている限りにおいて、その想像力は原点において涸れきっているし、またその涸渇ぶりを疑ってもみずに図式化する限りにおいて、小川徹的「裏目読み」の方法的無効性が立証されるというものなのだ。倒錯者たることを怖れるフェリーニは、創造者たる自分が積極的に引き受けるべき倒錯性をあらかじめ拒絶し、その拒絶を隠蔽する後めたさから両親を畸型化し、母なる秘部を幻想の領域に拡大投影し、萎縮せる男根を父親の股間に捏造してしまう。それが、さまざまな禁忌と戯れながら、ついにはそのどれからも自由であったと納得するための、あられもない延命策であることは言うまでもあるまい。

ある種の限界性をはじめから背負い込んでいながらも、母なる秘部との戯れをより徹底的に生きているのが、『地獄に堕ちた勇者ども』〔六八年〕でひとつの母子相姦を描いてみせたルキノ・ヴィスコンティであろう。そこにあっても、戯れの果てには救いが用意されてはいるのだが、その救済は、最終的には作品によって生の基盤の構築を目論む芸術家フェリーニの楽天性とは異質の、虚空への失墜と境を接した、より緊迫した関係からなりたっている。ヴィスコンティは、ダーク・ボガードとイングリット・テューリンの両親にはいささかも異形の相貌をまとわせはせず、だから母なる秘部の膨脹も父のそれと想定された男根の萎縮も起こることはなく、出発点からして、息子たるヘルムート・バーガーに倒錯性を背負わせている。だが、女装することによってしか自己同一性を把握しえない美青年のバーガーが、『嘆きの天使』〔三〇年・監督ジョゼフ・フォン・スタンバーグ〕のディートリッヒを真似て歌う場面に、頽廃的な倒錯美に彩られたパロディしか認めようとはしないことは、貧しい想像力の持ち主にまかせておこう。ここにあっては、フェリーニの場合とは逆に、仮面に仮面を重ねることで畸型性を両親の側に託することで、おのれの倒錯性から逃れるのではなく、衣裳と化粧とをひとつひとつそぎ落としながら、裸の倒錯性を顕示し、畸型性を自分の側に全的に受けいれることで、息子ヘルムート・バーガーは美しい母親テューリンの犯しを完璧なものにする。だから、そこには復讐も自己確立もありはしない。母なる秘部の奥まった襞へと散っていった精液が、作品たることを禁ずべく、倒錯者たるバーガーは、母胎そのものを抹殺する必然性から、母親にみずから死を選ばせることで、倒錯性の完成に手を貸さねばならぬ状況を作りだすのだ。そのとき、ナチズムが、精子と卵巣の結合によってではなく、単性生殖として生まれてくる。ヴィスコンティは、単にナチズムの倒錯性を語ったのではなく、母なる秘部の無限膨脹と、父親の男根の萎縮とは無縁の地点で、豊饒さへの郷愁でも父なる権威への復讐としてでもなく、ただ、豊かな増殖を本質的に否定する一回性の、反復されることのない単性生殖としてナチズムを捉えている点で、フィルム体験と深い関係をとり結ぶことになるのである。

才能という点でのフェリーニとヴィスコンティの無限の隔たりにもかかわらず、このふたりのシネアストは、母なる秘部との戯れに、ひとつの畸型性という概念なしには接近しえなかったという共通性を生きている。では、母なる秘部との戯れが、異様の相貌を当事者の一方がまとうことなしに遂行されるとしたら、それはどんなものになるのか。いうまでもなく、装われた傲慢さと、装われた無邪気が、必要不可欠な要素となってくるだろう。

傲慢さの仮面で禁忌に近づいてゆくのは、あの『豚小屋』〔六九年〕と『テオレマ』〔六八年〕と、そしてとりわけ『王女メディア』〔六九年〕のピエル・パオロ・パゾリーニである。現代の不条理とやらに、ただ絶句することで応えるほかはない世界の故のない変容ぶりを、ただもう辟易するほかはない饒舌で絵解きをしているだけの不毛な言葉について語るのは、もうそれだけでも気が滅入る話だが、それでも、あの『奇跡の丘』〔六四年〕のキリスト受難の現場に、処女マリアの老いさらばえた姿を形象化すべく、自分の母親を登場させているパゾリーニは、母なる秘部との戯れを単性生殖によって正当化しようとしているという意味で、事の本質にはある程度は肉迫していたのだ。女装の倒錯者ヘルムート・バーガーが、母親イングリット・テューリンの秘部と親しく戯れながら、受胎を徹底的に排しながら豊饒性の否認者としてのナチスに生まれ変わったように、ここでもキリストは、父親の男根が機能しえない地点で、おそらくは母親の視線が直接の契機となった単性生殖に援

『王女メディア』(ピエル・パオロ・パゾリーニ監督)

けられて、晴れやかな蘇生を演じてみせてはいる。だが、聖母マリアを自分の母親に演じさせるという人を喰った着想によって圧し殺された饒舌としてパゾリーニが語っているものは、じつは、あの救世主キリストを演じた役者の仮面と扮装の奥に、自分自身が居坐るべきであったという、映画の虚構性によって、本来ならユーモアに転化すべきであった、転化しそこなった傲慢な作家の本音なのである。そうでなければ、またぞろあっけらかんとした風情のまま、『デカメロン』〔七一年〕で画家ジオットにみずから扮し、その壁画製作の情景を改めてフィルムにおさめたりすることは、なかったはずなのである。

傲慢さの仮面がじつは傲慢な素顔しか隠していなかったとするなら、その傲慢さは無邪気さの同義語にほかならないだろう。そうだとするなら、無邪気さがじつは癒しがたいシニスムを隠しているルイ・マルの『好奇心』〔七〇年〕の母子相姦のほうが、パゾリーニの勿体ぶった儀式性よりははるかに屈曲した経路で、母なる秘部との戯れを生きていると言いうるのかもしれない。だが、いまみたいずれの場合にあっても、子供が戯れる母なる秘部は、きわめて人称的な特定の母親の性器への、これまた人称的な自分自身への性器の接合ばかりが問題とされていて、だから挿入される男根の所有者は、それが父親であれ息子であれ、間違いなく妻として母としてある女陰を犯しつつある確信を失なうことがないのだ。母なる秘部が母親の性器の同義語でしかないならば、すべては禁忌としての近親相姦の主題に還元され、映画は、その倒錯症状をいかにもそれらしい透視図として描くことはあっても、その存在論的な基本構造として生きることはないであろう。特定の母親と息子とのあいだには、ドン・キホーテが生まれうるあの厚みと拡がりは存在してはいない。制度としての映画が、おそらくは単性生殖によって、無限の自己増殖を生きうるには、あのアナーキーな力の錯覚した豊饒な土地が、非人称的な母として横たわっていなければならない。そうした意味で、フェリーニも、ヴィスコンティも、パゾリーニも、ルイ・マルも、精神分析の道徳的側面を遠く離れるだけの、強靭な想像力を欠いているのである。

2

では、映画は、母なる秘部との戯れをめぐって、そんな貧弱な方法しかわれわれに示すことはできないのか。ハリウッドにおいて、また日本においてすら、あれほど密度の高い神話体系を構築しえた制度としての映画が、特定のフィルム断片としては、かくも痩せ細ったおのれの反映しか、世界に向けて提示しえないのか。そんなことはあるまい。われわれは、限りなく美しい一篇の十六ミリ映画、ジョナス・メカスの『リトアニアへの旅の追憶』によって、畸型化も仮面も必要とせずに母なる秘部と戯れる方法を学ぶことができるのだ。

『リトアニアへの旅の追憶』のフィルムがとりわけ敏感に反応し、そのイメージを表層の皮膜に永遠化しようとしているのは、一見したところ、作者ジョナス・メカス自身の母親であるかにみえる。第二次世界大戦中、ナチスの侵略を避けて故国を追われ、ドイツで捕虜となり、強制収容所の生活を体験し、終戦とともに難民としてアメリカに渡り、ニューヨークに定住し、弟のアドルファスとともに映画雑誌を創刊し、いまであればアンダーグラウンド・シネマとでも呼ぶであろういわゆる「ニューヨーク派」の中心人物となって、ハリウッド映画へのはるかな憧憬から、きわめてユニークな『ハレルヤ・ザ・ヒルズ』を六〇年代の初期〔六三年〕に弟のアドルファスと共作で発表し、以来『ブリッグ〈営倉〉』〔六四年〕、『樹々の大砲』〔六四年〕など独自の創作活動を展開してきたジョナスが、弟と連れだって、二十七年ぶりに故郷を訪れる。映画は、その旅の追憶として、自己の生誕の地との遭遇をフィルムに刻みつけてゆく。そして、いまやソ連領となり、ソヴィエト式の共同農場を持っているリトアニアの寒村には、一八八七年生れの母親が、静かに時間の減磨作用に耐えながら、いまも住み続けているのだ。それは、NHKあたりのドキュメンタリストであれば、ひかえめな映像と、それと裏腹な思いいれたっぷりのナレーションとで器用に三十分にまとめてみせたかもしれない、感動的な主題と言える。題材としてあまりによくできすぎているので、いささかなりとも意識的な作家であれば、絶句して、カメラをまわせなくなってしまいもしよう。母と子とが再会する。母は、寡黙であることによって、今日まで母親たり続けてきた、農耕的大家族の核である。その前に出現する息子は、一台のカメラを手にしている。そこには、母なる秘部に深く埋没し、それと親しく戯れる子たる男根という状況が、文字通りかたちづくられており、そこに生起する事態の証人としているのが、ほかならぬ子としてのジョナス・メカスなのである。メカスにとっては、すでに母親が死んでいてくれて、その不在の影と戯れることのほうを、どれほど好んだことであろう。だが、母はいまも現存としてあり、その周囲に緑が繁茂し、作物がみのり、干草が積み上げられ、食事の煙がたちのぼり、食器の触れ合う音が聞こえつるべの井戸の世界一おいしい水が渇きを癒し、歌が歌われ、踊る人影が環をつくり、兄弟姉妹や旧友が集い寄って、深い眠りが眠られる。

メカスが戯れるべき母なる秘部とは、母親を核としてあたりに拡がりだしてゆく、その豊饒なリトアニアの大地にほかならない。それは、庭にうがたれた井戸の深さであり、散歩の折りに横切ってゆく麦畑のつらなりであり、土を盛っただけの竈からたちのぼってくる熱であり、緑に潤いを与える雨である。井戸が深いのも、麦の穂がたわわに風にそよぐのも、竈がほどよく熱をおびるのも、大地を湿らす雨も、まるで母なる秘部の襞に起こる微妙な変化ででもあるかのように、リトアニアの肥沃さを確かなものとするためにそこにあるかのようだ。

「忘れられないあの場所へ、私たちはしだいに近づいていった」と、メカスはまるであるはずのない言葉を無理に声にしているような、ことさらゆっくりとした口調でコメンタリーをいれている。「とつぜん、行く手に森が現われた。こんなところに森などあったろうか。私たちがこの土地を出たときには、こんな森などなかったはずだ。ここいらへん一帯は、私たちが小さな苗木を植えたところだ。ああそうだ。あの小さな苗木が、いま、こんなに大きな、見事な森になっているのだ」。

このメカスの言葉には、凡庸な魂ならすぐそうせずにはいられないような、過ぎてゆく時間への驚きは、いささかも含まれてはいない。そうではなくて、あの場所が、常に変わらず肥沃性をまもり続けている事実への、感動を伴った確認なのである。そしてメカスは、「故郷を慕い、思い出の糸をたぐり、昔の面影を探し求めて家路をたどるひとりの難民」としてのリトアニア滞在を通じて、同じ確認を深めてゆくであろう。

「別れの日は雨だった。空港は雨に濡れていた。とても悲しかった」と、メカスは故郷滞在の最後の瞬間を語っている。「へんな話だが、私はステュワーデスの脚を見ていた。そうしながら、幼な友だちのナルブタスの言ったことを思い出していた。『男は、女の脚を見ているうちは結婚しないものだよ』。すると、私は、さしあたって結婚することはないに違いない」。

この、ステュワーデスの脚は、なんであろうか。なぜ、メカスはそれをフィルムにおさめ、自分の独身者性の正当化に使っているのか。ここで、メカスの想像力は、露呈された女の脚から、隠されたより女性的な部分へと上昇するのではなく、雨に濡れた大地の側に下降してゆくのだ。その行程は、結婚生活をめぐる友人のシニックな警句の言葉を無効にしながら、男を吸い寄せる性器としての女陰ではなく、男を排出する生殖器としての母なる秘部へとゆきつき、その豊饒性を再度確認することで、子たる男根の独身者性を保証するものなのだ。

メカスの聡明さは、と言ってもその言葉で鋭利な知的判断の資質を言うのではなく、おのれの崩壊をこらえようとする生への志向の本能的発現ぶりを問題としているのだが、そうした意味での彼の聡明さは、母なる秘部と戯れるにあたって、距離も密着もまともに否定して、どこでもない場所に自分を宙吊りにしたことである。そのことによって、彼は、郷愁への埋没と装われた不感症とから同時に救われているのだし、アラン・レネ以来現代映画の特権的な資産と思われているあの「過去と現在との交錯」とやらからも救われているのだ。またここには、アントニオーニ流の、不在をめぐるもってまわった沈黙の遊戯も影を潜めている。すべては、圧倒的に現前し、その現前を現前たらしめる森が、畑が、草花が、雨が交し合う言葉が、母のイメージを中核として、神話的な構造を豊かにかたちづくってゆくのだ。そんなものを前にして宙吊りにされたメカスには何が可能か。どこでもない場所にカメラを据えることである。自分自身がときおり画面に映しだされることによって、彼は、視点をめぐる主観・客観の二者択一をあえて曖昧にする。ズームは焦点を結ぶことなく、接近と後退とを不安定に繰り返し、露出はしばしば乱れ、被写体の輪郭を稀薄にし、追っていたはずの対象は、不意に画面から逃れ去り、あるいは追い払われて、戸惑いがちに揺れる映像のみが残される。それでいて、メカスは見ることを放棄したのではなく、あくまでどこでもない場所に居坐り続けているのだ。彼は、仮面もなく、畸型化への誘惑も断ち、傲慢さや無邪気さを気取ることもなく、母なる秘部と深々と戯れることに成功したのだ。その交わりによって、世界は、『リトアニアへの旅の追憶』と呼ばれるフィルム断片の、優しくも厳しい単性生殖的な生誕に立ち会うことができるであろう。

だが、ジョナス・メカスは、なぜ再び西へと旅立って行くのか。それは、シュペングラーの友人で、その書物を全部持っていた伯父のひとりの、「西へ行け、子供たち。行って世の中を見ておいで!!」という声が耳の底で反響し続けているからに違いない。その言葉が、母なる秘部に触れてさらに澄みきったこだまとなって、リトアニア人ジョナス・メカスを、ひとりのドン・キホーテとしてニューヨークに送り届ける。かくして、『リトアニアへの旅の追憶』が生まれ落ちてしまったあとのメカスは、文字通り単性生殖のドン・キホーテとなって、いま、この瞬間を生きつつあることだろう。

ジョナスとアドルファスのメカス兄弟の初期の一篇『ハレルヤ・ザ・ヒルズ』は、おそらくジャック・ロジエの『アデュー・フィリピーヌ』〔六一年〕とともに、青春を生きることの不条理な快楽を、最も美しく描いた作品であろう。ジープで小高い丘に踏み込んでゆくふたりの青年が、かつてともに愛したひとりの女性の家にたどりついて、その両親と他愛ない会話を交わし、鶏の足かなんぞを滅多矢鱈にほおばりながら、いまは見知らぬ男の妻となった女とともにすごしたときの記憶へとのめり込んでゆく。青年のいっぽうには、真夏の太陽のもとですごした時間ばかりが蘇り、いまいっぽうには、真冬の雪に覆われた風物を背景にした女のイメージばかりが浮かび上がってくる。と、不意に、デイヴィッド・ウォーク・グリフィスの古い映画の一景がそこに挿入されるのだ。

あれは、たしか『東への道』〔二〇年〕だったと思うが、砕けつつ流れる氷塊の上を伝って大河を渡る一組の男女の映像が、粒子の粗い異質の画面としてフィルムの流れを断ち切ったとき、ゴダールによる「引用」や「コラージュ」の手法にまだ親しんではいなかったわれわれは、ある奇妙な感動を覚えたものである。あまりにも唐突にメカスの作品を犯すグリフィスのフィルムの断片は、いっぽうで、冬の恋人のイメージと応え合って当時としては新鮮な効果を生み、他方では、劇場映画としてはまったくの新人と言ってよいメカス兄弟の、制度としての映画における血統証明としても機能していた。そして、『リトアニアへの旅の追憶』を知ってしまったいまとなっては、それが、母なる秘部と積極的な戯れの仕草としてあったことが明らかになってくる。グリ

『東への道』（D.W.グリフィス監督）

フィスのあの多産性、ジャンルの多様性、そして何よりも民族の創生とその空間的拡大性への彼の異様なまでの執着、といったものが、かずかずの映画的技法の創始者としてのグリフィスを、アメリカの、世界の映画にとって、最も肥沃な土壌たらしめている。そのグリフィスを拒絶し、否認することでアメリカ映画はトーキーとしての自分を確立したわけだが、メカス兄弟は、批評から映画作家へと生の環境を変えるにあたって、「グリフィスへの旅の追憶」としてその作品を撮らねばならなかったのだ。そのときふたりは、神話との戯れが、郷愁の旅や無償の讃辞の羅列で達成しうるものでないことを、あの聡明さによって感じとっていた。映画が、おのれをはぐくみ生育してくれた映画そのものについて語るとき、それは、まさしく映画が映画たりえなくなる限界領域へと踏み込んでゆく、厳粛で、反復不能の、帰途を断たれた宇宙遊泳へと飛翔してゆく瞬間にほかならない。大気圏への帰還は、単性生殖のドン・キホーテとしてしかありえないことを、ジョナス・メカスが身をもって証明しているのだ。

だというのに、ここ数年のアメリカにおいて、なんとも無邪気な母胎信仰が高まって、まるで存在が無傷のままに自分を取り戻すことが可能であるかのように、母なる秘部に深々と身を埋めてゆく。ハワード・ホークスとの血縁証明が手にしたくて仕方がない『ラスト・ショー』と『おかしなおかしな大追跡』のピーター・ボグダノヴィッチと、ボガート神話に身を寄せずにはいられないウッディ・アレンの『ボギー！　俺も男だ』の場合がそれである。アメリカ映画の真の偉大さの証明としてあり、しかもアメリカ映画をはるかに超えた地点で映画たることの不条理を形象化している『赤ちゃん教育』を下敷きにして、それはもうそのことだけで眩暈なしにはたちつくすことの不可能な状況だというのに、ホークスとほどよく戯れながら、生きることの糧だけをかすめとろうとする『おかしなおかしな大追跡』の場合は論外であって、こうした猥雑で不手際な近親相姦の捏造作業は、いずれ、松田政男からあっさりB級作品の監督に組みいれられてしまった（『季刊フィルム』第十三号、「現代映画状況辞典」所載「B級映画」の項目）ハワード・ホークスの超映画性を、徹底して論じつくすことで、自己崩壊へと追いやるほかはない。問題なのは、いかにもそれらしい雰囲気をかもしながら、あられもない郷愁の吐露によって同類たちの泣きどころを摑み、ついに彼らをだましきることに成功したあの唾棄すべき『ラスト・ショー』の罪深さである。あるひとつの時代の終わり――ベン・ジョンスンの死――と、青春の終わり――朝鮮戦争への出発。白痴の少年の死。年上の女との愛の清算――とを、ホークスやフォードしか上映しない映画館の最終興行と重ね合わせるという題材は、あまりに美しすぎて、絶句なしには言葉にしえない種類のものである。母なる秘部と無心に戯れうる保護された環境としての映画館の闇までがそこにはあるのだ。だが、その闇は、その周囲に配置された風物へと拡がりださぬばかりか、あの裸のビリヤードが鈍く光るうらぶれたカフェを、体操教師の孤独な二階家を、そして通りに吹きつける風に舞うタンブル・ウィードを、いかにも饒舌な舞台装置にしてしまう。そうすることで、ボグダノヴィッチは、メカスが聡明に避け通った落し穴のひとつひとつに足をとられ、圧倒的な現存を虚構の不在に、影としてあるものを影の輪郭に、不在なるものをその透視図へと置き換えながら、おそらくは映画が持ちえたであろうもっとも美しい体験のひとつを、単なるよくできた主題として無残に破壊してしまうのだ。

メカスと同じ東欧からの移民の子であり、批評家として映画へと接近していったボグダノヴィッチは、せめて、ルイ・マルほどにでも母なる秘部との戯れにこだわりを示しえたならば、この悲惨な境遇への失墜を防ぎえたかもしれない。母なる秘部は、ひとたびそれと戯れてしまった者に、無償の快楽のみを保証する女性の性器だけであり続けたりはしない。寡黙なる生殖器でもある母なる秘部は、束の間の快楽追求者が撒き散らした精液をも無心に受けとめて、いまや父親の座を奪ったつもりの息子の前に、無定見な母子相姦の当然の報いとして、醜い畸型児を排出するであろう。そして、『ラスト・ショー』とは、その醜い畸型児のひとつにほかならない。そんな畸型児の姿は、われわれのまわりに氾濫しきっていて、たとえば『心中天網島』〔六九年・監督篠田正浩〕などがその典型的な例であろうが、また、いかに深作欣二が健闘してみても、東映の「実録路線」とやらも、それから逃れきれるわけのものではないのだ。

俺の男根は萎えている。醜く萎えているぞと言ってまわっているだけのウッディ・アレンの『ボギー！　俺も男だ』の場合は、他愛ない男根勃起幻想にすぎないのだから、ボグダノヴィッチの欺瞞性にくらべてみた場合、はるかに罪が軽いかと思われはする。冒頭から、マイケル・カーティスの『カサブランカ』〔四二年〕のラスト・シーンがスクリーンに映しだされはするが、それは徹底して風俗的に処理されて、劇作術の一挿話としてしか機能していない以上、この作品がATGなどという制度的な場で人眼に触れて、映画をめぐる非映画的饒舌の種とならないような配慮をわれわれが示しておきさえすれば、『ラスト・ショー』ほどに広範囲な人間を欺きつくすことはまずありえないと安心していることができる。ボグダノヴィッチにとってのホークスが風俗的な背景にはなりえないように、マイケル・カーティスによる「ボガート神話」もまた、風俗以上のものにはなりえないからで、「ボガート神話」が風俗を超えた地点で映画たることの不条理を真に露呈しうるには、これもまたいま一度深く検討されなおさねばならないラオール・ウォルシュの限りなく美しい『ハイ・シエラ』〔四一年〕による「ボガート神話」の系列を、たどってゆかねばなるまい。だが、現象としてのウッディ・アレンが独立した論稿の対象たりうるように、ウォルシュによる「ボガート神話」の検討も別の機会に郷愁だの映画的快楽などとは異質の次元で、制度としてのアメリカ映画神話の分析として、充分に深めつくされねばならないだろう。

　では、『ボギー！　俺も男だ』は無罪放免に値するのか。否、であろう。ここでボガートを演じねばならぬ男は、神話に似てしまった不幸を一身に背負い、場末の寄席の陰惨さを発散しながら、いかにもそれらしく煙草をくわえ、なまりを真似てみせはする。だが、あのソフト帽が、トレンチコートが、自動車が、ヌーヴェル・ヴァーグの風土に移植され、真に映画的神話として機能しはじめたとき、それがいかなる困難なフィルム体験をゴダールに強いたかを知っているわれわれには、この陰惨さと歩みをともにする余裕など残されてはいない。「ボガート神話」は、ゴダール以後語ってはならないもの、みずからの生の条件を崩壊にさらす決意なしには戯れえない、あの母なる秘部へと変貌しているのだ。

　そう、またしても問題なのはジャン＝リュック・ゴダールその人なのだ。ここで、母なる秘部との戯れを執拗に語り、単性生殖のドン・キホーテを飽きずに話題としていたとき、そこで無言のうちに主題化されていたのは、『勝手にしやがれ』の、『メイド・イン・ＵＳＡ』〔六六年〕の、そしてとりわけあの『東風』〔六九年〕におけるゴダールのフィルム体験なのである。男根の廃棄を口にし、女陰の故のない膨脹ぶりを批判し、豊饒な土壌としてのアメリカ映画神話を語るとき、そこにはゴダールの不在の影が飛び交っていたのだ。そして、正常者として母なる秘部との戯れを方法的に模索した者たちがついに『勝手にしやがれ』や『メイド・イン・USA』を撮りえず、さらにはあの聡明なメカスさえもが『東風』を生み落としえずにいる苛立たしさが、これまで語り継がれてきたこの言葉たちに、男根を、女陰を、勃起を、懐胎を、不断に語らせてしまったのである。

その言葉たちは、いまやゴダールを不断に、永遠に語り続けるために必要なものを充填しきったように思う。その言葉たちが、距離か密着かの性急な二者択一を演じてしまうことのないように、さしあたり、どこでもない場所に自分を宙吊りにするために、沈黙に耐える術を教え込んでやらねばならない。

「ボギー……」というあのベルモンドのつぶやきを聞いてしまった『勝手にしやがれ』との遭遇以来『メイド・イン・USA』のトレンチコート姿のアンナ・カリーナとの再会を経て、『東風』と呼ばれる隠蔽劇の絶頂を身をもって生きる瞬間まで、ゴダールとわれわれとのあいだに交されていたのは、まぎれもなく、神話を前に絶句する魂が、絶句を超えた何を口にしうるかをめぐる沈黙の対話であった。『東風』は、間違っても、饒舌によるアメリカ映画神話の廃棄として機能するフィルム断片ではなかった。それは、『万事快調』にいたってひとまず達成される意味作用の空洞化、つまり、積極的な失望を生産することで、母なる秘部から単性生殖のドン・キホーテとして自分を蘇生させるという、不可視の仕草だったのである。

ジャン=ピエール・ベルモンド

Ⓐ
French writer and filmmaker. Visiting ITESM - Monterrey./ by Jose Lara/ source:https://www.flickr.com/photos/35376879@N00/4456381482/ (CC BY-SA 2.0)

Ⅲ章

映画の現在、その緩慢と弛緩の記憶

ゴダール以後のフランス映画

ジャン＝リュック・ゴダールがその戦略的変貌の過程でなかば地下に潜って以来、フランスの映画的風土はいまいかなる季節を通過しつつあるのか。遠目には凪としか映らない沈滞の底に、それでも目に触れぬ風が吹きまくっているのであろうか。あるいは、誰もがおのれを超えんとする試みを放棄して、事態を曖昧にやり過ごしているだけなのか。一九六〇年、ゴダールが、シャブロルが、トリュフォーが、そしてジャック・ドゥミやアニェス・ヴァルダが華々しく登場したときの充実した映画活動は、五月革命以後のフランスには期待できないのか。だとするなら、デュヴィヴィエやカルネの虚名を暴露することでまやかしの抒情からフランス映画を解放したヌーヴェル・ヴァーグは、その跡に風俗的な記念碑しか残しえなかったことになってしまうのか。

ルネ・クレールがアカデミー・フランセーズにおさまって回想録を綴り、カリフォルニアに隠棲したジャン・ルノワールがアメリカの大学生相手に陽気なおしゃべりをしている現在、ブレッソンは呪われた作家の殻にますます閉じ籠もり、アラン・レネの口数は年ごとにすくなくなってゆく。そしてヌーヴェル・ヴァーグは、その正統的な嫡子をいまだに持てずにいるのだ。そんな時点で公開されたクロード・ルルーシュの『流れ者』〔七〇年〕は、おそろしく安易な映画作りでわれわれを辟易させる作品でありながら、フランス映画がいま蒙りつつある風の質について、かなり重要な指摘を含んでいるように思われる。というのは、偽装誘拐事件を見せかけの軽快さで笑い飛ばそうとするこの映画の中心となる場面で、預金者の人道主義にうったえて身代金の肩がわりを決定する銀行の重役会議が鈍重に描かれているのだが、その議長の座についているのが、ジャック・ドニオル=ヴァルクローズだからである。

ドニオル=ヴァルクローズだといえば、ゴダールやトリュフォーの影に隠れてわが国では馴染みの薄い名前だが、ヌーヴェル・ヴァーグの温床となった名高い「カイエ・デュ・シネマ」誌の創設者であり、小説を書き、脚本に手を染め、役者としてもかなり成功し、しかも監督までするという、フランスによくありがちな小規模な才人である。監督作品としては、ヌーヴェル・ヴァーグの隆盛期の『唇によだれ』〔六〇年〕と『風の季節』〔七〇年〕が日本でも公開されており、その流麗な画面づくりは玄人筋にかなりの評判を呼んでいるし、またアラン・ロブ=グリエ『不滅の女』では主役を演じてもいる。ジャン・コクトーをかつぎだして、「呪われた映画」フェスティバルを催したりして、若いときからフランス映画の刷新を目論みながら、その作品の持つ衝撃によってではなく、いたるところに顔をみせるその名前によって、いわば「カイエ・デュ・シネマ派」の黒幕的存在として隠然たる勢力を誇ってきた人なのである。長い潜伏の時期を耐えながらようやく世界の映画の嵐の目となった「カイエ・デュ・シネマ」の歴史は、そのままドニオル＝ヴァルクローズの秘められた政治的野心と、世の風向きへの鋭感さに支えられていたと言っても過言ではないのだが、その雑誌に集結した批評家たちが、『男と女』〔六六年〕の時ならぬ成功によって浮上したクロード・ルルーシュを、どれほどの侮蔑を込めて黙殺し続けてきたかは、いまだ記憶に新しいところなのだ。だから、この愚にもつかないルルーシュの作品で、いかにも招待スター的なもっともらしさで少壮重役を演じているドニオル＝ヴァルクローズに出会ったりすると、ヌーヴェル・ヴァーグ以後のフランス映画に、かなりの地殻変動が進行しつつあることを実感せずにはいられないのだ。そしてその変動は、コスタ＝ガヴラスの擡頭がいだかせるはかない時期などとは異質の、より深い断層内での深刻な危機を象徴しているように思われる。

『流れ者』の日本における興行成績は、ルルーシュの他の作品にくらべて決してかんばしいものではなく、フランシス・レイの音楽さえヒットするにいたらなかったが、この作品を迎えたフランス批評界をあげての絶讃ぶりには、どこか常軌を逸したところが感じられるほどだ。でてくる言葉がことごとく知性であり、繊細さであり、野心であり、新鮮な驚きであり、論者たちは、まるでゴダールの『気狂いピエロ』や、トリュフォーの『突然炎のごとく』や、ドゥミの『シェルブールの雨傘』〔六四年〕を見たことを忘れてしまったかのようである。アレクサンドル・アストリュックといった休暇中の大監督までが、婦人週刊誌の見開きを使って、ここ数年来のフランス映画最大の収穫だと絶叫している。そうした全会一致の讃辞にドニオル＝ヴァルクローズの特別出演を重ね合わせて考えると、そこには何かがたくまれていると思わずにはいられない。そのたくまれた何ものかを知るひとつの手がかりは、かなり高級な週刊誌までがページをさいて報道しているこの『流れ者』のパリにおける公開のされ方のうちに含まれているように思われる。

では『流れ者』の公開はいかなる点で異例だったのか。それは何よりもまず、作品の質である以上に映写が行なわれた場所の雰囲気であり環境であった。つまり、シャン＝ゼリゼの高級住宅街の中心に出現したとびきり豪華なルルーシュの個人クラブが上映の場であったわけで、それは、『男と女』の世界的成功がもたらした利益をふんだんにつぎ込んで、彼が豪華なアパートを改造し、最新の上映設備をそなえつけたものだったのである。サロン的な社交の伝統をいまだ捨てきれずにいるフランス人にとって、だから『流れ者』は見る前から幾多の神話を担った作品だったのであり、この「クラブ13」へと足を踏み込むことが、彼らのスノッブな精神を快くくすぐってくれたのであろう。アメリカや日本のように大規模な製作・配給会社を持たないフランスにあっては、すべてが緊密な人間関係にそってかたちづくられてゆく以上、いまやルルーシュは、新人にチャンスを与えるそのプロダクション「フィルム13」をも持つことによって、そうした人間関係の頂点に君臨したことになる。だから、一時代前なら「カイエ・デュ・シネマ」にとり上げられることを目論んだ若い映画人たちの野心は、いまやルルーシュと友交関係を結ぶことを最大の使命と感じ、また「カイエ・デュ・シネマ」を中心に動いていたジャーナリズムの星座が、「クラブ13」へとその中心を移行させたのであり、これはひとつの時代の終焉を雄弁に物語る挿話だと言えよう。

ハリウッドの大製作者のみに可能であった映画私有化の夢をフランス的風土で実現しえたルルーシュは、幸いなことに権勢欲よりは映画への無邪気な夢に忠実な悪意のない人物のようだが、そうした無邪気さが持つ唯一の危険は、それが無意識のうちに周囲に波及させる頽廃である。おそらく今後は、シネマテークに通いつめ「カイエ・デュ・シネマ」を横目で睨みながらフランス映画の変革を志向するゴダールのような個性は出現せず、ここしばらくはルルーシュの「クラブ13」の快適なソファーに身を埋めての饒舌がはばをきかせることになるのだろう。つまりヌーヴェル・ヴァーグ十年の歩みは、雑誌を本拠とした批評活動からサロンでのおしゃべりへと吸収されたのであり、雄弁な社交家でもあるドニオル＝ヴァルクローズの『流れ者』への協力は、その推移を端的に物語っている。

では、ゴダールの執拗な抵抗を例外とすれば、トリュフォーもシャブロルも商業主義への妥協を受けいれてしまい、「カイエ・デュ・シネマ」の巻き起こした刷新はすでに跡かたもなく消えてしまったのか。それともその足跡だけは確実に刻みつけ、いまなお孤高の散策者を招きよせているのだろうか。そうした点にたちいった考察を加えてみると、やはりヌーヴェル・ヴァーグの生存者たちが、いまでも風俗的な関心を離れた地点で静かな底流をかたちづくっているのが明らかになってくる。

五月革命以後「カイエ・デュ・シネマ」の運営から遠ざかり、労働者階級との連帯のうちに新たな映画づくりの道を模索しはじめたゴダールが、その資金の融資をトリュフォーに頼んだところ、トリュフォーは、金がないわけではないがそんな仕事につぎ込む金は持ち合わせていないと、きっぱりと断ったという。十数年に渡ってはぐくまれてきたヌーヴェル・ヴァーグの異母兄弟の仲はそのとき終わりを告げたわけだが、以来彼は、『大人は判ってくれない』の流れをくむ自伝的要素の濃いアントワーヌ・ドワネルものを、松本弘子の描き方が日本の実情にそわないという理由で輸入されなかった『家族』〔七〇年〕まで撮り続ける一方、アメリカ資本の懐にあずけたまま、当代の人気役者を共演させた『暗くなるまでこの恋を』といった恋愛超大作に専念しているかにみえる。また、『いとこ同志』〔五八年〕の衝撃以来次第に不調に陥り、以後わが国のスクリーンからもすっかり疎遠になってしまったクロード・シャブロルは、デビュー以来端役に使っていた恋女房のステファーヌ・オードランをついに流行の大スターに仕立てあげて順調に仕事を続け、いまでは往年の大スター、ミシェル・モルガンにあたしも使ってもらいたいと告白させるほどの商業的に信頼のおける重鎮としておさまりかえっている。それでは、かつての無政府主義的不良少年トリュフォーも、犬儒者的ブルジョワ文明の批判者シャブロルも、いまでは資本家にあてがわれた安楽椅子にどっぷり身を埋めて、体制的な映画作りに専念し、ヌーヴェル・ヴァーグの破産宣言を他人ごとのように聞き流しているのだろうか。

ここで彼らの堕落を云々するにあたって注意しなければならないのは、「カイエ・デュ・シネマ」に集結した批評家時代のふたりが、そして広い意味でのヌーヴェル・ヴァーグの作家たちが、非商業的な芸術映画を唱えて映画の革新を志向したのではいささかもなかったという事実である。ゴダールをはじめとして彼らが擁護したのは、とりわけ通俗的な、というよりそう観客たちから信じ込まれていた商業作家たちであったという点は、ヌーヴェル・ヴァーグの現状を考えてみるうえできわめて重要な点なのだ。ゴダールのハワード・ホークスへの傾倒ぶりや、トリュフォーやシャブロルがヒッチコックに示す敬愛ぶりはいまさら強調するまでもないが、こうしたハリウッドの巨匠が、日本のアート・シアターで鳴りもの入りで公開される図などはとても想像がつくまい。つまり彼らは、芸術の前衛を気取る映画青年ではなく、通俗映画にはぐくまれた子供たちであり、芸術映画と商業映画とを先験的に分け隔てる精神の愚を、声高く叫んでいただけなのである。ただ映画があるだけであとはそこに映像への真摯な接近がみられるか、それとも曖昧な逃げの手をうつかが唯一の決め手となるので、彼らが芸術的な作家を芸術的であるという理由で否定することはなかったし、商業作家を杓子定規に賞讃したわけではもちろんなかった。

そうした観点に立ってみると、商業的に安定した以後のトリュフォーやシャブロルの映画には、見せかけの通俗的な筋立てにもかかわらず、これまでにない厳しさがみなぎっているような気がする。冒頭からルノワールの呪われた傑作『ラ・マルセイエーズ』〔三八年〕を画面ごと引用している『暗くなるまでこの恋を』のトリュフォーは、徹底してルノワールにこだわりながら、その初期の『牝犬』〔三一年〕でミシェル・シモンが演じた男のマゾヒスムを、改めてベルモンドに演じさせることで、作家たる自分の位置を確かめようとする意志を直截に語っている。また、残念ながらわが国には公開されていない『不貞の女』〔六八年〕、『野獣死すべし』〔六九年〕、『肉屋』〔六九年〕の三部作におけるシャブロルは、ヒッチコックの華麗なスリラーへの追従を切りあげ、表現主義時代のではなくハリウッド後期のフリッツ・ラングを思わせる簡潔な犯罪劇を通じて、自分のうちに潜むブルジョワ的な頽廃を厳しくせめたてる倫理的姿勢を獲得しているようにみえる。ドゥミの『ロバと王女』〔七一年〕のお伽噺の世界も、その徹底した逃避ぶりにはどこかただならぬ気配が感じられて、ジャン・コクトーをどこまで超えうるかにいっさいを賭けているかにみえるその態度は、いわば映画という文明の一領域で、映像の考古学とも呼ぶべき作業に専念する者の、せっぱつまった姿勢のあらわれのように思われるのだ。彼らは、その初期の作品にあっては、仲間うちの親しい目くばせとして映画について語っていたが、いまやルノワールを知らなければ『暗くなるまでこの恋を』の最深部まで理解がゆき届かないといった具合に、映画の厚い地層そのものを自己の存在基盤にしはじめており、単なる映画好きのクロード・ルルーシュに欠けているものが、この映像の考古学であることを、身をもって示しはじめているのである。

ところでここ数年来、「カイエ・デュ・シネマ」の運動と深く関わりを持ちながら世間の無視に耐えていたひとつの名前が、いささか時期はずれに陽の当たる場所へと登場してきた。それはゴダールの兄貴株にあたるエリック・ロメールなのだが、同じく「カイエ・デュ・シネマ」の編集長をつとめたこともあるもうひとりの呪われた作家ジャック・リヴェットの狂い咲きとあい呼応しながら、ヌーヴェル・ヴァーグの地層の厚さを改めて証明している。ふたりとも六〇年代の初期に、それぞれ野心的な作品を世に送っていながら、興行的な失敗から永らく沈黙をまもっていたが、当時は途方もない型破りにみえたゴダールやトリュフォーまでが、いかにも常識的な優等生にみえてくるほど、彼らの映画活動は狂気に充ちていた。ロメールの『獅子座』〔五九年〕やリヴェットの『パリはわれらのもの』〔五八年〕は、わが国でも特殊な機会に上映されているが、その主題においても、語り口においても、意図的とすら思える頑迷さで観客を拒絶するかのごときものだった。そのロメールが、不意に思い出したように簡潔で明解な『モードの家の一夜』〔六九年〕を発表したとき、どうしたわけか大当りして、以後はちょっとした流行作家にまつりあげられてしまった観がある。物語はひとりの男が友人とともにその情婦の家に招かれ、パスカルなどを語りながら夕食をともにして、はっと気がつくと女の寝室にとり残されていて、そこで一夜を明かしたあと、前から気になっていた女学生を家まで送って行ってまた夜を過ごすというだけのことなのだが、雪に閉じ込められた地方都市を舞台に、あまり芝居上手とは言えないジャン＝ルイ・トランティニャン、アントワーヌ・ヴィテーズ、フランソワーズ・ファビアンが目を見張らんばかりの好演で、カトリックの信仰問答を交し合うのだ。あまりこういうことは書きたくないが、かつて映画の登場人物がこれほど生き生きと身近に迫ってきたことはなかったほどである。この作品の時ならぬ成功を、根っからの人間嫌いらしいロメールは、観客の誤解だと苦々しく宣言しているが、リヴェットのほうは採算を度外視した五時間近い長篇『狂気の愛』〔六八年〕を発表、あいかわらず、呪われた作家たる自分に忠実なようだ。素晴らしいがまだ短かすぎるとゴダールをして言わしめたこの傑作は、ラシーヌ劇を演ずる一団とその演出家との軋轢を、家庭と集団の接点でじっと見つめるだけで、心理描写を徹底的に排し、ついに何ごとも起こらずに終わるその時間の重みは慄然とするものを含んでいる。

『流れ者』が触発した地滑り現象は、幸いなことにこうした重要な作品群とは異質の次元で進行しており、その他ジャン＝ダニエル・ポレ、フィリップ・ガレルといった逸材をも生み落としつつある。ただしそうした映画に接するには、わざわざフランスに出かけて行かなければならず、この文化的な断絶にはやはり絶望的にならざるをえない。

かくして、政治方言は水増しされながらも映画を……

事態は、いまや、あたかもゴダールなど存在しなかったかに進行している。『東風』のとは言わぬまでも、『勝手にしやがれ』のゴダールまでが、せいぜい甘美な追憶の対象として、むしろ、避けえたかもしれぬ途方もない錯誤、あるいは薄められた虚構として、映画と映画をめぐる諸言説から苦もなく葬り去られてゆく。そして、まるで、映画がこれまで映画自身に向かって映画方言を語ったことなどなかったとでも言いたげに、事態は進行しているのだ。たとえば『津軽じょんがら節』〔七三年・監督斉藤耕一〕、あるいは『スケアクロウ』〔七三年・監督ジェリー・シャッツバーグ〕といった弛緩しきった映像にしなだれかかるあられもない言葉たち、それは、いつもながらのうんざりするほかはない口ぶりで映像美とやらを語りはするが、じつは人間方言で映画方言を抹殺せんとするきわめてたちの悪い政治方言にすぎない。

政治方言を特徴づける符牒は、あの誰もが知っている「状況」だの「運動」だのではない。そうではなくて、いかにもとりとめもなく頼りなげな稀薄さ、たとえば終戦直後にロッセリーニに驚いてみせ、十年もしないうちにキャロル・リードに乗りかえて傷つくふうもないといった破廉恥な言葉たちこそが、したたかな政治方言をかたちづくっているのだ。彼らは、「愛」を、「芸術」を、「闘争」を涼しい顔で口にする。そして、事と次第によっては、人民の勝利ぐらいはあっけらかんと言ってのける。ベルトルッチを虐殺しても心は痛まない。でいながら『ジョニーは戦場へ行った』〔七一年・監督ドルトン・トランボ〕には本気で感動してしまう。いかにもそれらしい人間のイメージとほどよく調和したこの種の稀薄な政治方言は、小川紳介ぐらいの畸型児なら平気で仲間に加えるぐらいのことはやってのけ、結局は映画を映画方言から可能な限り遠ざけようとする。これには、もっと本気で応戦しなければならないのに、人はつい稀薄さに目を奪われてやりすごしてしまい、かくして政治方言は水増しされながらも、映画を周到に犯してゆく。

ところで、現在の神代辰巳は、ともすれば政治方言を群れ集わせがちなその作品を、すんでのところで映画方言の側に引き戻している数少ないシネアストにみうけられる。『一条さゆり・濡れた欲情』〔七二年〕と『四畳半襖の裏張り』〔七三年〕とが、ある種のきわめて危険な好評ぶりを獲得しえた結果、シリーズ化された両作品の第二作を、『濡れた欲情・特出し21人』〔七四年〕および『四畳半襖の裏張り・しのび肌』〔七四年〕して発表し、いわゆる「日活ロマン・ポルノ」の中核をかたちづくっている。神代は、では、何を武器として中核に腰を据えたのか。彼が誇る唯一の武器は、頭のよさである。では、神代は、その頭のよさを何に利用するか。罠に陥らないために利用する。では、罠に陥るとは何か。頭のよい映画を作ってしまうことである。では、頭のよい映画とは何か。政治方言をだまそうとする映画のことである。映画方言を口にしながら、それが、口あたりのよい人間方言に聞こえてしまう映画のことである。そこで神代は、その唯一の武器たる頭のよさによって、自分の頭のよさを救うことを放棄する。だが、注目すべきは、この放棄が、頭の悪さの擬態を彼にまとわせることもなければ、また、企業内抵抗者とやらの姿勢をとらせることもないという点だ。それゆえ、神代の映画には、投げやりなところもなければパセティックなところもない。ストリップティーズとか芸者の世界を舞台としながら、そこでは、女の不幸も強調されていなければそのしたたかな生活力も謳歌されてはいない。彼が得意とするのは、鮮明な輪郭で個を浮きぼりにするというより群像の巧みな描きわけだが、そこには集団劇に特有の熱気もない。また、「芸」の伝授を通じての世代の対立を好んで劇の中心に据えはするが、断絶だの葛藤だのも姿をみせない。時代背景もぬかりなくおさえているが、そこに現代の状況の透視図を読めとばかりのあつかましさを示しもしない。巨匠たちが影を潜めたあとの日活になお生き延びている一流の裏方たち――『四畳半襖の裏張り』のカメラ姫田真佐久の技法は超一流である――に活躍の場を与えてはいるが、映画への物神崇拝的姿勢は神代にはないし、技術への醒めた視線が透けてみえるわけでもない。

　では、『四畳半襖の裏張り』と『濡れた欲情』シリーズの神代辰巳には何があるのか。ゴダールが確かに存在したことのはるかな記憶である。それは、神代が『勝手にしやがれ』に感動したりこれを憎悪したりしたこととは無縁の、映画が人間方言を語るまいとする意志が稀薄に形象化されたかたちでの、ゴダールの記憶がここにはあるのだ。『津軽じょんがら節』の映像美とやらが、あまりにありきたりな人間の夢に似すぎた結果、映画方言から遠く離脱して、いかにもそれらしく人間方言と調和してしまうこと。そして、そこに姿をみせる水増しされた政治方言の不可視の圧政。神代は、かかる政治＝人間方言に慣れた耳には言葉とは響かぬ映像をさりげなく配置する。その意味で、彼の存在はきわめて貴重なのだが、もっとも沈黙の底にあらゆる言葉を聞きわけねば気のすまぬ連中がいたるところにうろついているから、神代も、頭のよさだけを武器としているわけにはゆかぬかもしれぬ。世に、稀薄な政治方言ほど強靭な言葉は存在しないのだから。

懐古趣味を超えて

現代ヨーロッパ映画の私的展望

　映画が映画自身にいだくしたたかな記憶を糧として生きる場合、たとえばオーソン・ウェルズの『上海から来た女』〔四六年〕の無意識的記憶に操作される『燃えよドラゴン』が、まがりなりにも観賞に耐ええたように救われもするのだが、たかだか人間が人間についていだく曖昧な記憶に映画が支えられてしまったりすると、事態は癒しがたく悪化する。たとえばハリウッドに蔓延するあの楽天的な懐古趣味。それが大西洋を渡ると、傷ついた意識の暗部で幾重にも屈折し、過去を再審に付するという美名のもとに風俗と歴史をほどよく妥協させながら、フィルム的感性の頽廃を駆り立てる。

　ファシスムの抬頭、人民戦線、レジスタンス、そしてナチスムの崩壊といった現代神話の虚像・実像が、いまやヨーロッパ映画人に恰好な隠れみのを提供し、記号のあらゆる流通過程に行き渡った懐古趣味《モード・シトロ》と折り合いをつけ、レネに『薔薇のスタビスキー』〔七四年〕を、ルイ・マルに『ルシアンの青春』〔七三年〕を撮らせるのだが、その惨憺たる出来映えは、誰もがこの目で確かめうるものだ。そんなときあとに残るのは、むなしく着飾った女優たちの化粧ぶりばかりで、それにユダヤ人的苦悩をまぶして捏造されたケン・ラッセルの楽聖伝記映画『マーラー』〔七三年〕にいたっては、ただ呆然とするほかはない。ミシェル・ミトラニの『ルーヴル改札口』〔七三年〕、ミシェル・ドラックの『舞踏会のヴァイオリン』〔七四年〕等々、ナチスによるユダヤ人迫害の共犯的記憶を再構成せんとする生真面目な作品もないではないが、そこでも映画は、人類の漠たる記憶にゆったりと身を横たえて崩壊してゆくばかりだ。

おそらくレネの『二十四時間の情事』〔五九年〕を悪しき源流に持つかかる一連の作品群にあってはまたしても過去と現在が交錯し、ナチスムとエロスの昂進が親しく微笑みを交わし合う。こうした歴史の再審を装った懐古趣味の同調者たちに向かって、ミシェル・フーコーが「カイエ・デュ・シネマ」で鋭い批判を投げかけているが、なかではイタリアの女流監督リリアーナ・カヴァーニの『愛の嵐』〔七三年〕のみが、『地獄に堕ちた勇者ども』のヴィスコンティ的記憶を反芻しながら、いささかの風格を誇りうるものとなっている。かつて突撃隊長だった身分を偽り、ホテルの夜勤ボーイ長として生き延びるダーク・ボガードが、痛めつけ愛しもした女と不意に再会するとき、その瞳の底に光る倒錯的歓喜の表情は、ラオール・ウォルシュが得意としたハリウッド悲劇の雰囲気を、やや弛緩したかたちで再現してくれる。それに、もの憂げな瞳と痛々しい裸身とを人目にさらすシャーロット・ランプリングも、崩れかかったローレン・バコールのように美しい。とはいえ、このいささか持ってまわったヨーロッパ的懐古趣味も、あっけらかんとしたハリウッドのそれをいささかも超えるものではない。

　そこで彼らは、たやすく過去を放棄し、ポルノ的感受性の芸術化（！）という現代的戦略によって、いささか高踏的に観客に媚びてみせる。どこまでも凡庸な『エマニエル夫人』〔七三年・監督ジュスト・ジャカン〕や、ピカソの娘を脱がせたことのみが功績というヴァレリアン・ボロヴズィックの『インモラル物語』〔七三年〕、新人フランシス・ジロのやや評価さるべき『地獄の貴婦人』〔七四年〕などが、健全にして無害なる陰毛をあたりに氾濫させる。だが、『私は馬のように』〔七二年〕のフェルナンド・アラバール、『スイート・ムービー』〔七三年〕のドゥーシャン・マカヴェイエフといった疑似前衛たちが放尿・放糞のイメージにいくら政治を融合させてみても、不幸なる裸女たちは、映画と呼ばれる勃起した男根とついに遭遇することになりはしない。

　では、映画は、いまどこにいるのか。撮られたか撮られなかったのかさえ明らかでないゴダールの『この俺は』〔七三年〕がヴィデオ作品であるように、映画はいま辺境に身を隠しているのだ。それも第三世界とか東欧といったあからさまな辺境ではなく、スイス、ベルギー、カナダのケベックといった曖昧な周辺部で、素朴に、だが感受性豊かに映画自身の記憶を反芻している。アラン・タネール、アンドレ・デルヴォー、ジル・カルルといった連中が、ついに日本に紹介される暇もないまま、すでに世界映画の中堅としてヨーロッパにおけるフィルム体験の頽廃をおしとどめている。そんな文脈の中で、スイスのドイツ語圏が送りだした新人ダニエル・シュミットの『今宵かぎりは…』〔六八年〕、『ラ・パロマ』の二作は、映画が映画自身にいだく記憶の確かさをあますところなく伝えるフォルムの畸形的統一性によって、映画の限界領域を開示してくれる。有望な新人と呼ぶには完成されすぎているシュミットの野心は、いかにしてルノワールをムルナウ風に、またジョージ・キューカーをシュトロハイム風に撮るかという矛盾した欲望に引き裂かれ、その結果として一挙に未知の鈴木清順と手をたずさえるといったものなのだ。

　シュミットのこうした辺境性は、かつて「ヌーヴェル・ヴァーグ」の影の部分に息を潜めていたジャック・リヴェット、マルセル・アヌーン、ジャン・ユスターシュたちの地味な、だが執拗な仕事ぶりとはるかに触れ合っている。リヴェットの『アウト・ワン』〔七一年〕といった一二時間半の中篇映画の前には、もはや傑作といった呼称は放棄しなければならない。「映画における現代」と「現代における映画」が同時に廃棄され、「現代と映画」として輝き、あまたの視線を無効にするリヴェット的フィルムの特質については、改めて語りたいと思うが、それが、懐古趣味や現代風俗と無縁のものであることはいうまでもない。

制度を超えて
『マキノ雅弘自伝・映画渡世』

何を選ぶかということになれば人の好みによっていろいろあろうが、一篇の映画が、そこで扱われている題材や人物のからみ具合、あるいは時代背景とかもろもろの心理的典型といったものをはるかに超えて、ただフィルムとしてのあでやかさに生なましく息づき、ほとんど官能的と言ってよい艶やかさとともに甘美な胸苦しさへと人を誘うという点からみれば、マキノ雅弘が一九七〇年に撮りあげた『死んで貰います』は、おそらく戦後の日本映画が実現しえたもっとも美しい作品だと言えるものだと思うが、マキノがそれにさきだつ数年ほど前から作り続けていた『昭和残侠伝』シリーズの最後の一篇であり、同時に実質的には、やはり彼が中心的な撮り手として製作されていた『日本侠客伝』シリーズに代表される一連の「東映やくざ映画」をしめくくるにふさわしき一本ともいうべきこの夢のような映画は、山田宏一と山根貞男という無類の映画好きの映画批評家——あらゆる映画批評家が映画が好きだとは限らない——が丹誠込めて作りあげた『マキノ雅弘自伝・映画渡世』（天の巻、地の巻二巻、平凡社刊）のフィルモグラフィによると、マキノ省三という神話的な名前を持った日本映画の父を父として持ってしまった牧野正唯が、富沢進郎と共同監督で発表した昭和元年の『青い眼の人形』以来、正博と改名しさらには雅弘と改名しながら撮り続けた信じがたい数の映画の第二五九本目の作品ということになり、それ以後、彼は自分が育てあげた最後のスター藤純子の引退記念映画につき合ったりして二本の作品を撮り、あとはテレヴィジョンによるヴィデオ演出へと積極的に加担してゆくことになり、それを契機として東映がやくざ映画路線を捨て、『仁義なき戦い』〔七三年第一作・監督深作欣二〕を中心としたいわゆる実録路線に傾斜、ついには『日本の首領』シリーズ〔七七年第一作・監督中島貞夫〕へとむなしく肥大してしまったのだし、またその出発点においてはマキノ的仁侠の世界をパロディ化することにあった松竹の『男はつらいよ』シリーズ〔六九年第一作・監督山田洋次〕がすでに二十本目を数え、『死んで貰います』のときには涙をこらえつつ息づまる緊張に充ちていた映画館が、いまは自堕落な笑いに汚染する場となり果ててしまったのだという点は、いまでは誰もがいささかの腹立たしさとともに確認しうる現代日本映画のおよその見取図だが、『映画渡世』という書物の偉大さは、どこかしら戦後日本の世相史の貧しい反映にすぎないそんな見取図を、ありもしない虚構として廃棄しうる活力に充ちている点にある。

生涯に二六〇本の作品を撮りあげるという、世界のいかなる映画人にも不可能であった事態をいともやすやすと達成してしまった——王貞治の記録の数字的貧しさを立証する数字だ——マキノ雅弘の自伝は、逆境に耐える男のしたたかな生きざまを綴った体験記といった視点から世の企業人たちの関心を惹き、日本映画といえば黒澤明ぐらいしか知らないホワイト・カラー族が競って求めた

『映画渡世 地の巻』（平凡社）

『映画渡世 天の巻』（平凡社）

結果、この種の書物としては予想をはるかに超えた十数万部の売れゆきを示しており、これは何かの間違いかと思いはしても、しかしじつはそれこそ日本の実態なのかと改めて反省させることにもなる。そうした現象は、当然のことながら、マキノ映画がたえずはらみもっていた真の問題を素通りして、これまでさげすまれてきた日本映画へのさげすみをほとんど無意識のうちに拡大することにしか貢献しないという点がいかにも悲しいが、いうまでもなく、マキノ映画が提起している真の問題とは、人が制度的な思考のもとで美しさとか聡明さとか信じきってきたものが、その美しさとも聡明さとも無縁のところでむしろそんなものに背を向けて、仕事をしてきた連中が、あるとき美しさを超えた美しさ、聡明さを超えた聡明さを実現してしまうという、じつは誰もが日常として体験していながらそれをなかなか事実としては容認しがたい変容の資質といったものであり、たとえば黒澤明は、そんな資質をついに手にしえなかったがゆえにたえず醜く、たえず愚直なのであって、この醜い愚直さをなんとかとりつくろわんとする真剣なる精神こそが、それと知らぬうちに凡庸なる通俗性をあたりに波及させてしまうのであって、これはまあ無意識のファシズムというべきもので、大学などという制度的な組織も、その装われた真剣さによって凡庸なる通俗性にはなはだ汚染しやすい体質を持っていると思うが、『映画渡世』の貴重さは、そうしたファシズムにさからうためのほとんど肉感的と言ってよい戦略が一貫して語られているからにほかならない。

映画でも文学でも同じことだが、それが制度である限りにおいて真のあるべき姿などというものは存在せず、そのあり方はどれほど歴史をさぐろうが未来像を模索しようが所詮はとりあえずのものであり、試行錯誤などというささかもっともらしい言葉でなんとかとりつくろおうとしたところで、その細部を見てみれば、本来が荒唐無稽な構造物にすぎないわけで、だから映画とは何かといった問いかけは、文学とは何かといった問いかけと同様、じつに凡庸なる通俗性を特権化するために存在そのものの荒唐無稽ぶりから目をそらそうとするファシスム的な思考の運動にほかならず、マキノの本の刺激性は、彼のほとんどの映画がそうであるように、出鱈目な構造物を前にした人間が陥りがちな真剣さを装った現実回避の姿勢、つまり映画——または文学——が持つべき正当なる存在理由を捏造しない限り捏造物としての荒唐無稽さに対処しえないという凡庸な通俗性の選択を拒絶することの真の禁欲性が語られているからであり、それはほかでもない、世界という現実の運動をその自己同一性とかその全体とかでからめとることなく、あるがままの荒唐無稽さとして真剣に信じるという過激なる自由への確信が語られているということであり、それを生なましくさぐりあてるには、とても本当とは信じられないほど面白いかずかずのエピソードにもまして、これまでの日本映画史にはどこにも書かれていなかった一挿話、すなわちすでに一流の監督であったマキノが、トーキー初期にいったん録音技師に戻って、ありうべからぬ過剰として映画を襲ったトーキーという制度を、彼がいかなる荒唐無稽なる思考と身振りとで捏造していったかという姿を、今日的な倫理の問題として真剣に読んでみるべきだと思う。

過激な教育の実践

山田宏一『友よ映画よ〈わがヌーヴェル・ヴァーグ誌〉』

世の中にはあまり売れてほしくない本というのがある。山田宏一の『友よ映画よ〈わがヌーヴェル・ヴァーグ誌〉』（話の特集刊）はそんな書物の典型である。やたらな人には読ませたくない。とりわけ映画を青春の熱き体験だなどと信じている連中には読ませたくないと思う。かといって妙に落ちつきはらって映画を見続けている連中にも読ませたくない。これで「ヌーヴェル・ヴァーグ」を勉強しようなどという魂胆の持ち主にもお引きとり願いたい。映画を知らぬ連中はもってのほかだ。著者の潜在的かつ顕在的なるファンたちにも読ませたくない。また、彼らがたまたま買って読んでしまっていても、そのことをあまりまわりに吹聴してほしくない。できれば山田宏一が唯一の読者であるような書物として、この本を、映画をめぐる知的饒舌から排除してしまいたい奇妙な欲望を駆り立てるという意味で、『友よ映画よ』は文字通りユニークな著作だ。つまりこれが世界に一冊しか存在しないことを夢想させる稀有の書物なのである。

たとえばあの人のあの本とか、この人のこの本とか、それが滅多矢鱈と売れに売れて、読者がことごとく馬鹿になったら世の中はどんなにすがすがしくなろうかと思わずにはいられない映画の本が沢山存在している。そんな書物は万単位で売れてほしいのだが、『友よ映画よ』はまるで話は逆で、山田氏自身がおずおずと本屋の棚から取りだして料金を払ってしまうと、もうそれで売り切れになってほしいような本なのだ。というのも、この書物は、それが書物である以前に、生なましい教育の実践であるからだ。教育の一語は、もちろんギュスターヴ・フローベールの『感情教育』の教育と理解していただきたい。アレクサンドル・アストリュックがジャン＝クロード・ブリアリ主演で映画化し、ついに日本には来なかったあの『感情教育』（六一年）である。わが国で公開されなかったのは、それが端的に言って愚作だからだ。そしてアストリュックの失敗は、彼に山田的な教育の実践が欠けていたからにほかならない。そしてその実践によって山田氏が体得したのは、人が、生きているから映画を撮ったり見たりするのではなく、映画によって人が生き、そして死ぬのだという真実である。映画とは、死と境を接した生の危険な厚みであり無愛想な拡がりというか、つまりは死をはらみ持った生の環境のことだ。その環境に埋

山田宏一著『増補 友よ映画よ、わがヌーヴェル・ヴァーグ誌』（平凡社ライブラリー）

没しつついかにして生を具体化するかを知ることこそが教育なのだ。七月王制期から第二帝政期にかけてのパリをそうした環境として生きたのが『感情教育』のフレデリック・モローなら、山田宏一はそれから一世紀後のパリにそれと同じ世界を発見したのである。

だから『友よ映画よ』は、特権的な日本人による「ヌーヴェル・ヴァーグ」最盛期のフランスのルポルタージュではないし、その特異な体験の回想録でもなく、すぐれて危険的な現在の書物である。たしかに、ある時期のパリのある世界の表情はじつに生なましく描かれているし、また細部の輪郭も鮮明に浮かび上がってくる。ハワード・ホークスの「アナーキーな友情集団」に似た「カイエ・デュ・シネマ」系の連中の熱気溢れる横顔も、魅力的な群像をかたちづくっている。そうしたものを軽やかな、だが抑制のきいた筆致で綴りあげてゆく著者の芸に惹きつけられ、その貴重な体験をはるかに嫉妬することもできよう。ジャン・ルノワールを核に据えた映画史的な見取図の確かさに、感服することも可能だ。だが、そんなことがこの書物の主たる魅力なのではない。きわめてユニークな『友よ映画よ』がそのユニークさを徹底し、できればほとんど売れてほしくはないと願わずにはいられないのは、それはひとえに山田氏の実践する教育の過激性によるのだ。

いかなる倫理感にもイデオロギーにももたれかかることなしに、一冊の書物がこれほどのラディカルさをもって映画を教育の環境として生きたことはかつてなかった。繰り返すが、教育とは断じて知識の問題ではない。部分的に死にながら生きる一瞬を荒唐無稽に肯定することこそが教育だ。これほど見事に実践された教育のもたらす感動は、やたらな人間に共有されたくない。だからこそ、山田宏一の『友よ映画よ』が売れては困るのである。

巨大な環境としてのアメリカ映画

アメリカ映画という言い方は正しい用語法とは言いかねる。あらゆる映画はアメリカ的な映画なのだから、それは無益な同義反復にすぎぬといったのは「カメラ万年筆論」で名高いアレクサンドル・アストリュックだった。また、三人の偉大なる映画作家は誰かと聞かれたオーソン・ウェルズは、一息に「ジョン・フォード、ジョン・フォード、ジョン・フォード」と答えたという。ゴダールはゴダールで、モス・フィルムで製作されているソ連映画のことごとくは、ハリウッド映画にすぎぬという意味のことを口にしている。要するに、讃美するにせよ攻撃するにせよ、現代がアメリカ映画の時代であるという認識は誰にも共通しているのだ。実際、世界でアメリカ映画ならざる映画にめぐり逢うことはまことに難しい。ほとんどの監督は、無意識のうちにアメリカ映画を模倣するしかないのである。後世の歴史家たちは、二十世紀をアメリカ映画の時代として記憶することになるであろう。小津安二郎が偉大なのは、アメリカ映画に背を向けたからではなく、アメリカ映画のある局面を徹底化させることによって映画の畸型性にまで達しえたからにほかならない。『野性の証明』〔七八年・監督佐藤純弥〕がつまらないのも、それが、失敗したアメリカ映画としてあるからだ。エイゼンシュテインはマイケル・カーティスによく似ていると洩らしたのは、また二十年前のオーソン・ウェルズだったが、これは皮肉でもなんでもない真実の真実ともいうべきものだろう。

ところでさきごろベルギーの王立シネマテークが「世界で最も重要でありながら最も過小評価されたアメリカ映画」という特集を組み、それにちなんで世界の映画人二百人以上のアンケートをもとにしたベスト・テンのような記録を発表した。「作品」部門の一位は『市民ケーン』、二位『サンライズ』〔二七年・監督フリードリッヒ・W・ムルナウ〕、三位『グリード』〔二三年・監督シュトロハイム〕、以下、『イントレランス』〔一六年・監督グリフィス〕、『國民の創生』〔一五年・監督グリフィス〕、『雨に唄えば』〔五二年・監督ジーン・ケリー、スタンリー・ドーネン〕、『極北の怪異』〔二二年・監督ロバート・フラハティ〕、『キートンの大列車追跡』〔二六年・監督クライド・ブルックマン〕、『黄金狂時代』〔二五年・監督チャップリン〕、『群衆』〔四一年・監督フランク・キャプラ〕と続く。「監督」部門の上位十人はジョン・フォード、グリフィス、チャップリン、ウェルズ、ホークス、ヒッチコック、ルビッチ、スタンバーグ、シュトロハイム、ヴィダーとなっており、フォード、ホークス、ヒッチコックの作品が十傑に入っていないのは、票が割れてしまったことに起因する。ちなみにスタンリー・キューブリックは十六位、ロバート・アルトマンは二十五位。上位三十本を列挙するかたちの「作品」部門において、『地上より永遠に』〔五三年・監督フレッド・ジンネマン〕が得たのはわずか七票、『戦場にかける橋』〔五七年・監督デイヴィッド・リーン〕にいたっては一票といった次第だ。

所詮はお祭り騒ぎだ、映画狂の遊戯だと言ってしまえばそれまでだし、またこうした催しに伴いがちな儀式性も否定しがたいが、こうした試みが、ヨーロッパの一小国のシネマテークによって、しかも世界的な規模で実現されうるという点に、アメリカ映画の途方もなさが存していると言えるだろう。たとえば同じ種類の試みがフランス映画についてなされたとしたら、結果はもっと単調なものとなろうし、回答者たちの熱狂ぶりもかなり低下するに違いない。だからわれわれは、時代によって、視点に応じていくらでも読みなおしのきく巨大な環境としてのアメリカ映画に、改めて驚かずにはいられないのだ。肯定するにせよ、否定するにせよ、まずその現存ぶりを容認せざるをえないこの濃密にして稀薄なる環境。それが稀薄だというのは、まるで空気のように遍在ししかも透明なので、最も身近にそれと肌を接して暮らしていながら、その貴重さをなかなか意識しにくく、したがってまるでそれが存在しないかに思われてしまいがちだという意味である。その遍在性ゆえに無意識の蔑視の対象であり続けているアメリカ映画。これは二十世紀でもっとも奇怪な現象というべきものだ。

ところで、ここで改めて現象としてのアメリカ映画に言及したのは、永らく過小評価に耐え続けて来た一連の作品をここで再評価せんとするためではない。人は、この超二十世紀的な現象をなんとか始末しない限り、二十一世紀を迎えることはできず、そのためにもこの濃密にして稀薄なる環境の現存ぶりを容認しなければならない。それでいながら、アメリカ映画に対するあまりの無防備ゆえに、われわれはそれを容認する手段をまるで知らないのだ。たとえば山田洋次の『男はつらいよ』シリーズが比較的よくできたアメリカ映画だということをどうやって証明するか。アラン・コルノーの『真夜中の刑事／PYTHON357』〔七六年〕が出来そこないのアメリカ映画だということを、どうやって証明するか。夏休みや海外旅行の観光客たちが撮りまくる素人の八ミリ映画からNHKの「ニュースセンター9時」までが、すべてアメリカ映画にほかならぬと、どう証明したらいいのか。その方法は誰にもわからない。だからこそ、今日最大の反＝アメリカ映画主義者は、最大の親＝アメリカ映画主義者とならざるをえないのである。

「間《インター》=フィルム性」の記憶装置

映画ほどあからさまに孤独を禁じられたいとなみもまたとあるまい。集団芸術としての映画とか、観客の匿名的複数性といった視点からではなく、個々のフィルムの宿命として、孤独への誘惑をあらかじめ断たれている。このうえなく独創的だと思われている監督の作品ですら、映画自身の記憶に重くたわみきって、係累なしの独身者的畸型性をあらかじめ奪われているのだ。アラン・レネの『ミュリエル』（六三年）には小津安二郎の記憶がまつわりついているし、ベルイマンの『処女の泉』（六〇年）には黒澤明の思い出が影を落としており、ゴダールの『気狂いピエロ』には溝口健二のカメラワークが感染している。『未知との遭遇』は誰が見たってハワード・ホークスの世界だし、トリュフォーの『恋愛日記』（七七年）は間違いなくジョゼフ・L・マンキーウィッツ的風土に浸りきっている。こうした映画的記憶の相互汚染現象は、影響といった時間軸にそっての伝播というより、むしろ共時的な響応として捉えらるべきものだろう。映画とは、映画自身を同時的に肯定する現在の運動にほかならない。この起源と中心を欠いた運動へと人を導く環境を、とりあえず、「間《インター》＝フィルム性」と名づけることもできよう。「間《インター》＝フィルム性」の断層としての映画は、映画自身の父であると同時にその子であり、創造主の不在によって思考を統御する不可視の制度である。宮川淳にならっていうなら、特権的な「引用の織物」こそが映画なのだ。

引用とは、恣意的な操作にみえてじつはいささかも恣意的でない。選択する主体そのものがすでに「間《インター》＝フィルム性」に犯された存在なのだから選択し排除することの自由と思われるものは、選択し排除せざるをえない不自由にすぎないのだ。おそらく「ヌーヴェル・ヴァーグ」以後、映画はこの不自由と積極的に戯れることで、正統性を欠いた自分自身を危うげに支えはじめたのだと言えよう。危うげにというのは、安易な模倣と反復への誘惑をぎりぎりの一点で耐えながら、戦略的倒錯によって模倣と反復を実践することが、映画の条件にほかならぬからだ。ゴダールが素晴らしいのは、模倣と反復とに見事に失敗することで、かえって模倣と反復に成功している点にある。彼の独創は、ハワード・ホークスを引用せざるをえないみずからの脆弱さを過激なまでに徹底化させたことに存している。だからこそ、『勝手にしやがれ』は「間《インター》＝フィルム」的環境を変容せしめる事件たりえたのである。限りなく接近する運動によって、彼は制度としての映画から限りなく遠ざかりえたのだ。どこまでも深く埋没しつつ、不意にその環境とは異質の時空で目覚めること。これが「引用者」の無謀なる夢である。

無謀でない夢は夢ではない。たとえば『フレンチ・コネクション』（七一年）のウィリアム・フリードキンは、アンリ＝ジョルジュ・クルーゾォの『恐怖の報酬』を再映画化したいという夢をいだく。

だがこの夢は、無謀さを欠いたがゆえに夢とはなりがたかった。彼は、才能豊かなリメイクを目論んだ結果、遠ざからんとする「間《インター》＝フィルム性」のさなかで制度的に目覚めてしまったのである。フリードキンの『恐怖の報酬』は、クルーゾォ的世界のはるか手前で立ちどまり、これを引用することにすら失敗している。脚本に『大自然の闘争／驚異の昆虫世界』（七一年）の監督ワロン・グリーンを選んだというのはフリードキンの映画的記憶の確かさを立証してはいる。山田宏一氏によってサム・ペキンパーの『ワイルド・バンチ』（六九年）の脚本家と同一人物と断定されたのがこの奇妙なる脚本家だからである。また、前作の主要人物たちをロイ・シャイダー、ブルーノー・クレメール、フランシスコ・ラバル、アミドゥでかためたという点にも、フリードキン的「間《インター》＝フィルム性」の記憶装置のしたたかさが反映している。現実生活でジャンヌ・モローと結婚するといった才能も多分に「ヌーヴェル・ヴァーグ」的と言えよう。にもかかわらず、これが大した傑作でもないクルーゾォの前作に遠く及ばぬ愚作にすぎぬのは、フリードキンに映画的才能が欠けていたという以上に、独創性の保証を「間《インター》＝フィルム」的環境から遠ざからんとするときの距離の有効な計測にのみ求めてしまったからだと思う。つまり、引用を恣意的な現象と勘違いした点が決定的であったのだ。

『風と共に去りぬ』（三九年・監督ヴィクター・フレミング）の続篇がハリウッドで企画され、熊井啓が田中絹代の『お吟さま』（六二年）の再映画化を試み、『昼顔』（六七年・監督ルイス・ブニュエル）の粗雑な焼きなおしにすぎぬ『ミスター・グッドバーを探して』がそれとなくもてはやされ、それ自体が自作のリメイクにほかならぬヴァディムの『華麗な関係』（七六年）が公開されて半年とたたぬうちに藤田敏八が『危険な関係』（七八年）を映画化するといった具合に事態が進行するとき、孤独を禁じられた映画という現実はあからさまなる日常たりはじめている。だから撮る側も見る側も「間《インター》＝フィルム性」の記憶装置へと戦略的に埋没しなければならないのだ。だが、倒錯は、いまだ充分にその機能を果たしてはいない。『勝手にしやがれ』のリメイクとして企画されたゴダールの『パート2』の公開が待たれる。

緩慢弛緩症の蔓延

オーソン・ウェルズの『フェイク』を見ていると、何かにせきたてられでもするように思わず後を振り返ってみたくなる。すでに失なわれていたことすら忘れている貴重な何ものかへの郷愁から、背筋のあたりが妙に落ちつきを失なってしまうのだ。『フェイク』がつまらぬ映画だからそんなことになるのではない。むしろ無責任な面白さに充ち溢れた映画なので、ついその説話的持続に置いてきぼりを喰ったような心もとない気持になってしまう。それは多分、世紀の贋作画家の興味深いドキュメントを装ったこの途方もない映画的虚構が、逸脱が迂回を呼ぶといったその構成にもかかわらず、一時間半でピタリと終わってしまうことへの驚きというか、むしろ怖れの感情からくるものだろう。フィルムの表層いったいに、いつでもあっけなく終わってみせるといった説話的経済原理が露出しているので、見る者は一瞬ごとに予告される終わりに怯えつつ暮らさねばならない。この種の怯えは、バッド・ベティカーの最盛期の西部劇とか、マキノ雅弘のある種の仁俠映画以来ついぞ体験しなかったものだ。いま見ている映画が終わってしまいそうになることへのあらかじめの後悔。思えば、ゴダールの『勝手にしやがれ』にも、そんな後悔へと人を誘うものが込められていた。省略や言い落としがあるわけでもないのに、ただもうあっけらかんと説話的持続が断ち切られそうになる瞬間を生きることの息苦しさ。『フェイク』のウェルズが駆り立てるのは、そうした映画的郷愁にほかならない。

たとえば野村芳太郎の『事件』〔七八年〕でも降旗康男の『冬の華』〔七八年〕でもいいし、ジョージ・ルーカスの『スター・ウォーズ』でもスピルバーグの『未知との遭遇』でもかまわないが、最近の映画はどれをとってもリズムがやたらと緩慢で、妙にまどろこしい。かと思うとペキンパーの『コンボイ』〔七八年〕や深作欣二の『柳生一族の陰謀』〔七八年〕のように、終わることへの必然性でフィルムの表層を装うことをはじめから放棄しているかのような二時間を超える作品もすくなくない。あたかも、観客の映画的欲望が、終わることへの郷愁にも後悔にも渡ることがないと信じてでもいるかのように、作家の映画的造型性はとめどもなく弛緩し、緊迫感を失なってゆく。映画であることと映画でないこととの境界線など捏造された虚構だとでも言いたげに、フィルムの説話的持続は、不意の疾走や思いがけぬ停滞によって映画的欲望の同調を払い落とそうなどとは試みもしない。この傾向は、比較的上映時間の短い日活のロマン・ポルノの中篇にあっても同様である。

世の東西を問わず、いま、映画は緩慢弛緩症ともいうべき疾患に冒され、ムーヴィーとかモーションピクチャーなどと呼ばれるにふさわしい身振りの敏捷さを失なっている。だからといって今日のフィルム体験が重厚かつ濃密なものとなったわけではなく、また、どこまでも引きのばされてゆく説話的持続からくる宙吊りのサスペンスが誇張されるわけでもない。すべては、ゆるやかさこそを映画的な美徳だとする確信を共有するかのごとく、映画から運動を奪っていってしまう。『スター・ウォーズ』や深作の『宇宙からのメッセージ』〈七七年〉の最後には、スピード感豊かなロケット活劇が演じられているではないかと人は言うかもしれない。時間への挑戦を軸としての攻防戦。だが、あのなんともせせこましい活劇空間はなんであろうか。活劇とは映画そのものの運動であって運動の映画ではない。説話的持続の疾走なしに、映画が運動することなどありえないのだ。『フェイク』にあっては、運動する対象がほとんど画面に捉えられていないにもかかわらず、映画そのものが生なましく脈動しているではないか。

かつて映画は運動であった。また映画を見ることも運動であった。オーソン・ウェルズの『フェイク』はその事実を直截に思い出させてくれる。だが、運動としてあった映画への郷愁に思考を渡らせるのはたぶん健康なことではないし、また郷愁や後悔を語ることがここでの急務ではない。われわれは、見るという運動に映画をからげることで、失なわれた運動を映画に回復してやる必要があるのだ。それにはどうすればいいか。かなり簡単な方法がひとつある。次の場面でスローモーションが展開されそうになる一瞬を逃すことなく目をつむればいいのだ。そしてころ合いを見はからって目を開ける。そうすると、ペキンパーの『コンボイ』などはかなりの程度まで緩慢弛緩症の感染をまぬがれ、簡潔な映画となるだろう。実際、不可視の運動が画面を垂直に貫くべき瞬間をスローモーションで引きのばし、審美的抒情性によって映画的欲望と映画的造型性の安易な妥協を制度化した張本人はペキンパーその人だ。多分その原流には黒澤明などが位置しているのだろうが、映画が口を利いてはならぬ一瞬に無償の饒舌にふけり、説話的持続の疾走をその律儀な軌跡に置き換えたのは『ワイルド・バンチ』であった。以後、フィルムの緩慢弛緩症が映画的環境の全域へと波及していったのだから、ペキンパーの罪は重い。映画は、ここしばらくそれ本来の運動を回復する見込みはまずないと言ってよいだろう。だがそれにしても、ペキンパーを記憶から抹殺するのは、やはり心が痛む。

『ワイルド・バンチ』撮影風景

Ⅳ章

作家論、見えざる素顔への記憶

『緋牡丹』以後

花とは何か、いったい何が花たりうるのかという問いかけは、ごく当然のことながら、まぎれもない花そのものを前にしたとき、たちどころに無効となる運命を担っているが、一連の「東映やくざ映画」がわれわれに委ねる藤純子のイメージは、そうした意味からすくなくとももはや花以外の何ものでもない透明度にまで達しており、だから、花にまつわるあらゆる問いかけは、われわれの中でたちどころに意味を失なってゆくし、また同時に、花が花たる真実を忠実に生きるその姿勢は、花の周囲を行き交う男の懐で、短刀の刃という刃を錆びつかせてゆくかにみえる。

それほど圧倒的な花の具現化に成功した藤純子は、花が喚起するすべての象徴的なイメージと、花の持つ最も即物的な実在性の接線上を、さりげない身のこなしで滑ってゆきながら、みずから蕾であった記憶を殺し、咲き匂う悦びをもあえて忘れ、ただ、闇に流れでる色彩になりきることにいっさいを賭けているかのようだ。もちろん、その色彩とは、刻々彩度を変えてゆく緋色にほかならず、闇とは、『明治俠客伝・三代目襲名』〔六五年・監督加藤泰〕と『博奕打ち・総長賭博』〔六八年・監督山下耕作〕とを頂点に持ち、上はマキノ雅弘から下は石井輝男にいたるまで拡がっている巨大な虚構としての仁俠の世界なのだが、いまや、あの藤純子という女は、個々の作品の枠を身軽にすり抜けながら常に同じ微笑を微笑み続け、まばゆいまでに鮮明な輪郭のうちにおさまっておりながら、その花弁に触れられることをあくまで拒み、散ってゆく瞬間を永遠の未来におしやっているかと思えるので、一瞬、精緻な造花かと見まごうばかりなのだ。だがどうして、夜露にはほどよく湿ってくるふうにも思われるし、その雌蕊は危険な液体を分秘し続けており、だから吸い寄せられてくる男たちを、いずれも怪訝な表情のまま、その場に硬直させてしまう残酷をそなえた花の中の花なのだ。

こうした、現象としての藤純子は『緋牡丹博徒』のシリーズが成功をおさめる以前に、すでに花を思わせるあでやかな作中人物を幾度となく演じており、そうした役割の繰り返しが、いわば定形としての無償性を獲得した地点にこそ、花の花たるイメージが結ばれたのに違いないが、いまここで問題としてみたいのは、その、見るからに花のようなひとりの女優が、それ本来の美貌とはまったく別の次元で、女である花に変貌したその過程それ自体なのであり、それは、言い換えれば、虚構としての映画が、自分自身の虚構性を改めて意識するにいたる厳粛な瞬間にほかならず、したがって、それについて語ることは、今日の日本映画界にあっては、たとえば小川プロの活動、自主上映組織の拡大、ＡＴＧの一千万円映画の試み、鈴木清順共闘会議の問題、万国博を背景にした平面スクリーンの崩壊、等々といった現象について語るよりも、より意義深いことに思われるのだ。なぜなら、撮るという作業の持つ本質的な虚構性の認識こそが、映画による現状への問いかけの根本的な条件だからであり、そこで、われわれは、『緋牡丹博徒』の緋色の流れをたどりながら、藤純子という花のなりたちのうえに、日本映画のいまある姿をさぐってみたいと思う。

『緋牡丹博徒』シリーズの第一作〔六八年〕は、三島由紀夫をして「何の誇張もなしに『名画』だ」〔映画芸術六九三月号〕と感嘆せしめた『総長賭博』の山下耕作によって作られており、続く『一宿一飯』〔六八年〕の場合は、「《私性》による《公性》の否定の意味」〔片岡啓治、「映画芸術」六九年二月号〕の一貫した追求者である鈴木則文が演出を担当し、『花札勝負』〔六九年〕は、「会社の商売としてのアナーキー性が、偶然にも大衆の幻想を捉えた典型的な例」〔石堂淑朗、「国際文化」一七二号〕としての東映やくざ路線の傑作『三代目襲名』の加藤泰が、久方ぶりに東映で撮った作品である。いずれも、明治中葉のやくざの世界に題材をとりながら、ということは、企画の段階ですでに虚構の構築という大前提が充たされているわけだが、熊本の博徒、矢野家再興を誓う緋牡丹のお竜が、いわば股旅もののひとつのヴァリエーションとして、一宿一飯の旅を続ける物語を骨子にして、藤純子という現象から最大限に養分を吸収しつつできあがったシリーズであり、だから、それが、好評の中に三作目ともなれば、「藤純子のために作られたようなもの」〔片岡啓治、「読書新聞」六九年三月三日号〕という感想がつぶやかれるのも当然であるが、いま、改めて『緋牡丹』の成功の意味をさぐってみると、藤純子のために作られたどころか、藤純子によって、あの花としての藤によって作られた作品ではないかと思われさえするのだ。つまり、作る側の意図も、また見る側の心情も、すべて花のイメージの中に吸い込まれてゆく不思議な力の働きに従っているだけで、いつのまにかできあがってしまったような作品といった印象が濃厚なのであり、それはたとえば、『緋牡丹』シリーズの作者たちが、それぞれの感性と美意識を適度に反映させながら挿入する花のショットが、じつはその象徴性ゆえに藤純子を花たらしめているのではなく、逆に、藤が花があることの必然性が、そうした画面構成を要請しているかのようであり、だから、本来花への志向が強力であった山下耕作を除けば、鈴木はもとより加藤泰までが、いずれも不本意な奉仕作業を強いられているようで痛々しく、しかも、藤純子のほうでは、そうした技法の象徴性とはまったく無縁の地帯で、誰の助けも借りることなく充分花たり続けているのだから、男たちの受難は、単にスクリーン上の鶴田や高倉に限られたことではなく、企業内の抵抗者としての作者たちまでにも及び、さらに注目すべきは、藤の胸元に隠された拳銃は、あの『用心棒』の仲代達矢から盗んできたような回転銃は、なみいるやくざ映画の論客たちの心臓部にもひきつけられているのだ。

われわれが、いまここで、花としての藤純子という現象に注目せずにはいられないのは、月々の量産と消費とをあきることなく繰り返し、「無数の鏡の破片のうえに互いを照し合っている」（渡辺武信、「凶区」1971/2号）東映仁俠路線の作品群の担っていた意味ばかりでなく、大衆文化論としてのやくざ映画観までをも、改めて問いなおしてみなければならない時点にまで、われわれを追いやっているからにほかならない。

いうまでもなく、こうした量産体制下におけるひとつの映画ジャンルの消長を考えてみる場合、誰しも、会社の重役室を起点として場末の映画館で完結するひとつの下降線を想像し、その直線上に、脚本家、監督者、俳優たちが占めるべき地点を、各自がそれらに与えたい重要度に応じて配列することからはじめるものだ。たとえば加藤泰の『三代目襲名』という場合には、企業内にあっての抵抗者、つまり資本の圧力を一身に支えようとする監督の役割を強調したい意志が無意識のうちに作用しているし、高倉健の『番外地』というときには、非英雄としての無名の観客集団の願望が、映画スターという英雄の悲痛な横顔の中に達成されたのを見逃すことはできないし、また、東映のやくざ路線と言えば、鶴田を酷使して病気にまでおいやりながら、愚かな若者——とばかりは言っておれまいが——どもにはかない夢を切り売りしながら利潤をあげてゆく映画資本家たちのあくどい商売を思い浮かべずにはいられないのだ。いずれにしても、誰が夢を操作し、また操作されているのか、何が上を目指し、何が下方へと追いやられてゆくのかという縦の関係でものごとが処理されうるかの観があり、そこに、「彼らが無法者のなかに『大衆』の負の精神像を看て取」り、「下層社会の殺意の総体としての蜂起の瞬間」（松田政男、「映画芸術」、六八年三月号）を期待するやくざ映画の擁護者たちの立論の場が隠されていたことになる。が、このやくざ路線が一応の軌道に乗り、一定の観客層を獲得したとなると、操作する側とされる側にある種の馴れ合いが生じ、しかも、無限に繰り返されるその馴れ合いは、一方で虚構としてのやくざの世界を純化し抽象化する方向に進み、他方では、両者の関係そのものを改めて虚構化する方向を目指すことになるのだ。そしてついには、会社も、脚本家も、監督も、観客も、四者入り乱れての壮烈なるだまし合いへと発展し、そうして、縦への関係が崩壊しつくしたあとのアナーキーの状態にあって、その四つの、あるいはさらに数多くの力関係が奇蹟的な均衡に達した瞬間、まったく思いもかけず、『総長賭博』のような傑作が生まれ落ちてくるのだ。

おそらく、第二次大戦前夜のハリウッド映画のみが経験しえたこの幸福なアナーキー性は、作品の需要、供給に参加するあらゆる要素が、虚構としての映画の世界を一心に信じきっているふうを装ったうえでの、恐るべきだまし合いのうえに成立しているのであり、だから、その点を確認したうえで、われわれは、作中人物の「無法者性」や、監督の「企業内抵抗者」の役割や、もろもろの矛盾をはらむ現代社会の「比喩」体系としての博徒の世界の封鎖性、等々といった側面からやくざ映画に接近を試みるより、無数の力が優劣なく抗争する方向性のないひとつの場として捉えることのほうが、より大きな可能性へとわれわれを導いてゆくように思われるのだ。

そこでは、もはや、頂点から底辺へと、つまり支配＝被支配の関係に従って力は働かず、だから、深夜の映画館で「健ッ、まだ斬るな！」と叫ぶ観客の精神は、そこに「『大衆』の負の精神像を看て取」ろうとする批評家の優越などをあっさり無効にするほど醒めきっており、感情移入の果てに達したかにみえた陶酔を装いながら、『荒野の渡世人』〔六八年・監督佐藤純弥〕の失敗を会社から引きださせた陽動作戦の役割すらを演じているのだ。だから、若山富三郎を主役の座に送り返した観客の力を、単に下からの突きあげとしてではなく、自由に拮抗し合う力のひとつが、ある一定の時期に示したきわめて不安定な贋の優位として捉えねばならないだろう。そして、何にもまして注意しなければならないのは、こうした無限のだまし合いにあっては、映画の虚構性を最も巧みに信じたふりをしたものが勝利を握るのだという点であり、しかも、その勝利者の地位は絶えず揺るぎ続け、いかなるかたちでの権力の固定化にも向かうことをしないという事実なのだ。もし、やくざ映画が政治的であるとしたら、それはまさしく、この徹底したアナーキー性の中にこそあり、こうしただまし合いの場の欠如こそが、なんらかの意味で権力の固定化を招き、映画の生命を涸渇させてゆく点を確認すべきなのだ。それは、たとえば、国家権力そのものについて語った大島渚の『絞死刑』〔六八年〕にあって、観客は相も変わらぬ底辺部の「大衆」に一致させられており、権力者として頂点に君臨する大島に反抗の姿勢すら許されてはいない独裁体制が現出しているという事実の指摘によってさらに明らかになってくるものだろう。

では、こうして、いつ均衡を失なうかもしれない微妙な力関係のうえに成立している東映やくざ映画は、その虚構体系の必然的な産物として『総長賭博』の抽象性を通過した以後、頂点に達したあらゆるものがそうであるように、きわめて緩慢な流れに従って、ときにはそれなりの満足すべき成果をもたらしながらも、徐々に頽廃への道をたどるしかない。が、ときに、ひとつのジャンルの虚構性を濃密に生きえたものの特権として、あらゆる分野に累積されていた経験の総体が、個々の構成要素の意図とは別の地点に、思いもかけぬ進路を見出すことがあり、それはたとえば、初期の、と言うより第一作の『座頭市物語』〔六二年・監督三隅研次〕が大映の股旅ものに対して示していたように、まず自分自身への真摯な問いかけと、そして自分を成立せしめていた価値体系の総体への問いかけのみを基盤として、きわめて抽象的な作品となって結晶する。そして、その抽象性とは、たとえば『座頭市』の盲目性のように、かえって具体的なイメージを喚起しながら、語の最も本質的な意味での「拙評」をかたちづくってゆくものであり、この抽象性と具体性との関係は、いうまでもなく、『緋牡丹博徒』にあっては、すでに述べたように、花と藤純子との関係に正確に一致しているものなのだ。そして、作品の「批評性」とは、作品が、作品以外のいかなる要素にも従属しない、その毅然たる独立性に存するのであり、だから、もはや東映作品でもなく、山下耕作演出でもなく、鈴木則文脚本でもなく、藤純子主演でもなく、高倉健友情出演でもなく、ただ、抽象的であると同時に具体的な花そのものの具現化にほかならず、だから、これまで無限に悩み、傷つけ合い、殺し合ってきた男たちが、いずれも、この花の開花する瞬間を、彼らが流したおびただしい血の量によって準備していたのではないかと思われるほどなのだ。これは、より低い年齢層を対象に作られていたかつての東映活劇の活性が、必然的に、悲劇としてのやくざ映画の不動性へと推移してゆく過程を雄弁に物語っており、また斬っても斬っても斬りつくす瞬間のない殺戮の無償性の前に、純粋に男の世界と信じられていたものが、徐々に崩壊してゆく運命をも如実に示しているのだ。

こうした崩壊現象が導きだされてくる条件を考えてみると、虚構としてのやくざの世界を最も醒めた目で眺めていた者が、じつは鶴田でも高倉でもなく、「万感を胸に秘めて男にそっと刀を渡さねばならない」(石堂淑朗)女のほうであったことに気付かずにはいられない。彼女たちは、その虚構の世界において、「献身の権化」を忠実に演じるふりをしながら、じつはそうした役柄の繰り返しを通じて、男たちにそれが演技でしかないことを忘れさせていったのであり、だから、『総長賭博』の最後で、妹の藤純子から「人殺し!」とののしられた鶴田浩二が、一瞬、その言葉の虚構性を忘れ、本気で自分を「けちな人殺し」と信じてしまうことで、男たちは、女の陽動作戦の前に完全に敗れ去ったというべきなのだ。つまり、男は、やくざ映画の虚構性の母胎ともいうべき壮烈なだまし合いの中では、常に「けちな殺し屋」であることを拒否せねばならなかったのに、その言葉を素直に受けいれてしまったことで、みずからの夢への偽りの忠実さをも失ない、だまし合いにおける敗者の役割に甘んじなければならなくなってしまう。事実、『緋牡丹博徒』の一、二作においては、高倉にしても、鶴田にしても、藤純子の涙の虚構性をあいかわらず信じながら、「俺のためにやったのさ」とつぶやきながら、死んでゆくほかはなかったのではないか。

　こうして、男の世界における男の優位すら許さない徹底したアナーキー性は、いずれ、花としての藤純子をも、大がかりなだまし合いの中に葬り去ってゆくだろうが、それより先に、「公性」に対する「私性」の優位にこだわり続ける脚本の鈴木則文が、どこかで思いもかけぬ陰謀の犠牲になるような気がしてならない。山下耕作に関して言えば、藤純子を意識することなく、「やくざ映画における情念の象徴としての美」（上野昂志、「シネマ69」創刊号）である花をより純化することに専心する限りにおいて、また加藤泰にあっては、あのロー・アングルにある様式美の構築に徹する限りにおいて、このだまし合いにある程度は耐えうるのではないかと思うが、何より恐ろしいのは薄化粧をした花なのであって、だからわれわれ男たちは、「ヴェトナム以後」、「安保以後」を語るのと同じ真剣さをもって、『緋牡丹以後』を考えてみなければならないのだ。

加藤泰の『日本侠花伝』

それが「言語」にとってであれ「映像」にとってであれ、あるいは人が臆面もなく「映画」と呼び捨ててしまう「フィルム体系」もしくは一篇の「フィルム断片」にとってであれ、ひとたび「美」が問題体系の一環に顕在化してしまうや、論者の戦略的配慮や政治的思惑、さらには特殊な方法的視座を超えた領域で、誰もが故もなくはにかんで戸惑ってみたり、ありもしない言葉を捏造せずにはいられなくなってしまったりするのだが、結局のところは「映画」からも「美」そのものからも途方もなく隔てられたという実感だけが存在をその最深部において犯してゆくので、そんなときわれわれに残されている道はといえば、ただただ比喩に援けを求めることでしかない。たとえばゴダールの『東風』のように美しい、ジョナス・メカスの『リトアニアへの旅の追憶』のように美しい、小津の『淑女は何を忘れたか』〔三七年〕のように美しい、ストローブの『オトン』〔七〇年〕のように美しい、ウォルシュの『ハイ・シェラ』のように美しい、バッド・ベティカーの『今は死ぬ時だ』のように美しい、ジョン・フォードの『周遊する蒸気船』〔三五年〕のように美しい、ホークスの『赤ちゃん教育』のように美しいといったたぐいの比喩がまがりなりにもその比喩としての虚構性をまっとうするかにみえるとすると、たとえば、これもまたたとえばの話だが、ワイラーの『L・B・ジョーンズの解放』〔七〇年〕のように醜い、熊井啓の『朝やけの詩』〔七三年〕のように醜い、アーサー・ペンの『俺たちに明日はない』〔六七年〕のように醜い、ドルトン・トランボの『ジョニーは戦争へ行った』のように醜い、篠田正浩の『化石の森』〔七三年〕のように醜い、山本薩夫の『戦争と人間』〔七〇〜七三年〕のように醜い、ボクダノヴィッチの『ラスト・ショー』のように醜い、といった具合に比喩が比喩と無節操に呼応し合ってとどまるところがない。そうして、こんなふうにかたちで繰られてゆくフィルム的「美＝醜」の星座群は一昔前のゴダールであれば「これは映画と呼ぶしかない」と言葉すくなく口にして、あとは自己の不条理な絶句ぶりを雄弁に語ることでかろうじて対処しえたような危険な何本かの作品群を、「映画」と「映画ならざるもの」の不可視の境界領域に音もなく集結させてゆくのだ。だから、加藤泰の『日本侠花伝』〔七三年〕と呼ばれる一篇の「フィルム断片」が問題となるのは、まさにそれが、そうした一連の比喩への逃亡へとわれわれを駆り立てるがゆえに、途方もなく「美しい」からなのである。

では、『日本侠花伝』はどんなふうに美しいのか。

たとえば加藤泰が撮った三本の『緋牡丹博徒』〔六九年・花札勝負、七〇年・お竜参上、七一年・お命戴きます〕のうちのどれか一篇を、あるいはその三篇全部を、であってもかまわないが、とりわけその「映像」の構図やカメラ・アングルのいくつかに「美しさ」を感じ取ってしまった人間がいたとして、それはそれで仕方がないことだと思うし、またわれわれがそんな錯覚のはびこる風土に囚えられていたことも否定しがたい事実といわねばなるまい。いまだわれわれがその実態を充分に記述することも分析することもないままにやり過ごしてしまっている神話としての「東映やくざ映画」がまぎれもなくそこにあったのだし、また途方もない現象としての「藤純子＝お竜」が、「鶴田」や「高倉」、さらには「菅原」のかたわらに虚構としての肉体を信じきった風情でひかえていたのだから、誰もが錯覚へと身を委ねていったことの過ちをことさらあげつらってもはじまらないと思う。だが、『日本侠花伝』の「美しさ」は、いかにそれが精巧なものであろうと「緋牡丹」と呼ばれる造花は所詮造花にすぎなかったのだということを、ある苦々しさとともに作家自身が告白し、その告白をわれわれに共有することを執拗に語りかけてやまない点に存するのだ。そして、その熱をおびた語り口が、世にいう「自己批判」といったたぐいの醜悪な現在時の正当化を目指すことなく、錯覚と錯覚ならざるものとの葛藤ぶりを作品フォルムの核心部から表層地帯にいたるまでゆるやかに波動させる道を選んでいるがゆえに、『日本侠花伝』は今日の日本映画がきわめて稀にしか手にしえない、たとえば内田吐夢の遺作『真剣勝負』〔七一年〕が身にまとっていたような途方もない美しさを具現化することになるのだ。

たしかに、加藤泰は、凡庸な瞳の持ち主であればたやすく陥ったであろう落し穴を巧みに避けながら、避ける身振りそのものに執着しつつ『緋牡丹』を撮ったのであり、そのことが、「藤純子」のイメージを単なる巨大な錯覚としてあっさり打ち捨ててしまう仕草をわれわれにいまなお許そうとはしないのである。だから誰しもがあの人工的な『緋牡丹』と映画との不可視の接点を、無償のいとなみとしてではなくまさぐり続けることができもするのだ。たとえば、「やくざ映画」に手を染める以前から加藤泰の映画作りの特質としてあった長い固定画面、あの固定画面が担いうる緊張と弛緩の呼吸といったものは、題材としての長谷川伸的風土や「股旅もの」が持っていた語り口と巧みに調和しながら、過不足なく「映画」そのものと整合し合っていた。だから、『風と女と旅鴉』〔五八年〕や『朝霧街道』〔六一年〕、あるいは『瞼の母』〔六二年〕から『沓掛時次郎・遊侠一匹』〔六六年〕へといたる作品群は、制度としての「映画」の内部に身を置いた者たちの心を快くもみほぐし、またしめあげもする情念の経済原則を見事に具現化していたのである。そうした意味で、『明治侠客伝・三代目襲名』を含めてこうした時期の加藤泰作品の「美しさ」は、たしかに「美しく」もまた感動的でありながらわれわれにとって、未知の「美しさ」ではなかった。つまりたとえば山中貞雄といった才能ある個性が世界に類をみない巧みさで日本的風土に移植してみせた三〇年代アメリカ映画の「美しさ」、より正確にはウィル・ロジャーズを主演に迎えたジョン・フォードの南部三部作とかラオール・ウォルシュの人情がからんだ小悪人の世界とか、フランク・ボゼージの抒情と郷愁のイメージのうちに、誰もが体験したことのある「美しさ」と多くのものを共有する「美しさ」だったと言えるのではないかと思う。ハリウッドの上質のメロドラマが、なんらかの意味でその技法の中心に据えていた「構図＝逆構図」におけるいわゆる切り返しショット、これを日本的人情劇に移し変えるにあたって、たとえば小津ならあの「交わらぬ視線」からなるカットの積み重ねを、溝口なら抒情と夢とをほとんど物質化してみせる「ワン・シーン、ワン・ショット」の技法を用いたわけだが、加藤泰は、これを長い固定画面によって自分のものにしようとした。それが、いまみた時期の作品群において、最も見事な形象性を獲得したのだと言うことができると思う。われわれは、存在の最も感じやすい部分を作品に向かって旺盛に押し拡げ、長く動かない画面に耳を傾けることで、「映画」と快く遭遇している自分を確認しえた記憶が何度かあったはずである。それが、五〇年代後期から六〇年代前半にかけての加藤泰のイメージの秘かな上昇を準備したのであるが、じつはそのとき人は、ある挫折の一時期にふと花開いたアメリカ映画の狂い咲きを加藤泰のうちに認め、戸惑いながらそれと知らずに感覚を失なっていったのだ。

だが、この長い固定場面は、まさに『緋牡丹』から変質しはじめる。装置と、小道具と役者たちによって充満した細長い空間の奥に、あるいは前景に「藤純子＝お竜」のイメージを追いながら、たとえば中村錦之助のもの静かな語りがあたりにかもしていた抒情と悔恨と追憶とが、その多様な関係の磁場から徐々に追い払われてゆくのをある戸惑いをもって体験した記憶がまだ新たなのだ。敵の刃に倒れた親分の死骸を前にして一家の者たちが泣く。あるいはお竜が、探していた娘と再会し、まわりの者たちがもらい泣きする。そんな画面が長い固定ショットで示されながら、抒情が、感情移入がなぜかはぐらかされてしまう。そして、そんな光景の一部に身ぎれいにひかえている「藤純子＝お竜」が、なぜかその場にそぐわず居心地の悪い思いをしていたかのようだ。あれはいったいなんであったのか。あの種の長い固定場面の奇妙な苛立たしさ、何かすべての視質的要素がみずから担っていたはずの効果を圧し殺し、零へと還元されるかにみえ、さらにはいっせいに自分を否定しながら負の世界へと流れ込もうとしながら、そこには無償の緊張感といったものが身をもてあまし気味に支配する。そんな映像は、かつて世界の映画が提示したことのないものではないか。われわれがわずかに記憶にとどめているものといえば、『西部開拓史』〔六二年〕のジョン・フォード篇における グラント将軍暗殺未遂の場面、おそらくフォード映画の中でも最も非フォード的で、どうしても引き金が引けない南軍脱走兵ラス・タンブリンと、グラント将軍ハリー・モーガンと、あれは何将軍というのであったのか、とにかくジョン・ウェインの演じている北軍将校とが、シネラマの巨大な画面いっぱいに作られた夜の森のセットの中で、手持ちぶさたに南北戦争の一挿話を演じてみせたときの、あの動きもなく、サスペンスの盛り上がりもない長い時間の緊張の徹底した欠如からなる負の緊張感ぐらいしか思い当らない。いわゆる「ジョン・フォード映画」を超えて途方もなく「ジョン・フォード的風土」から遠く離れたこの長い固定画面の言語を絶した異形の「美しさ」、それに似たものを『緋牡丹』のいくつかの長い場面はたしかにかたちづくっていた。思えば、そんな画面の構築に専念していた加藤泰は、ちょうどフォードその人がそうであったように、それまで幸福な合一感を無媒介的に弄んでいた「映画」なるものから、徐々にではあるが着実に逸脱しはじめていたのではないか。だとするなら、フォードのようにいまだ晩年に達してはいない働き盛りの加藤泰にとって、その逸脱とはどんなものであったか。

いわゆる「やくざ映画」の骨格をなしたといわれる儀式的反復性、神話的体系性、ストイックな美学、等々に対しては多くの人が語ってきたが、ではそうした諸要素がいかなるフィルムによってこの種の作品群を統一するにいたったかはほとんど論述の対象となっていないし、だいいちフィルム的形象化の問題など現象としての「やくざ映画」には無縁のこととさえ思われてきたのだ。せいぜい、山下耕作の顕著な「花」への志向や加藤泰の「果物」への執着などが、不意に「造型美」といった言葉を伴って問題とされていたにすぎない。アメリカン・ニュー・シネマのズームやスローモーションがナウな「美しさ」とやらで一部の人間を惹きつけたように、ここには「伝統」の格式の美が息づいているといった程度の言語が、加藤泰に遅まきながら開眼した連中の筆からほとばしりでたりしたものである。

だが、「やくざ映画」は明らかにひとつのフォルムを生きつつあるフィルム断片群であった。つまり、儀式的であろうが神話的であろうが、あるいは克己的であろうが、あらゆる「やくざ映画」は生きた人間を縦の構図でしか画面におさめることのない作品だったのである。そこでは、男たちも女たちも、立っているか坐っていることしかできない。そんな登場人物のひとりが横たわった姿でフィルムにおさめられることがあったとしたら、それは瀕死の重傷であるかすでに死んでいるかのいずれかでしかなかった。『博奕打ち・総長賭博』の親方が深い傷を隠してまず賭場に姿をみせ、正座したまま自分を人目にさらすことにどれほどの努力を払ったかを思い起こしてみよう。「やくざ映画」的風土とは、生きたまま寝床に身を横たえることを何びとにも許さない環境のことにほかならず、そこから端正さが生まれ落ちるのであって、つまりは安眠することのない世界なのである。したがって、「やくざ映画」は、寝ころんだ人間を画面に捉えたことがまるでなかったのだ。「藤純子＝お竜」とは、したがって眠ってはならない者、たえず醒めていて、正座するか、立っているか、歩いているか、腰をかがめ「仁義」を切っていなければならない存在となる。ましてや男のかたわらで、あるいは男の胸の中で身を横たえ、画面の右から左へとその姿を人目にさらすことなどあってはならないのだ。だが、ここで注意すべきは、そうした人物設定が、単に「やくざ映画」の主人公たちの恋に対するストイックな姿勢からばかりきているのではない。そうではなくて、「映画」なるものは今日にいたるも、「ポルノグラフィー」的な作品においてすら、愛戯の瞬間にある一組の男女をいかに画面におさめるかについて一貫して無知なのである。たしかに多くの人たちが、カメラの位置を高めたり構図をずらせてみたり、クロース・アップにしてみたりカメラを引いてみたりしても、秘部の合一から存在をあげての合一にのめり込もうとする者たちを前にして、本当のところはどうしていいかわからないというのが実情なのだ。今日のアメリカ映画の最大の不幸は、心と肉体との漸進的な接近から接吻までにいたるメロドラマ的過程を「構図＝逆構図」として制度的な技法化に成功して以来、ベッドをともにする恋人たちをいかに形象化しうるかを模索する以前に、社会的「ポルノグラフィー」の要請が、あっというまに技法を超えたところまでゆきついてしまった点に存するのだ。だから、ほとんどの映画にあっては、拘き合って立っていたふたりをただ横にして、接吻場面を撮るような愛戯をカメラにおさめるしかできないのだ。

『緋牡丹』から『人生劇場・青春・愛欲・残侠篇』〔七二年〕にはじまる長篇の時代への移行の過程で加藤泰が「映画」を逸脱したとするなら、それはまさに、横たわる人間をカメラにおさめるという、「映画」がまだ制度的に技法化しえていない領域へと足を踏み入れているからなのだ。

人は、最近の加藤泰における「濃厚なラブ・シーン」に注目する。だが、誰の目にも明らかなその事実の指摘は、ほとんどの場合、恋愛そのものが物語設定のうえで禁じられていた東映調の映画作りへの反動と、すべてが「ポルノ的傾斜」を顕著に示す時流への同調ぐらいのところでとどまっており、たしかそんな視点からの『花と竜・青雲・愛憎・怒濤篇』〔七三年〕否定論が大新聞の批評として書かれたようにも記憶している。だが、「映画」にあっては、人はそう簡単に寝てくれたりはしないのだ。そしてその事実に、加藤泰は、『緋牡丹』の長い固定場面で居心地の悪い「藤純子＝お竜」の正座の姿勢を凝視しながら気付いていったのではないかと思う。いかにして「やくざ映画」の縦の空間を横の空間に置き換えることができるか。それは、立ち、あるいは坐っていた人間をただ横にしてみせただけではいけない。それには、発想そのものを変えてしまわなければならないだろう。だが、具体的にはどうしたらいいか。

まず、背景をある程度まで消してしまわなければならない。それには、カメラをより被写体に接近させる必要がある。思いきって、これまで充分活用しえないでいたクロース・アップに近い画面を作ってみよう。だが、ただ重なり合った男と女の顔を撮っただけではいけない。むしろ、女が男の上にかがみ込んだようなかたちはどうか。問題はふたりの視線なのだ。これを上下にではなく、ななめに交わらせてみる。それにはどうすればいいか。たとえば男にけがをさせる。例の、心ある刺客の「急所をはずした」一撃というテーマを生かせば、男は死へと滑り落ちることなく身を横たえることができるし、女がそれをかばうようにかがみ込むことができる。たとえば『花と竜』の第一部の終わりで、渡哲也を介抱する香山美子が口にする強烈な生への回帰の言葉、あの美しい場面はそんなふうにして生まれたのではないか。また、刺青師倍賞美津子と渡とのラブ・シーンも、ふたりの人物設定からして、横たわった男の上に女がかがみ込む姿勢をそのまま延長させたかたちになっている。そしてこのかがみ込む女というイメージが、『日本侠花伝』の真木洋子と曽我廼家明蝶の初夜の場面へと投影される。ここでは、ふたりの年齢的な差が、横たわって待つ男の上に女がかがみ込むという姿勢をごく自然に正当化しているし、また、海軍の荷上げを首尾よく手に入れた女が、喜びのあまり夫の傷を忘れて胸にすがりつく場面にも、同じ姿勢が採用されている。いずれにあっても、男が上目づかいに見上げ、女がややはすに見下ろすというななめの視線の交錯が、基本的な構図をかたちづくることとなり、「女上位」というあの醜悪な「体位」のヴァリエーションを超えたところで、男まさりな女の生なましい活力までをも画面に担わせることが可能となるのだ。

だから、これはいうまでもないことだが、『緋牡丹』から『侠花伝』への加藤泰の発展は、ストイックにおのれの秘部を虚構化していた「藤純子＝お竜」が、誇らかな女の性を顕示する真木洋子へと発展したというだけのようなものではないのだ。加藤泰の「フィルム体験」のうえで、ひとつの不可逆的な変化が生じたのである。それは、『遊侠一匹』の「美しい」長まわしの語りが『緋牡丹』を通過してその抒情性を洗い落とし、新たに長篇の時代における視線の構造と手をたずさえながら、豊かな人間像を形象化することになったというべきものなのだ。ここにあるのは、もはや「映画」とほどよく調和した「人情」の劇ではない。また、義理の世界のこのうえもなく経済的な再構築でもない。だからと言って裸の人間がギラギラと迫ってくるというのでもなく、義理が義理となりそびれ、人情も人情となりそびれ、いずれも裏側の負の世界へと滑り落ち、凡庸なシネアストであれば素朴に女性の幸福の謳歌で終わらせてしまいそうなその瞬間、誰もが「幸福」の一語を口にしようとして不意にその言葉が声にならない恐ろしさをのみ下すときのもどかしい何ものかが、そこに残されるのだ。

『日本侠花伝』の最後はどうであったか。渡哲也が傷つき血まみれになって倒れるとき、真木洋子が駆け寄って抱きしめる。シナリオでは、「清次郎は後ざまに倒れかける。ミネが転ぶように駆け寄り、ヒシヒシと清次郎を抱きしめる」となっているが、実際の映画は、まさに後ざまに倒れた渡の上に真木がかかえるように覗きこみ、横の構図でのななめの視線による抱擁が完成している。

「お前が可哀想だ」と言う夫の曾我廼家に、真木は「幸せですから…」と泣きながら答えるのだが、その「幸せ」とは、ありえない幸福である。義理と人情に引き裂かれるがゆえにありえないのではなく、まさしく義理と人情がそのものとして機能しえない限界点に真木がきてしまっているからである。そのとき作者加藤泰も、「映画」の限界を超えてしまっているのだ。

そんなとき、われわれはいったい何をすればいいのか。再び比喩の領域に身を埋めることだろう。そして、『侠花伝』がなんのように美しいかを比喩に語らせることしか残されてはいないだろう。

そう、『日本侠花伝』は途方もなく「美しい」のだ。それは、たとえばジョン・フォードの『シャイアン』(六四年)のように美しい。視線の構図がいったんたしかな感触で捉えられてしまうと、あとはもう、フォード的なもろもろの主題が、有効性や機能的効用性を超えた領域で自由な語らいに運ばれてゆくだけで「映画」のいっさいが同時に見え、また隠れてしまうような『シャイアン』の美しさ。『荒野の決闘』の錯覚をいまだに錯覚と気付かずにいる者たちにとってはむしろ「醜い」ものと映るかもしれないあのフォードの作品は、加藤泰の『日本侠花伝』と反映し合うことによって、いま、新たな「美」の圏域に身を隠そうとしている。そう、『緋牡丹博徒』とは、加藤泰の『荒野の決闘』なのだ。そしてフォードにとってのヘンリー・フォンダは加藤泰にとっての「藤純子=お竜」に似た不吉にして尊大な役者だったのだ。しかし人は、やはりなお不吉な尊大さのほうに、手ごろな「美しさ」を求めてしまうのだろうか。

たとえば渡辺武信は、『日本俠花伝』に触れつつ「楽天的な個への信頼」といった、それだけは耳にしたくない言葉を口にして加藤泰の「映画逸脱」の構造の脇をすり抜け、「巨大なる錯覚」への執着を正当化してしまう。だが、『俠花伝』が力のこもったフィルムであり、ヒロインへの信頼が作者の想像力を駆り立てているのは違いないにしても、加藤泰の力量は、謳歌だの信頼だのを超えた地点にまで映画を引きずってしまっている点に発揮されている。つまりは、緊張ではなく弛緩の側に、人物も時代背景も装置も小道具も滑り落ちようとし、しかも落ちきれずに宙にとどまっているという点こそが、「美しい」のだ。「映画の逸脱」が、反語でも逆説でもなく宙吊りの一点でかろうじて自分を支えようとするときの透明な緊張感、それがフォードの『シャイアン』であり加藤泰の『日本俠花伝』なのだが、では、その宙吊りの世界をも否定してフォードが『荒野の女たち』〔六六年〕までいってしまったことを知っているわれわれとしては、いま、加藤泰に何を期待すべきであろうか。

鈴木則文

いわゆる「東映やくざ映画」の初期から全盛期、そしてその退潮期にいたるまでのあの湿った暗闇の厚みを、主に加藤泰や山下耕作といった才能ある監督たちの才能ある助監督としてくぐり抜けてきた鈴木則文は、その部分だけはいまだに妙な熱気をとどめているわれわれの映画的記憶の壁に『明治俠客伝・三代目襲名』の脚本家のひとりとしてわけ入ってきた名前なのだが、やがて『緋牡丹博徒』シリーズの第二作『一宿一飯』の監督としても記憶されることになったこの名前が、その後の東映が体験したたび重なる路線変更としたたかに折り合いをつけながら、ぽつりぽつりと消えていったいくつもの名前のひとつとはならずにいまも生き残り、『トラック野郎』シリーズ（七五年〜）の成功にもかかわらず妙な一流意識に囚われず、また社運を賭けた超大作などと関わりを持たずにいられるというのはまことに喜ばしい現実というべきで、決して稀なことではない失望を何度も味わいながらまた呪われた傑作といった映画を撮ってその名前が神話的流通ぶりを示しているわけでもないのに、人がこの名前をいまだに信じ続けているのは、多分鈴木則文が無類の傑作を作ったりしまいと確信しているからだろう。

傑作というだけのことであれば、彼は『エロ将軍と二十一人の愛妾』という途方もない傑作を何年も前にすでに撮りあげてしまっており、この映画史に残る一本の作品を今後の鈴木が超えられまいことは当の本人がよく知っているだろうし、またこれだけのものを作ってしまったからには、もはやその才能を映画のために浪費する気がないのも当然だろうから、あとはもう、映画に似て映画ならざる何ものかをせっせと捏造してゆくほかはあるまいと思えるし、『多羅尾伴内』〔七八年〜〕などが、さしあたってはそんな映画に似て映画ならざるものの一形態ということになるのだろう。『多羅尾伴内』は娯楽映画の原点だなどと言われたりしているが、じつは日本がこれまで持った監督の中で鈴木則文ほど活動写真の考古学的魅力といったものに背を向けた作家はいないのであって、彼には本気でお客を楽しませようなんて気持はこれっぽっちもなく、そもそも彼は映画など信じていないのだ。ありえたはずの映画への郷愁とか、ついにはありえないだろう自分自身へのあらかじめの後悔とか、戦略的に頽廃を戯れるものの押し殺した使命感といったものは彼にはかけらもない。『エロ将軍と二十一人の愛妾』ができればいますこし評価されたなら、といった程度のことは考えぬではあるまいが、そんなことが無理だぐらいは充分承知しているだろうし、そもそも理解されたなんてことがあったら薄気味悪くてもう映画など撮れないに違いない。だから誤解する権利などに期待したりはしないだろうし、B級に徹するなどといった性急さも彼にはない。おそらく、鈴木則文ほど、映画を撮っていることが必然性を欠いた人間はあるまいが、彼のすごさは、その不思議さがまるで誰の頭にも不思議さとしては思い浮かばないという点にあるだろう。実際、山田洋次みたいな人が映画を撮り続けていることは本当に不思議で、多分何かの間違いじゃあないかと思いたくなるし、またその不思議さにもかかわらず、ああしてじっと監督業を続けていると、それなりにうまくなったり図々しくなったりするものだなと感銘したりもするのだが、こんな不安定な気持へと人を誘うこともないほど、鈴木則文は徹底して映画とは無縁な存在である。彼の映画は、だから、誰にもそれと気付かれぬまま持続する永遠のストライキのようなものだ。誰も迷惑だとは思わないし、法律違反だなどとも思わない稀薄なるストライキ。あるいは誰にもそれと気付かれぬまま持続する永遠のお祭りとすべきかもしれないが、祭りといっても、『一宿一飯』の祭り太鼓のように、踊り手のいないときにもっともよく響くという奇妙な囃子しかそこには聞こえていない。だいいち、あの『トラック野郎』の桃次郎は、本当に何かを運搬しているんだろうか。寅さんのトランクには何やらテキ屋の商売に必要ながらくたがつめ込まれているが、あのトラックの中味となるとこれはもう空っぽとしか思えない。鈴木則文は空っぽの祭りという名の、ストらしからぬストライキを運搬してまわる贋の挑発者なのだ。だからといっていかにも贋だといった風情は気取られずに、一仕事を終えた——だが、どんな？——桃次郎がしけこむトルコ風呂のあのいかにもワイセツな装置のような趣味の悪さでフィルムの表層を塗りたくって、疲労した様子もみせない。これは、日本映画にとっては大変なことなのだ。日活ロマン・ポルノの撮り手たちのほうが、はるかに使命感に充ちた仕事ぶりを展開しているというのに、鈴木則文のほうは、象徴として透けてみえる使命感すらも持ち合わせていない。われわれが鈴木則文を信じ続けるのは、ひたすら彼のそうしたいい加減さゆえなのであって、だから、鈴木則文だけは間違っても本気になどなってもらいたくない。『多羅尾伴内』の最後で、仮面をひとつひとつ引きはがしながら、ついに素顔が覗くといったことだけは、どうかやめてもらいたいと思うのだ。仮面をむけどもむけども小林旭が姿をみせないような映画、鈴木則文こそそれが可能な唯一の作家だと思う。

身振りを欠いた手招き

鈴木清順の『悲愁物語』

嘘か本当か知る由もないし、また仮りにそれが嘘でもいっこうさしつかえはないが、世の中には構想何年とか長期ロケ数十カ月といった具合に宣伝される映画もあって、なかには本当に同じ風景が四季を通じて示す異なった表情を二時間何分も捉え続けるといった例もみられぬではなく、雪の山岳地帯がいきなり緑の樹々に覆われて花など平和に咲かせていたりもするのだが、そんな構想何年撮影何年といったたぐいのそれなりに一所懸命作られている作品にくらべて鈴木清順の映画が本当にすごいのは、構想と撮影に費やされる時間がほんの数十日を超えはしないというのに、と言うよりほんの数十日に限られているがゆえに、彼にあっては咲くべきところには間違いなく桜の花が咲いており、またその花が、散るべき瞬間に確実に散っていたりするからだ。それは清順が、刻刻推移する季節の表情に合わせて自分の相貌を巧みに変容せしめる資質に恵まれているというより、彼にあっては季節そのものが、ありもしない虚構としてあるからではないか。へえ、春には桜が咲いたりもするものなのか。ほお、冬には雪が降ったりもするものなのか。季節が雪や桜を運んでくるのは、清順にとってはひとつの偶然でしかない。鈴木清順は、季節のない男だ。桜が散るのは、あれは春が終わろうとするからではない。お化けがでるから散るのだ。冬だから雪が降るのでもない。お化けがでるから雪が舞ったりもするのだ。冬が雪の季節ときまっているなら、そりゃあ極寒の山岳地帯に何年もこもって雪の光景を撮り続ける人がいてもなんの不思議もなかろう。冬だから雪が降る。なるほどそれは素晴らしい発見というべきものだ。なかなか素直に信じることはできないが、まあその発見に忠実な連中がいるというのもわからぬではない。で、冬の八甲田にもやっぱりお化けは出たんだろうか。

しかしお化けを撮るのに構想何年とはちと大袈裟すぎはしまいか。大袈裟というよりそれは何よりも不経済というもので、必要とあれば桜の花や雪の粉ぐらいは撮影所の天井からいくらも降らせることができる。だいいちお化けってのは、あれは季節を選ぶほどの才覚をそなえてはいない。手招きひとつでいくらでもそのへんに姿をみせてくれるもんだ。そりゃあ二・二六の朝にも雪ぐらいは降ったろう。だが、『けんかえれじい』〔六六年〕の二・二六にお化けが出たのは雪が降ったからじゃあない。手、手が招いたからこそお化けが出現したにすぎない。ほら、両手をこんなふうにスーッと胸の前にたらしてみれば、あっちもあっちでスーッと胸の前に両手をたらして顔を覗かせる。嘘だと思ったら撮りあがったフィルムを現像してみることだ。そいつらはちゃあんと写っているに違いない。しかもお化けってやつは、いったん出てしまうと妙に陽気にはしゃいだりして、北一輝の背中であろうとあなたの背中であろうとお構いなしにへばりついてくれる。ときには赤いポストにへばりついてキョトンとした顔で焼きあがってきたりもする。へばりついたらしめたものだ。構想だのなんだのを一所懸命ねったりしなくたって、十年ぐらいは間違いなくへばりつきっぱなしでいてくれる。桜の花が十回散り、雪の粉が十回舞おうとそんなことにはおかまいなしに、そう、そんな具合に両手をスーッと胸元にたらしたまま、十度経めぐった季節にも老いたる風情すらみせない。あなたの背中にもペターリ、わたしの背中にもペターリ。その律儀な貼りつき方と無邪気な時間の耐え方は、とても官僚的などと笑ってはいられないほど深刻だ。連中、つまりはお化けたちは、からっきし間違うってことを知らない。手招きひとつで桜の下にフワーリ、雪の中にフワーリという次第。だから問題は、手、あくまでも手なのだ。季節なんかじゃありはしない。季節のない男鈴木清順はそう言いながら自信ありげに手招きしてみる。するとやっぱり桜は散っててくれたという次第だ。この調子でゆけば、アラブの砂漠にも粉雪ぐらいは舞い積もりもしたであろう。実際、清順師の手招きで画面いっぱいに散りまくる桜の花びらは、ちょっと日本的風土の季語的修辞学とは異質の世界に人を誘うものを持っている。だが、散るだの舞うだの言ってみてもオーソン・ウェルズが地下水道に倒れたあとのウィーンの並木道に枯れ葉が散りに散ったところで、フィルムの表層にお化けなどひとつも定着していないのではないのだから、清順師はやはりキャロル・リードあたりとは兵隊の位が違うわけだ。野良猫が夜の街路を走り抜けたってお化けがでるとは限らない。

しかし、お化けお化けとは言っても、鈴木清順は土居通芳とか中川信夫とか、あるいは山本迪夫みたいに幽霊の美学によって記憶さるべきシネアストではない。彼の映画でのお化けどもは、朝から晩までのべつまくなしの横行を許されているわけではなく、しかるべき瞬間に、それにふさわしい前触れがあって、やがてスーッと両手を前にたらして現われるのだ。ふつう、連中はお化けもどきの人間として姿をみせ、いかにもお化けみたいな仕草を模倣する。季節のない男が操作するお化けの群れは、お化けみたいなその仕草が唯一の同一性の保証であって、自分から衣裳や身振りを創案したり、時刻や季節を選択したりは絶対にしない。だいいち、清順映画にはお化けをどうしても認めたくない連中がうようよいる。お化けってのは、フワーッと現われてペターリと貼りつく密着的存在だ。ところが遠くから獲物を狙う飛道具使いの男たちは、一貫して距離の存在として密着的世界を拒絶しつつ画面を横切る。『殺しの烙印』〔六七年〕の殺し屋たち。彼らが殺人稼業の階層的秩序の中で選ぶ順位ってのは、徹底して距離の戯れとして姿をみせる。一位は二位ではない。ナンバー・ワンとナンバー・ツーとを隔てる距離は絶対的だし、かつまた倒すべき目標と銃口とを隔てる距離も絶対的だ。宍戸錠は息をつめて標的に視線を固定する。その銃口にペタリと貼りついて瞳を無効にする一羽の蝶。あの蝶々こそが密着のお化けだ。宍戸錠は、蝶にまといつかれて距離の世界から追放される犠牲者にほかならず、ナンバー・ワンの南原宏治こそ、距離を統御しうる反＝密着の英雄である。思えば『殺しの烙印』にしてからが、それはすでに距離と密着の葛藤だったのだ。蝶々の羽にまといつかれた殺し屋ほど、みじめな存在もまたとあるまい。宍戸錠は、当然、距離の争いにおける敗北者たらざるをえまい。だから、あのライフル銃を勃起した男根の象徴などと勘違いするのはやめにしよう。男根とはもっぱら密着に敗北すべき官能装置だし、銃とは距離に勝利すべき反＝官能装置にほかならぬのだ。

距離と密着の葛藤は、『悲愁物語』〔七七年〕ではあからさまな主題となって全篇の構造を決定している。男は距離、女は密着の存在としてあらかじめ別の世界に住まわされている。ところでゴルフのチャンピオンに仕立てあげられるヒロインは距離と密着の中間に宙吊りにされ、性を超越せねばならない。あからさまな女として美しく着飾り、あでやかに男を誘う性的魅力の持ち主である必要はない。彼女自身が蝶々として男根にピタリとまといついてはならないのだ。白木葉子という女優が、これまでの清順映画のどんなヒロインよりも美しさを欠き、かつまた美貌の欠如ぶりをおぎなう映画的技法がそこに駆使されていないのもそのためである。男たちは、その性を超えたスポーツ・チャンピオンを、距離を介して操り続け、間違っても乳くり合ったりはしてはならない。彼女を距離の世界につなぎとめておくには、テレヴィジョンという遠隔操作の装置があればもうそれで充分だ。寝っころがって釣糸でもたらしていればいいのであって、手とり足とりコーチするには及ばない。スポンサーとなった会社の企画会議に集まった男たちもただブラウン管の前に顔を寄せて眺めていれば、それだけでもうすべてはうまく運ぶ。ただひとり、徹底した遠隔操縦を信用しきれない男がいて、かつてヒロインと寝たこともあるその冴えない新聞記者は、ゴルフの国際試合の会場に姿をみせて、ゲームのなりゆきを見まもっている。誰もが原田芳雄という名で知っている俳優がそれだが、しかし彼もまた自分が距離の世界に生きる人間であることには充分自覚的だ。赤いシャツなど着込んで観衆の中にまぎれ込んでいるが、いざヒロインが疲労困憊して気を失ないそうになって地面に倒れるとき、奇妙な手の動きで彼女に信号を送る。その手の動きをごくふつうに解読すれば、立て、立てと言っているようにみえる。両手を胸の前に持っていって、そこまではお化けを招き寄せる仕草と変わりがないが、手の甲を見せて指先きを下にたらすのではなく反対に手を上に向け、要するにお化けとは正反対の合図なのだが、この仕草から倒れた女が読み取った意味は、つかれるな、つかれるなの信号なのである。胸元で両手をたらす仕草が陰であったとするなら、この原田芳雄の手の動きは徹底して陽であり、お化けを拒絶する仕草だと言える。つまるところ、彼は密着を廃し距離の回復を希求したのである。『殺しの烙印』の宍戸錠は蝶にまつわりつかれて密着の世界へと敗退するが、『悲愁物語』の白木葉子は原田がはるか遠方から送る陽の手つきの信号によって、距離の世界に自分を確立する。つまり白木葉子は、手の動きひとつで、いわば遠隔操作され、宍戸が手にしえなかったナンバー・ワンの位置を嘘のようなたやすさで獲得したというわけだ。こうした細部の符合ぶりは、『殺しの烙印』と『悲愁物語』を隔てる十年という歳月をひとつの虚構として忘れさせるに充分な確かな磁場をスクリーンいっぱいに張りめぐらせることになるだろう。だから問題は年月でもなければ季節でもなく、手の動きなのだ。手の動きひとつでお化けは引っ込んだり現われたりして、密着と距離の戯れを清順的世界に組織してゆくことになるだろう。

白木葉子を一位の座に送りこんだ原田芳雄は、いまや遠隔操作の人となる。優勝が決った晩、彼はたしかに彼女の裸身を愛撫しはじめるのだが、それ以後は背後に身を隠して、もっぱら電話で信号を送り続ける。しかし原田はこのとき、密着の世界の間諜どもがいっせいに暗躍しはじめたことをまだ知らない。彼は自分さえ距離の世界に閉じ籠もっていればそれでいいと思っているが、密着の世界の間諜どもはすでに距離の世界との葛藤を顕在化させているのだ。間諜の首領を演ずるのは江波杏子だ。彼女は、『殺しの烙印』の麻理アンヌが蝶となって宍戸の銃にまといついたように白木の車にまといつこうとする。交通事故。スターが人をはねた。しかし江波はスキャンダルの女王ではなく密着の女王だ。車にはねられて傷を負ったなら、彼女の皮膚に残された裂傷は、接近の第一歩ではないか。彼女は、貼りつくように、まといつくように、白木がかろうじて保っていた距離の世界との均衡を放棄し、その家へと侵入する契機を獲得する。仮面のような緑の顔、指にぬられたマニキュア、密着的世界の小道具は完璧に整った。相手の髪の毛にこの手で触れ、その髪を切りきざんでやる。相手にかつらをかぶせてやれば、それでもう密着の世界の優位は間違いない。あとは、お化けのような手招きひとつで、白木は密着の世界の捕虜となるだろう。そして実際、江波は、やや照明の暗くなった画面の隅から、お化けさながらの仕草で両手を胸元にたらし、いらっしゃい、いらっしゃいと白木を誘う。

だから『悲愁物語』を、郊外の急造住宅地の暇な奥さんたちが、同性のテレヴィジョンの人気者をねたんで演じる復讐譚とみるほど馬鹿げた話はない。江波杏子を首領として白木の家に侵入してくるあまたの女たちは、手招きひとつで集い寄った密着の世界の間諜どもなのだ。江波杏子にくらべてみればいささか自覚に欠けているとはいえ、誰もがへばりつき、まといつく存在なのだ。男たちの遠隔操作が捏造した畸型児に寄ってたかって触れながら、距離の世界に対する密着の世界の優位を確認し合っているのであり、いわば、いくぶんか美しさにおいて劣る蝶々の羽といった存在なのである。白木葉子は、いまや、遠隔操作の距離の世界と、無媒介的に迫ってくる密着の世界とに引き裂かれて自分の立場を見失なう。自分は、離れていればいいのか、触れていればいいのか。

この困難な状況を救うものとして少年が出現する。少年は、離れてもいなければ触れ合ってもいない垂直な存在だ。その垂直の存在は、白木葉子の引き裂かれた存在を縦に貫く。少年は、縄ばしごを伝って、何やら上のほうに暮らしているではないか。彼は距離の世界と密着の世界とをともに廃棄する垂直の暴力だ。誰かに遠方から操作されているのでもなければ、間近から迫られているのでもない。少年は桜の満開の戸外で、真正面からお告げのような言葉を聞かされる。どこの誰だかわからない少女の口から洩れる言葉を、彼は自分自身の言葉として自分の中に聞く。真正面から語りかける少女の声は、あたりに散ってゆく桜自身の声のようだ。桜は、誰も口にしたわけではない、したがって声としては響かない声でつぶやく。花弁を噴出せしめよ。花弁を氾濫せしめよ。噴出し、氾濫し、炎上せしめよ。声は徹頭徹尾垂直に少年を貫く。向かい合った少年と少女の距離は、遠ざかりもしなければ近づきもしない。少女の出現は少年のそれと正確に同時的である。ふたりは、まるでしめし合わせてでもいたように、ただ遭遇するために遭遇する。少女が縦の固定画面で捉えられれば少年も縦の固定画面で捉えられる。横から捉えられた桜の樹々を背景として少女が滑るように後退すれば、同じ光景の中を少年も滑るように前進する。そのさまは、あたかもたがいの姿を映し合うふたつの鏡のようだ。自分の反映をその表層に反映させる鏡を反映させる鏡。自分自身の声でありながら、それそっくりの反響として自分が聞く声としては響かぬ声。それこそ、距離と密着とをともに超えた垂直の暴力だ。みずからの暴力性を廃棄せしめる暴力。つまり無の声、無の映像がそこに残酷な遭遇を演じているということだ。それは、見たこともないのに懐しい光景、生きた記憶もないのに懐しい体験というべきものではないか。身振りを欠いた手招き、その仕草がいかなる軌跡をも描かぬ手招き。それは、陰陽ふたつの手の動きがそこで生成し、そこで消滅するどこでもない場所ではないか。そしてまた、「作品」の生まれ落ち、死に絶える場としてもその身振りが演じられているのではないか。おそらく、不覚にも清順映画で涙を流すといった事態は、こうした垂直の暴力に誰もがさからうことができない点からきていよう。

清順師も、すさまじい世界にまで足を踏み入れてしまったのだ。

映画的時間を目指す映画の疾走
村川透の『最も危険な遊戯』

べつだん世紀の傑作だの必見の名画だのと触れてまわるつもりはないが、村川透の『最も危険な遊戯』〔七八年〕は、とにかく素晴らしい映画だ。その素晴らしさは、すでに神話としてそのイメージも薄れはじめた日活ロマン・ポルノの初期に、『白い指の戯れ』〔七二年〕をはじめとするいくつかの佳作を撮ったことを記憶されている監督が、いま、何年ぶりかで映画に回帰し、期待にたがわぬ面白い映画を作ったという程度の素晴らしさとはわけが違う。また、それなりに期待されぬわけでもなかった鈴木則文の『多羅尾伴内』のあまりぱっとしない出来映えを比較して、こちらのほうが楽しめたという程度のものでもない。『最も危険な遊戯』は、ただそれだけで映画的記憶を不断に刺激し続けるだろう充足しきった作品なのである。たとえば仮りに村川透が『人間の証明』〔七七年〕を撮ったとしたら、角川春樹と森村誠一の名誉がある点まで救われえはしなかったろうかと思われるほど、ここでの村川透の演出は充実している。しかし『人間の証明』との比較などなんの名誉ももたらしはしまいから、仮りにジョージ・ルーカスの『スター・ウォーズ』とくらべてみるとどうなるか。ごく客観的にみて、『最も危険な遊戯』のほうがあらゆる点で優れているだろう。だいいち、画面の質が違う。音の質が違う。装置の質が違う。台詞の質が違う。演技の質が違う。照明の質が違う。要するに、監督の映画的感性が格段に違っているのだ。それなりに精緻なものであるに違いない『スター・ウォーズ』の特殊撮影よりも、『最も危険な遊戯』の戸外と室内撮影のほうがはるかに繊細であるし、かつまた同時に大胆なものだからである。『スター・ウォーズ』が退屈なのはジョージ・ルーカスにこの繊細なる大胆さが欠けているからにほかならない。だからごく鈍感なフィルム体験しかもたらしはしないのだが、『最も危険な遊戯』の場合は、どこまでも感性豊かな世界へと見る者を導く生なましさがフィルムの全篇にみなぎっている。

ことわっておくが、『スター・ウォーズ』が退屈なのは、それがたんに大がかりな作品だからではないし『最も危険な遊戯』が素晴らしいのも、それが小粒な作品だからではない。人は大型映画の素晴らしさも小型映画の退屈もともに充分知りつくしているのだから、あらかじめ『スター・ウォーズ』に敵意をいだく理由は見当たらないし、『最も危険な遊戯』をことさら特権化する理由もまた見当たりはしない。ごく素直な気持でスクリーンに向かい合った者がその一方を退屈と思い、いま一方に興奮したというまでのことである。そして、そのとき問われているのは、両者の空間把握の資質の差であり、時間意識をいかに形象化するかという能力の差なのである。題材の違いや投資された金銭の違いなどとはまったく別の次元で、村川透に恵まれていた時間＝空間の感覚をジョージ・ルーカスが徹底して欠落させているという事実は、誰の目にも明らかだろう。なぜかスペース・オペラなどと呼ばれもしてしまう『スター・ウォーズ』の映画空間のせせこましい窮屈さは驚くべきほどのものだ。自慢の宇宙活劇の演じられる場所が狭い廊下とか天井の低い室内とか細長い窪地であるとか、いずれも地下水道めいた装置の中なので、それが空の向うに拡がる宇宙のできごとだとはとても思えない。要するに、宇宙論的な身振りを欠いた単調な活劇がほとんど密閉空間と言ってよい世界で演じられているばかりなのだ。この室内競技場のような屋根の低いせせこましさがとりわけ面白いのだというのであれば話は別だが、『アメリカン・グラフィティ』〔七三年〕のあの起伏を欠いた平べったいアメリカ地方都市がそのまま拡大されただけの宇宙には何ほどの事件も起こりはしない。惑星から惑星へといたる銀河系的な時間の推移の単調さもまた驚くべきものだ。時間と空間とは、そこで、いささかも人を惑わすことのない律儀な平坦さに還元され、画面の巨大さをむなしく支えているのみである。

この退屈さは、どうもただごとではない。それはたとえばイングマール・ベルイマンの『叫びとささやき』〔七三年〕といった小粒な映画の退屈さに酷似しているからである。多分ジョージ・ルーカスはベルイマンと同じぐらいに頭が悪く、感性が鈍いのに違いあるまい。つまり、おのれの救いがたい鈍重さを聡明さと錯覚しうるもののみに可能な退屈さが『スター・ウォーズ』には充ち充ちている。鈍感さが自分自身をめぐってどこまでも饒舌になってゆくときの退屈さとでもしようか、とにかくそうしたものがこの映画の説話的持続から生きるリズムを奪っているのだ。できごとを並列的にしか配置しえぬ単調さ。嘘だと思うならちょっとでも台詞に耳を傾けてみるがよい。ここでの人物たちが口にする言葉は、ベルイマンの北欧的神学談議のそれと同じぐらいに説明的で平板なものばかりだ。

『最も危険な遊戯』にあっては、すべてが一変している。人物が疾走すれば画面も疾走する。人物が階段を駆け昇ればそれに応じて画面の視野も拡大される。瞳が遠方を眺めれば画面の奥行も一挙に深まる。人物が足をとめれば画面も苛立たしげに停滞しつつ転調を準備する。そしてそのつど、空間が説話的持続にそって分節化され、刺激に充ちたフィルム体験をかたちづくる。『スター・ウォーズ』の画面はこうした映画的運動をことごとく欠いているので、はじめから終わりまでフィルムが生なましく脈動する契機を逸し続けているばかりなのだ。

『最も危険な遊戯』が実現するフィルムの生なましい脈動ぶりを触知するには、ほんの三つか四つの場面について語るだけで充分だろう。物語は、多少とも政治的背景を持った誘拐事件に深入りする殺し屋が、その依頼主の陰謀を見抜いてこれを倒すというものだからとりたててどうという筋立てではない。政界の実力者と警察との癒着ぶりなど語られてもいるが、これとて目新しい視点ではないだろう。見る者が心から驚くのは、そうした物語が視覚化されてゆくときのたしかな造型作業である。たとえば、誘拐された人物が閉じ込められている病院へと殺し屋の松田優作がひとりで踏み込む場面の素晴らしさ。目標の三階の小部屋に達するまで、松田がどんな身振りを演じていたかを思いだそうとしてみるだけで改めて興奮せずにはいられぬほどこの場面の視覚的構造は充実しきっている。構図がどうの、編集がどうのというのではない。一階の入口から三階の小部屋まで、すべてはワン・シーン、ワン・ショットで撮られているのだが、ワン・シーン、ワン・ショットだからという理由で素晴らしいのではもちろんない。世の中には、ごく官僚的な画面処理としての長まわしがいくらでもある。ここでの素晴らしさは、カメラが決して主人公を間近に追わず、むしろ手持ちぶさたに立ちどまって視界から見失なってしまうにもかかわらず、一階の敵と二階の敵とをことごとく倒し、階段をよじ昇って三階にいたり、最もてごわい相手を殺して人質を助けだすまでの一息の運動が、まさに運動のみが持ちうる唐突な持続として描かれている点にある。まず、装置の空間的配置が素晴らしい。装置というよりたぶん現実の建物の内部なのだろうが、長い廊下があって階段はその中央に位置している。したがって、銃弾は左右から階段を昇ろうとする人物をねらって撃ち注がれるのだが、廊下の両隅には開き戸があって、松田優作はそのつど扉の向うに転がり込んでピストルをぶっ放つので、階段わきに置き去りにされたカメラが捉えるのは扉越しに激しく行き交う人影ばかりなのだ。しかも、照明が暗いので戻ってくる人物が松田その人と見きわめる余裕もないまま、カメラは上の階に昇ってゆき、そこで新たな修羅場に立ち会うことになる。暗い照明が、あの効果的な使い方という演出上の有効性を超えて生なましく感性を刺激する。なんだかわからない騒ぎでありながら、拳銃の炸裂音と閃光と叫びと人影とが、総体を着実に方向づけて三階へと集中させる。カメラがどうやら人物に追いついた瞬間、殺人者は踊り場から廊下の奥の敵をねらって銃をかまえている。階段を昇りつめたカメラが一呼吸おいて事件を同じ水準で見つめようとする瞬間、奥の敵のからだは崩れ落ち、それと同時に脇の部屋に飛び込む松田が、こちら側からは見えてはいない不可視の相手を、床に転がってしとめる姿をかろうじて視界におさめるのだ。

この空間と時間とのなんとも危うげな連繋ぶり。サスペンスは、殺人と救出という活劇的主題からくるのではなく、階上へ階上へと駆け昇る人物の運動を追いながら、いまにも空間と時間との連繋が途切れそうになる瞬間がどこまでも引きのばされてゆくときの、そのフィルム的脈動ぶりそのものからきている。そして、空間を説話的持続に分節化しようと、カメラは、被写体そのものではなく、まさに映画的時間を追うようにしてその連繋ぶりを堅持し続けているのだ。このフィルム的脈動ぶりこそ、さきほど繊細なる大胆さと呼んでおいたものにほかならない。この繊細なる大胆さを実現しえたのが、村川透の映画的聡明さなのである。映画が映画そのものに遅れまいとしてみせるほとんど無謀なまでの疾走ぶり。こんな瞬間が、『スター・ウォーズ』にひとつでもあったろうか。『スター・ウォーズ』のような映画が存在してもいっこうに差しつかえないし、それに興奮する人がいてもそれはそれでかまわないとは思う。だが『最も危険な遊戯』のこのワン・シーン、ワン・ショットに興奮せずにいることは絶対に許されない。この画面ひとつで、村川透の新作は日本映画史に永遠に記憶さるべきものだからだ。実際、ここ数年来、人はこれほど充実しきった映画的瞬間を体験したことはなかったはずではないか。

じつは、なんとか無傷で三階までたどりついた松田優作は救出の途中で人質を殺され、自分も腹を撃たれてしまう。だがやっとの思いで逃げ帰る彼の部屋がまた素晴らしい。これもセット臭のない暗い空間で、そこで待ちうけている敵の情婦とのからみが、おそらくこの映画の最も弱い部分だと思うが、人質救出に失敗した殺し屋が新たに請け負う殺人の現場となる舞台がまたなんともじつに見事である。葉の落ちた蔦のような植物がからみついた三階建てほどの洋館なのだが、ビル街にぽつんととり残されたどこか戦前ふうの建築物のイメージがなんとも鮮烈である。松田はその屋上から近くの寺に参禅しているさる大物に照準を合わせる。この、木立越しの俯瞰が生なましい。

だが、引金を引く瞬間、近くの建築中のビルの上から警官隊がいっせいに松田をねらう。そして視点は、その作戦を指揮する警部の乗ったヘリコプターに据えられる。この、不意の空間の拡大ぶりと視点の上昇ぶりが素晴らしい。もちろん単に視線が拡大し上昇したというだけの理由で素晴らしいのではない。屋上に身を隠して引金を引くその一瞬の衝撃が、空間を思ってもみない方向へと二重三重に膨脹させている点が素晴らしいのだ。活劇とは、殺人とか追跡とか破壊とかの運動を撮ることにあるのではなく、あくまで映画のフィルム的脈動ぶりそれ自体の問題だという事実を、この場面ほど雄弁に語っているものもあるまい。こうした予期せぬ空間の膨脹ぶりが『スター・ウォーズ』には欠けているのだ。空間は、膨脹もしなければ縮小することもなく、ただ与えられた大きさを律儀にまもっているばかりなのである。『最も危険な遊戯』は、この不意の空間の増大ぶりと、病院でのひたすらな上昇劇と、松田優作の自室の暗い密閉空間との共鳴現象によって豊かな空間的相貌を獲得するにいたっている。そしてその空間的変容を追うように映画的時間がつむぎあげられてゆく。そのありさまはなんとも見事というほかはない。終わり近く、警察に奪われた女を追って、松田優作は走りに走る。疾走する自動車を駆け足で追うのだから、この追跡劇は荒唐無稽と言えなくもない。だが、相手の策略であるとはいえ、ついに追いついてしまうのだからその荒唐無稽ぶりは徹底している。そして埠頭での対決が終わると彼は再び駆け出す。松田優作は、まるで空間と時間との連繋が途切れることを怖れでもするかのように走るのだ。そのさまは、映画がみずからの説話的持続を必死に追い求めているかのようだ。『スター・ウォーズ』に欠けているのはこの運動である。ジョージ・ルーカスはついに映画的時間に追いつくことなく、宇宙的体験を取り逃してしまっている。それは決定的な錯誤というべきだ。繊細なる大胆さによってこの錯誤をかわしえた村川透の聡明さこそ、いま、映画が必要としているはずのものである。

画面という名の表層

満友敬司の『俺は田舎のプレスリー』

稀有の才能に恵まれた大型新人が出現したとか、その第一作が映画史に残る傑作であるとか得意げに触れてまわるつもりはないし、またこのお盆興行の裏番組を戦術的に持ち上げることで『男はつらいよ 寅次郎わが道をゆく』〔七八年・監督山田洋次〕をこきおろそうとする魂胆も持ち合わせてはいないが、しかし満友敬司の『俺は田舎のプレスリー』〔七八年〕は正当に評価さるべき貴重なフィルムだと思うし、いま最も必要とされる種類の映画ではないかという気がする。ここには今日映画を生きることで存在が蒙る痛みが色濃く影を落としており、しかもその痛みとの戯れを芸のない諧謔や迫力を欠いた居なおりで避けて通ろうとする安易さを厳しく排してもいるので、その姿勢に思わず共感するものには、ひたすら感動をもって受けとめるしかないきわめて倫理的な映画なのだ。実際、企画の段階から配役の選定、そして脚本の推敲といった過程で、この新人監督が処女作にふさわしく身仕度を整えようとする道はことごとく断たれていたというべきだろう。ごく曖昧なかたちで人気を得たあるレコードの題名の一部を頂戴し、口実としての物語の舞台装置をその曲を歌っている歌手のなまりから想定される地方に設定するというのは、これまで何度か飽きずに繰り返されてきたいかにも安直な映画づくりのパターンだ。新人としてデビューする人間が持っているだろう映画的感性をいかなる意味でも刺激することのない題材であるに違いない。だが、『俺は田舎のプレスリー』が正当に評価さるべき貴重なフィルムだとしたら、それは、満友敬司がこうした絶望的な条件を潔く耐えてみせたからではもちろんない。今村昌平だって『西銀座駅前』（五八年）といった歌謡映画を撮っているのだし、野村芳太郎の『昭和枯れすすき』（七五年）も決して悪い出来ではなかった。ロジャー・コーマンのような才能ある兄貴分に恵まれているわけではない日本で、スティーヴン・スピルバーグやジョージ・ルーカスのような幸福なデビューぶりを演じてみせる機会などありようはずもない。誰もがこうした苛酷な試練を耐えながら監督になったりなりそびれているのだから、絶望的な条件をくぐり抜けてみせたというだけのことで、満友敬司を特権化する理由などありはしない。むしろ山田洋次の原案を映画化しえたという点で世間的に言うなら彼は恵まれた新人だとすべきなのだろう。

　だが、現代の日本が通過しつつありまた今後も通過し続けることになるに違いないこうした絶望的な状況によって免罪されることなく、『俺は田舎のプレスリー』はそれ自体として積極的に評価されねばならないし、また山田洋次その人の手で撮られなかったことを心から喜ぶべき感動的なフィルムである。感動的なと言っても、この映画は『幸福の黄色いハンカチ』（七七年）のような感動的な映画ではない。その意味でなら、むしろ抒情を排した乾いた感触の映画というべきだろう。誰かに泣いてもらおうといった魂胆で脚本が書かれた形跡はないし、演出もそうした側面を強調したりはしていない。間違いなく喜劇として着想され喜劇として撮影されているのだが、それでいて、ごく些細なきっかけで涙が流れはじめると、あとはもうとめどもなく流れ続けるしかないような映画なのだ。実際、田舎の駅を二輌連結の電車が離れてゆくというだけの光景で人を泣かせてしまうような映画はいまどきそう沢山は存在しない。発車の直前、遠くにいささか焦点のぼけたかたちで捉えられている倉庫から豆粒のような工夫がふっと姿をみせて袋のようなものの塵埃をたたいて姿を消すのだが、その豆粒ほどの工夫の出現が演出なのか偶然なのかと問う以前に、涙がどっと溢れだしてとどまるところを知らず、だからあとはもう、瞳を濡らす涙の向う側に何か夢のように画面が推移してしまうのだが、まあ、そうした個人的な事情はどうでもよろしい。ごく当然の職業意識と言ってしまえばそれまでだろうが、しかし多くの職人がその義務の遂行を放棄しているたったひとつのことがら、つまりひとつひとつの画面が着実にひとつのシークエンスたりうるという映画的美徳を満友敬司は律儀に追い続けているのだ。『俺は田舎のプレスリー』は編集の映画ではない。バッド・ベティカーの映画のように、あるいはジャック・ベッケルの映画のように画面の映画なのだ。そして今日、画面の映画に接しうることは、まことに貴重な体験なのである。

たとえばブライアン・デ・パルマは、大林宣彦のように編集の映画しか撮ることができず、だから緊張を欠いたその映画は、たえず鈍重な視覚的効果に頼るしかない冗長なフィルムとなって映画的感性を絶望させるのだ。ことわっておくが、ここで画面の映画と呼ぶものは、ときに感覚的とか審美的とかいわれる映像主義、つまりはクロード・ルルーシュや斎藤耕一などとはいっさい無縁のものだ。この種の映像主義とやらは、じつは編集によって物語を語っているにすぎず、そこには画面が徹底して欠けているのである。編集の映画とは、映画への無自覚なシニスムの表明にほかならない。そのシニスムに真に自覚的になりえた場合にオーソン・ウェルズの『フェイク』が生まれるのだが、そこから奇妙な教訓が導きだされてくる。感覚的＝審美的な映像主義の作家たちは、自分が編集の映画を撮っていることに気付かず、したがって編集が無惨なまでにへたくそなのだ。ことわるまでもなく、それは編集者の責任ではない。そしてこの教訓にふさわしい画面の映画『俺は田舎のプレスリー』は、近来になく充実している。つまり満友敬司の第一回作は、黙るべきところで口をつぐみ、しゃべるべき瞬間には口を開くという、題材の如何にかかわらず作家が心得ておくべき最低限の慎みに貫かれて、きわめて貴重な映画なのだ。おそらく、学習会のあとのスナックでのゴーゴーのシーンを除けば、これはほぼ完璧な画面の映画となっている。成功した画面の映画の特徴として、人は、もっと見ていたいという呆気なさとともにフィルムと別れを告げねばならないという事実が挙げられる。最盛期のバッド・ベティカーの映画が、もっと見たいという欲望を宙吊りにして終わらなかったことがあるだろうか。ブライアン・デ・パルマの『フューリー』〔七八年〕や大林宣彦の『ふりむけば愛』をもっと見続けたいと思う人がいるだろうか。

知ってのとおり、『俺は田舎のプレスリー』の物語は単純きわまりないものだ。この単純さがすでに貴重である。『ふりむけば愛』の冗長さは物語が単純でない点からきているし、単純な物語であってしかるべき田中登の『人妻集団暴行致死事件』が十五分は長すぎると思えるのも、映画がいかに単純さを避けて通っているかの証拠ではないか。『俺は田舎のプレスリー』の場合、東大を出てパリへ留学していた東北の田舎の秀才が、性転換の手術を受けて女になって戻って来たことから、その帰還を待ちうけていた村人たちが混乱に陥るさまを物語の中心に据えている。分校に数人の生徒しかいない僻地の農村が想像させがちな風俗のいっさいを排除した人物設定や舞台装置の選択には、ある種の皮肉な観察が込められているが、それとて社会情勢を色濃く反映させるといったものではなく、すべてはこの単純な物語を単純に語ることにつきている。役者狂いのご隠居は、ソファーに寝そべって祟りじゃーと困惑する。ベンツを乗りまわし、ステレオで美空ひばりを聞きながらコーヒーをすする父親は、どう対処すべきか見当もつかない。弟は、兄さんと呼びかけていいのか姉さんと呼ぶべきかで深刻に悩む。かつての恋人は絶望する。要するに、荒唐無稽の怪物の出現を前にして、誰もがうろたえ、右往左往するほかはないのだ。その畸型の怪物を華やかに演じてみせるのがカルーセル麻紀である。多分こういうのを適役というのだろうが、演技の質を超えた存在感で画面の中央に彼女が位置するとき、それに対する周囲の反応が物語を支えることになるのはいうまでもない。ご隠居が嵐寛寿郎、父親がハナ肇、弟が勝野洋、かつての恋人が鮎川いずみ、昔の友人で分校の先生が橋本功という配役だが、このチームワークはかならずしもよくない。多分大江健三郎であれば、そのトリックスター理論を補強するのに恰好の題材だと狂喜するだろうが、日本の映画的感性がこれをごく凡庸に処理したなら単なるゲテモノ映画にしかなるまい。そして、いかにもゲテモノ映画につき合っているという感じのハナ肇と鮎川いずみだけが作品を信じきってはおらず、勝野洋と橋本功とがいい味で作品を支えることになる。いい味でというのは、演技の質が充実しているか否かといった問題を度外するにしても、その表情とその身振りひとつで、画面の映画にふさわしい説話的磁力をあたりに波及しうる被写体になりきっているということだ。

たとえば橋本功は、かつての飲み仲間だったカルーセル麻紀を学校の宿直室に誘ってふたりで語りあかそうということになる。この場面はじつに素晴らしい。一升ビンを何本も転がした部屋で橋本は酔い潰れて寝てしまうのだが、彼らがすごす何ごとも起こらぬ一夜を、満友敬司は正確に三つのショットで示しているのだ。カメラはいずれも同じ位置に固定されたままで、眠り込んでしまった橋本とその姿を見まもるカルーセルの位置だけを微妙にずらせた場面を、沈黙のオーヴァー・ラップでつないでいる。奥の窓から見える戸外の風景だけが、時間の経過を伝えて徐々に明るくなってくるばかりだ。おそらく、これほど見事なオーヴァー・ラップは、『革命前夜』〔六四年〕のベルトルッチ以来、世界の映画に出現していないと思う。省略による説話的持続の有効な統合でもなく、劇的緊張がふと弛緩する瞬間を効果的にやりすごす技法でもなく、ただ、引きのばされた時間を時間意識の顕著な介入も借りずに引きのばして視覚化してみせたこの場面ひとつとっても、満友敬司の映画的感覚がいかに繊細なものかがわかるだろう。橋本功をいかにも安心しきったように寝入らせるだけで、またカルーセル麻紀をいくぶんか挑発的な姿勢で、しかしその挑発の無償性に自分でなかば戸惑っているような表情のまま横たわらせるだけで、彼はこの畸型の怪物と思われた存在と故郷との瞬時の再会を描ききっているのだ。そして画面の映画が編集の映画にもまして編集の技法的な冴えをきわだたせるものであるかを立証してもいるのである。多分、これは近年の日本映画でもっとも充実した画面であると思う。

まるでオーヴァー・ラップで結ばれた三つの画面そのものに満足したかのように、カルーセルは心理的にはごく唐突に故郷を去る。いささかあっけなく思われるほど唐突に訪れたこの親友たちの別れが素晴らしい。先刻述べておいた鉄道の駅の場面がそれである。快晴の夏の日の午後、小学生の鼓笛隊と消防団員のプラカードによる歓迎の人混みの中を、日傘をさしてプラットホームに降りたったその同じ駅から、カルーセルは妙に晴れやかな表情で去ってゆく。雨でも降ったのか、あたりの光景は湿っており、その湿った風景の奥のほうで、不意に例の豆粒のような工員が姿をみせて消えてゆくのだ。もちろんそこにはいかなる比喩も象徴もない。また、偶然の介入によるレアリスムの強調が意図されているわけでもない。あの、徐々に明けてゆく夜を捉えたオーヴァー・ラップの余韻が、この寡黙な別れの光景を感動的な別れに仕立てあげているのだ。ここでの感動が、抒情に湿った心理的な感動でないことはいうまでもない。人はただ画面と編集とに映画的感性が揺さぶられる思いがするのだ。

勝野洋もまた、橋本功同様に動きを奪われた存在だ。彼は、テキサスともリポビタンとも異なる自分の存在に戸惑いながら、まるで狐にでもつままれたような表情で、消防車を引く鈍足の馬をせきたてる。この、アクションで売りだしたテレヴィ出身の俳優は、田舎のプレスリーとしての役柄にどこまでも合点がゆかなかったようだ。だが彼は、適当につき合っているハナ肇とは違って、この合点のゆかなさだけをとことん信じきっているようにみえる。そして満友敬司は、勝野洋のこの居心地の悪そうな、それでいてその原因をつきとめがたい戸惑いを、記録映画のような簡潔さで画面に定着させている。その結果、勝野洋は、『真夜中のカーボーイ』におけるジョン・ヴォイトのような感動的な表情を微妙に推移させることに成功したのだ。

たとえば彼が、兄というか姉というか、とにかくカルーセル麻紀のかつての恋人をなぐさめに、その居間に通じる階段を昇ってゆくときの表情はどうか。誰にも会いたくない、そっとしておいて頂戴と言ってレコードを聞きながら自室に閉じ籠もる鮎川いずみは、演技する彼女も、また彼女が演ずる人物もあくまで繊細さを欠いて通俗的である。だが、その対応ぶりを階段の上の廊下で黙って聞き、そのまま階段を降りようとする瞬間の勝野洋の表情は、どこまでも繊細である。その繊細さは、周到な演技設計が、何かといえば誰もが口にしたがる男の優しさとやらを過不足なく彼に演じさせたことからくるものではもちろんない。また、ただ単に演技者として途方に暮れた瞬間を監督が巧みに画面におさめたというのでもない。それは、演技者が演技者としての自分を発見してゆくときの驚きと、その驚きと同調しつつ自分の映画的感性を造型化してゆく映画作家との、幸福な遭遇によってはじめて可能になる画面の磁力ともいうべきものだ。たとえば『ふりむけば愛』の大林宣彦が定着させた山口百恵の表情は、編集の映画にふさわしい心理の顔である。それに対して『俺は田舎のプレスリー』の勝野洋の表情は画面の顔である。画面の顔には心理的陰影といった虚構の深さを背後に隠してはいない。陰影そのものが表層に露呈しているのだ。そして真のアクションとは画面に露呈されたこの陰影にほかならない。大林宣彦に欠けているのは、この稀薄な表層としての画面の磁力である。だから『ふりむけば愛』はどこまでも鈍重なのだが、『俺は田舎のプレスリー』はこの鈍重さをかなりの部分までまぬがれているのであり、これはやはり感動的なことと言わねばなるまい。不幸にして、画面の顔を確信しえないハナ肇や鮎川いずみがいささか不器用に心理の顔に固執してしまっているので、均質なトーンが維持されているとは言いがたいが、田圃の中の道を消防馬車が駆け抜け、林檎畑の間をモーターバイクが滑り、土手を学校の子供たちが走り、しかもそうした場所の移動が物語の経済原則の優位を特権化もせず、観光的絵葉書の単調さにも陥らず、スローモーションやズームを排しながら画面の映画の呆気なさに同調してゆくさまは、やはり感動的なのである。あれほど乗りものが走り人物たちが走り動物が走りながら、満友敬司は、ついに画面の運動と、編集や視覚効果が強調する虚構の運動感覚とを混同することがなかった。この自覚と、それを造形化しうる才能はかなり驚くべきものと言ってよい。

たとえば虚構の運動感覚を排して画面の運動が見事に実現されているのは、カルーセルがパリに去ったあと、ともに秘かな愛情をいだいていた鮎川いずみの東京行きを知らされた勝野洋と橋本功のふたりが、夕暮れせまる薄暗がりの中で、蜂に刺されながら黙って夕飯を食う固定画面である。とり残された者同志の男の友情とか、深い落胆の抒情的共有とかいった心理の顔はここにはなく、ただ室内の暗さと、さし向かいの男たちのややゆき違った身振りと、背後に拡がる戸外の風景の漠たる表情とが、フィルムの表層で生なましく戯れ合っているばかりだ。この場面は、もっと続けばよいという欲望を見る者に駆り立てる。それは何かがそこに欠けているからではなく、過剰な何ものかが処理しきれずに残されたからでもなく、画面がひたすら画面の表層に露呈されたまま現在を更新し続けているので、その持続する現在に映画的感性を同調させるものが、映画的現在を生きる運動をなおも持続させたいと願わずにはおれない点からくるものなのだ。早く終わればいいと願わずにはいられない映画ばかりが氾濫し、鈍重で冗長にスクリーンを占有している今日、『俺は田舎のプレスリー』は、ほとんど反時代的な映画として人を映画的郷愁へと誘う。実際一時間十分程度の日活ロマン・ポルノでさえ、長すぎることが多いのはなぜだろうか。べつだん満友敬司をゴダールに比較して持ち上げる気はないが、『勝手にしやがれ』の衝撃は、それが呆気ないほど短かくてもっと見続けたかったことからくるものではなかったか。

性転換の手術を受けた突拍子もない存在が東北の寒村に舞い戻ってひとびとを混乱に陥れるという題材は、もちろんそのえげつのなさゆえに、ある種のイタリア喜劇的風土に近いものであろう。ディーノ・リージあたりの監督なら、性転換という発想をその図太い下品さでしつっこい笑劇に仕立てあげたにちがいない。マリナ・ヴラディの『女王蜂』〔六三年〕とほぼ同時期に頬髭のある女の話をアニー・ジラルドで撮ったマルコ・フェレーリであれば、そのグロテスクな側面を執拗に強調しながら、悪趣味ぶりをブラック・ユーモアの果てまで引きずっていったことだろう。もちろん健全なる寅さんと同時上映の松竹映画である限りにおいて、また発想源となった歌の陰影を欠いた無邪気さが無邪気さであるだけに、『俺は田舎のプレスリー』はあらゆる意味での不快さへの志向を奪われている。だから、性の逆転という素材の開発ぶりがあまりに徹底性を欠き、中途半端な出来映えだといった否定的見解が投げかけられるのもわからぬではない。もっともっと荒唐無稽な混雑さに徹して良識に手痛い一撃をくらわすべきではなかったか。だが、こうした非難はそれ自体が編集の映画の側からの発想にすぎず、画面の映画に徹することの挑発性への無自覚さからきている。男が想像妊娠するという同質の題材を扱ったジャック・ドゥミの『モン・パリ』〔七三年〕の惨憺たる出来映えと比較しても満友敬司の名誉にはなるまいが、しかし『俺は田舎のプレスリー』の作者が、題材でも物語でもなく、ひたすら稀薄な表層としての画面に徹しきったことで映画に何をもたらしたかを人は改めて考えてみなければなるまい。画面に徹するとは、繰り返すが、審美観と手法とも異質の、映画の現在を生きる姿勢の問題だ。この映画がある種の呆気ないもの足らなさの印象を残すとしたら、それは作者が良識と妥協して不快さを避けて通ったことからくるのではなく、画面というこのうえなく稀薄な表層で自身を支える身振りが、名人芸の綱渡りのように感動的に重力を超えたものだったからだ。おそらく、作者自身が充分すぎるほど自覚し、また後悔もしているだろう幾多の欠点にもかかわらず『俺は田舎のプレスリー』が正当に評価されねばならぬのは、そうした理由による。

吸血鬼への書かれなかった手紙

曾根中生『わたしのSEX白書・絶頂度』

　曾根中生や脚本の白鳥あかねの側にその意図があったか否かは到底知りえないし、また知ったところでどうということもないのだが、一九七六年度の日活ロマン・ポルノにとどまらず、近年の日本映画の弛緩しきった地盤にとって不可解な陥没点としてあり続ける『わたしのSEX白書・絶頂度』と呼ばれる作品はもはや棲息の地を失なって地底に潜伏することになった不幸な吸血鬼たちの貧しい延命の試みをフィルムにおさめたものにみえる。男も女も全員が身分を偽って素知らぬ顔で白昼の日常世界に埋没し時をかせごうとするが、世をしのぶ仮りの姿とはいえ習性というやつは恐ろしい。いまだイニシエーションの儀式を充分にくぐり抜けることなく故郷を離れねばならなかった女吸血鬼の三井マリアは、日本の首府のとある総合病院に採血係の看護婦として潜入し、合法的に他人の血を吸いとる体験を日々反復している。何十何番、何の誰々さんというごく事務的な言葉があたりに響くと、奇妙なことに誰もが中年すぎの冴えない男たちが袖をまくった腕を彼女の前に素直にさしだす。みんな濁ったような貧しい血液ばかりで、鮮やかな処女の生血などにはとてもめぐり逢えそうもない。彼女は、不機嫌な顔でその単調な吸血儀式を耐えながら、日本列島の各地にちらばっているだろう仲間たちからの合図をじっと待っているかのようだ。

この何十何番、何の誰々さんという言葉の義務的な繰り返しは、もの悲しくも滑稽である。総じて、このポルノを装った吸血鬼映画の台詞は、簡潔な命令口調で勧誘だの禁止だのの儀式性を強調している。「しゃぶれ！」の一語を発するのは、自分がまだ吸血鬼の一族であることに無自覚な三井マリアの弟である。「弟」として紹介されているが、じつは身分のほどは定かでなく、王国崩壊の際にマリアが連れて逃げた遠縁の男、あるいは従兄の子といった者かもしれないこの青年も、予備校生を装いながらぬけめなく仲間のひとりを姉が勤務する病院に送り込み、同族らしい看護婦に「しゃぶれ！」と命じてその血液を吸いとらせてしまう、ただしこれは、白く濁った血液で首筋の傷から流出するのではなく股間に位置する可塑的な管から噴出する。このあたりが、地下に潜伏した吸血鬼どもの悲惨な倒錯性を鋭くついた場面でなんとも面白い。「弟」はギターなどつま弾きながら野辺の送りの歌を歌う。

興味深いのは、この白く濁った液体を乾燥させると何やら覚醒剤めいた白い粉になるらしいという点だ。「弟」は秘かにその運び屋のようなことをやって「姉」と離れた昼間の時間をやりすごしている。ついでに、白い血を吸う儀式を残らず写真に撮って、かなりの商売をしている男がいる。彼は一匹狼めいた暴力団ふうのなかなか立派な表情をしているが、この益富信孝こそ間違いなく亡命吸血鬼の生活ぶりを監視する正真正銘の吸血鬼だ。だからこそ、同族と見抜いた「弟」の面倒をそれとなくみてやっているのに違いない。映画は、このやくざを装う吸血鬼が夜の一仕事を終えて朝帰りする光景からはじまっている。この冒頭の数ショットは、工業地帯にそって走る私鉄電車の線路や踏切りを配し、その沿線のごみごみした家のたたずまいなどをとおして現代日本を吸血鬼として生きることの困難を生なましく浮きあがらせている。彼は、隠れ家へと向かうだらだら坂を大儀そうに登りながら、どうしても同族としか思えぬ女を目にとめて強く惹きつけられる。それが採血係の三井マリアである。彼女も何ごとか気配を察してか、窓辺で歯を磨く仕草を演じながら合図を送っている。女のアパートの外景を望遠レンズで捉えたショットは、途方もなく美しい。たったひとつだけ開いた窓から、自分が血を吸うのにたけた口唇的な女であることを相手に伝え、しかも他人にそれとさとられまいと音もなく戸を締める場面こそ、異国に暮らす亡命者同志の息を潜めた遭遇の悲しさを痛いまでに描ききった卓抜なイメージであり、このイメージによって観客たちは身を隠してしか暮らしえない故郷喪失者の悲惨な物語にどっと埋没してゆくことになる。曾根中生の技巧は冴えているし、悲惨さへと注ぐその視線も抒情に湿ることなく適確な距離を堅持し続けている。つまり、この荒唐無稽な素材と生真面目に向かい合おうとする作者の姿勢に、見る者は心から感動するのだ。まるで、曾根中生自身が日本映画と呼ばれる異国の地でなんとか生き延びようとする不幸な吸血鬼のうちに自分の姿を投影しているかのような妙な現実感があたりに漂っている。いかにして白昼の日常世界に潜伏するかの術は、師と仰ぐ鈴木清順の言動から詳細に聞き及んでいるのだろうが、まあここでは、この美しい作品のうちにそうした作者の精神の状況の透視図をさぐるのはさしひかえておこう。問題は、監督や役者、そして裏方の全員にまで生き延びることへの真面目さが感染し、いやがうえにも感動を高めているという点だ。

たとえば、この映画での唯一の非吸血鬼族を演ずる芹明香の真剣な滑稽さはどうか。彼女は内縁の夫でじつは吸血鬼の贋やくざによって九州に飛ばされるが、その命令に素直に従う。そして留守中に完璧な吸血鬼へと変身を遂げた三井マリアと素裸の吸血儀式を演ずる内縁の夫の尻をぴちゃぴちゃとたたきながら「ねえ、やめて、ねえ、やめて」と力なくつぶやく。そこには異質の二文化が交わり、そこに生まれる緊張や葛藤を冷たく見つめる視点が露呈していて、現代の差別論者が凝視すべき重要な場面を構成している。日本に住みながら、ひとりの日本人がいかにして日本人たることをやめうるかという現実の、きわめて衝撃的な一瞬が実践されているからである。鈴木清順的アナーキズムの見事なる七〇年代的定着とでもしようか、とにかくこの三人の素肌の男女のもつれ合いが、性器による侵略と屈服とは異質の、ひたすら口唇的な吸血の儀式としてあった点は見逃されてはならない。『絶頂度』とは、犯し犯されるというポルノ的概念をはるかに超えて、いかに吸うか、吸いとるかをめぐる困難な試みを描いた吸血的倫理に貫かれた映画にほかならない。三井マリアが採血係の単調な試練をいかにして乗りきり真の吸血女に変容したかを思い起こしてみるなら、注射針を受けつけない腕を持った男の出現によってついに潜伏した地下組織の末端との接触に成功し、どうやら商事会社重役を装っているらしい吸血国の亡命大使の前まで招き入れられその股間の可塑的な管から、白く濁った血液を大量に吸いとって顔一面をぬるぬるに塗られることで、イニシエーションを完成させていたではないか。今日の日本映画にこれほど簡潔な題材を古典悲劇に似た一貫性を持って描ききった作品はまず存在しまい。そんなときに、『嗚呼！花の応援団』の二部作や『淫絶未亡人』〔七六年〕について語る余裕はとてもあるまいと思われるのだ。と、まあそんな内容の手紙を曾根中生に書き送ろうとして下書きを作ってはみたのだが、何十何番、誰々さんというあの呼び声に素直に裸の腕をさしだす勇気がまだ自分にはないので、そっとその紙片を破り捨てて素知らぬ顔で病院を離れてゆく。

V章

ゴダール的記憶の現在

否認する視線の劇
ゴダールによるゴダール　あるいはベラスケスの薄明を透して

見る人としてのゴダール

だが、一本の映画は、まず誰かに見られていないとしたら、したがって上映されることがなかったとしたら、作品でもなんでもないのだということを、断じて忘れぬようにしようではないか［註1］

それはイメージのうちにイメージそのものの註釈を含んだイメージなのだ［註2］

作品は、今日、あらゆる分野でますます純度をまし、鮮明な、そして簡潔な輪郭を求め、透明なフォルムにおさまろうとしているのに、その姿がいたるところで稀薄化し、混濁し、畸型に堕してゆくかにみえるのは、ひとびとが、作品を作品そのものの証しとして凝視することを忘れ、いたずらに作品以外の言葉でその表面を曇らせる作業に徹しきっているからにほかならないが、じつは、ゴダールも証言しているように、生まれて初めて見た映画がたまたま『十月』〔二八年・監督エイゼンシュテイン〕であった子どもたちは、「多分映画というものに面くらったかもしれないが、『十月』に面くらいはしなかった。（中略）あのめまぐるしいモンタージュにも、弁証法的モンタージュにも面くらいはしなかった」〔註3〕のであり、だから作品とは、虚心な視線の前にその全貌をさらすことを、決して拒むものではない。

「わたしは壁についての映画を作りたい」と断言するゴダールにとって、重要なのは、何かひとつの光景を凝視することであって、「それが壁であってもかまわない。（中略）壁をじっと見ている。すると、ついにはそこにさまざまなものが見えてくる」〔註4〕のだから、すべてがはじまるのは視線を一点に固定する瞬間からなのだ。しかも、「撮影すべきことを発見するのは撮影を通じてである」〔註5〕と言うゴダールにしてみれば、何を見るべきかに関してあらかじめ深められていたはずの思考も、何が撮られていたかをめぐる反省のかずかずも、凝視する視線の前にはまったく無力な精神の遊戯でしかなくなるだろう。だから、見つめている壁面いっぱいに動くイメージとしての作品が投影されはじめると、彼は『十月』を前にした子どものような無心さで瞳をこらすのであり、たとえば「方法として人の心を捉える」という『ペルソナ』〔六六年・監督ベルイマン〕の感動を語る場合のように「ただ見ているだけであまりに美しいので、この方法を次の映画で利用してやろうと言わずにはいられない」〔註6〕気持に駆り立てられるのだろう。

ここで明らかなのは、見ること、とりわけ作品を見ること以前に映画の「方法序説」はありえず、またそれ以後にも書かれうる可能性は存在しないということであり、だからこそ、ゴダールは、「美であると同時に美しさの秘密であり、映画であると同時に映画とは何かの説明になっている」〔註7〕『恋多き女』〔五六年〕の作者ルノワールに無限の敬意を込めて脱帽するのだ。

それゆえ、すべては見ることから、作品に虚心な瞳を向けることからはじめねばならず、そうすることによって「タシュリンによってタシュリンを解き明かそう」〔註8〕としたゴダールを、今度はわれわれがゴダール自身によって追求する姿勢をとりうるのであり、だから、今後この文章の中に引用されてゆくだろう批評家ゴダールの書き残した厖大な論文や時評類、あるいは作家ゴダールの数ある証言などは、それを作品理解の手がかりとしたり、あるいは新たなシネアスト像構築の基盤とする目的で選択されたものではないということを、まず明らかにしておかねばなるまい。いくらそんな言葉を丹念に拾い集めていったところで、パゾリーニの映画理論を「ベラスケスを論じたミシエル・フーコーの文章のように美しい。ただしその必要性となると疑問だ」〔註9〕と判断するゴダールなら、映画の虚構性を恰好の隠れみのとして身軽に網の目をかいくぐり、ついにわれわれの前にその存在をさらすことなく、フィルムの海へと埋没してしまうだろうから、むしろ、その発言を作品にまといつく不純な要素としてとり払い、ゴダール神話を切り崩すことによって、作品を作品本来の姿に還元しようとする仕事に専念しなければならない。

そうした作業の手はじめとして、われわれは、まず最初にゴダールが視線に捉えられた瞬間を問題にしなければならないが、それが『勝手にしやがれ』にめぐり逢った日付や場所を過去に遡って確かめることでないのはいうまでもあるまい。

人は自分が感じとっており、しかも秘密として白状してしまいたくないものしか眺めはしない[註10]

われわれにとってゴダールがはじまるのは、いつもながらの馴れ合いからつい身をまかせてしまった劇場の暗闇で、その虚構性を納得ずくで信じていたはずのまばゆいスクリーンに、これからミシェル・ポワカールになろうとしていたベルモンドの、というよりまだベルモンドですらありえなかったベルモンドの曖昧な、それでいて奇妙に鮮明なイメージを見てしまった瞬間からであり、その瞬間にはいかなる虚構もまぎれ込む余地はない。そこでわれわれの知覚が衝撃として受けとめたものは、ゴダールがジョルジュ・フランジュを讃える文章で問題にしていた執拗な視線、つまり「人間の表情と事物の上にじっと注がれ、そこに深い刻印をおしてしまうようなカメラの眼」[註11]であり、そしてそのカメラが正面から見据えたものは、キャフェのテラスらしい奥まった地点に身を潜め、壁を背に、決して読んでいるとは思えない新聞を画面いっぱいに拡げて人目を避けながら、鼻の先までたれている帽子のひさしを透かすようにしながら時折り視線を左右に走らせ、待つとはなしに何かを待っている、かなり投げやりな表情のベルモンドなのだ。「俺はどうかしている……。だが、やるからにはやらねばならない」というナレーションにもかかわらず、そこにはいかなる決意の跡も認められず、すべては曖昧であり、われわれが感知しうるものは、待つという宙吊りの時間を生きる意識の苛立ちを示す、むしろ伏目がちな視線の動きばかりであり、やがて、その方向は一点に集中しはするものの、ベルモンドは、送られてくる無言の合図に瞳でゆっくり応じながら、ボガートを気取って唇を軽く親指でこすってから、いかにも億劫そうに腰をあげるのだが、もしもゴダールがヒッチコックについて語ったように、「待つこと、つまり充たすべき真空地帯」[註12]がサスペンスであるとするなら、また「自分の周囲に視線を投げることが自由に生きること」[註13]にほかならぬとするなら、「サスペンス」が「自由」の同義語たりうる不思議な世界を、われわれはまのあたりにしたことになるのだ。

だが、ベルモンドの視線がむしろもの憂そうに追っていた女の姿を遠景に捉える逆の構図に、大型のアメリカ車が滑り込んで来るとき、その視線は、不意に凝視の対象とめぐり逢った喜びで生気に充ちてくるのだが、その瞬間、われわれは、愛すべき無頼漢といった表情の怠惰な存在が、自動車を盗むという行為を通じて突如鮮明な輪郭を獲得する過程を目撃するのであり、それは、「偶然に向かって開かれているがゆえに、すべてを表現することが可能で、しかもあとからすべてを否認しうる視線」[註14]の劇を身をもって生きたことにほかならず、だから獲物をうかがう『極北の怪異』のナヌークのように、「自分をさいなむ欲望を時間の流れに同化させ、失敗を苦悩に、怖れと悔恨とを喜びに転じ、空間を不安が直接感知しうる場に変貌させよう」[註15]とする無意識の努力を、ベルモンドとともに傾けていた自分を実感するのだ。

おそらく、ゴダールにおける「方法序説」は、ひとつの曖昧さが突然その瞬味さの衣を脱ぎ捨てるこの瞬間を目撃してしまったわれわれの中に、はじめて存在しはじめるのであり、たとえ『気狂いピエロ』や『中国女』がそれ以前に発表されていたとしても、この決定的な一点を通過することなしには作品としてのフォルムを獲得しえなかったろうし、彼が残したさまざまな発言の意味するものも、この体験と照らし合わせてみない限り解明されることはないだろう。

ただ人は思っていたとおりのものを正確に実現するとは限らない［註16］

『勝手にしやがれ』に着手する一年ほど前、ちょうど『シャルロットとジュール』や『水の話』を撮っていた一九五八年に、ゴダールは、世界に注ぐ視線の動きの違いによって「自由な映画」と「厳格な映画」が存在すると想定し、その両極にベルイマンとヴィスコンティを据えている。

ベルイマンをはじめとしてロッセリーニ、オーソン・ウェルズに代表される自由な映画作家にあっては、「周囲に起こっていることがらを知るには、何度も不意に頭を起こし、あるときは左に、そして右に顔を向けねばならず、視界に入ってくるものを何度か見まわさなければならない」［註17］のだが、それに反してヴィスコンティやヒッチコック、あるいはフリッツ・ラングなどの厳格な映画作家たちは、いささかも見まわしたりはしない。彼等は凝視する（原文イタリック）のである。関心を惹く一点を正確に捉えて注意を集中するのだ」［註18］。

こうした表現は、パゾリーニの映画論を批判するゴダールの口からいみじくも洩れたように、「エルマンノ・オルミのショットは散文的で、ベルトルッチのショットは詩的だ」という表現と同様、「たしかにすっきりとしている」［註19］ことは認めうるのだが、それを作家ゴダールの理論として無自覚に受けいれてしまうなら、結局は「〈論理性〉の罠に陥って、みずからがんじがらめになる」［註20］

ことは明らかなのだから、われわれは、このゴダールの視線をめぐる分析を、『勝手にしやがれ』の冒頭で演じられた視線の劇との関連において批判することからはじめねばならない。

たしかに、ベルモンドは、ベルイマンのように視界にはいってくるものを見まわしていたが、われわれは、左右に揺れていたその視線が、あるとき、ヴィスコンティのように、一点を正確に捉えて集中するさまを目撃したのであり、この曖昧な視線から凝視する瞳への一瞬の推移は、「瞬間的なものから出発する瞑想」[註21]にほかならぬベルイマンであると同時に、「これ以上に自分自身にはなりえない出発点を変貌させてゆく」[註22]ヴィスコンティそのものであり、だから、作品は理論を否定し、というよりそれを乗り超えた地点から存在しはじめているのだが、それにもかかわらず、ゴダールの理論が作品によって完全に破産しつくされないのは、そこに自分はベルイマンを見た、ヴィスコンティを見た、ウェルズを、ラングを、ヒッチコックを見てしまった、彼らの視線の劇を目撃したのだという喜びが、誠実な証言となってちりばめられているからである。「映画が人生を再現するものであるなら、自分の周囲を眺めまわす人間を撮らねばならない」[註23]という言葉は、したがって、ジャン・コレが指摘するように、ゴダールが下した映画の定義ではなく、『間違えられた男』〔五七年〕で「時間の推移のみに注意を惹かれるこの視線（…）の美しさ」[註24]に見とれてしまったことの純粋な告白なのであり、また「演出が視線であるとするなら、編集は心臓の鼓動である」[註25]といういささか格言めいた文章も、ハワード・ホークスを見ることによって、「瞳の動きが持っているあの人工的な偉大さを愛すること」[註26]を憶えてしまった人間の、もはやあとにはひけない居なおりの表現でしかないだろう。

「わたしの映画の中で警官が悪人にピストルを撃つというような場面を使ったとしたら、それはそんな光景を（中略）何かの映画で見た記憶があったから」〔註27〕だと言い、また『勝手にしやがれ』の中のピストル、これはアメリカ映画からきていることにわたしは気付いてい」〔註28〕ると告白するゴダールにとって、見てしまったことが決定的なのであり、そこには、何か悔恨に似た感情すら漂っているのだが、また、自分は見ることのできる人間だという自信のようなものも感じられぬではなく、その意味で、新聞紙上の写真を手がかりに殺人強盗の容疑者ベルモンドを密告する役を彼自身が演じていることはきわめて重要だし、また、ジャック・ベッケルの思い出について語りながら、「メルセデス三〇〇ＳＬのハンドルを握っているベッケルの写真と、『怪盗ルパン』〔五六年〕の最初のショットをくらべてみさえすれば、ロベール・ラムルーが彼の肖像そのままであることに気付くではないか」〔註29〕と指摘するゴダールは、壁をじっと睨みながらそこに浮かびあがってくるものがなんであるかはっきりと見きわめる視力と忍耐力の持ち主であることは間違いあるまい。

『勝手にしやがれ』（ジャン=リュック・ゴダール監督）

そうだとすれば、われわれが『勝手にしやがれ』の巻頭で読み取った「方法序説」は、すでに「周囲を見まわす」映画があり、「一点を凝視する」映画が存在し、しかも自分は見ることの魅力を知りつくしてしまった以上、さらに映画を見続けるにはどうすればよいのかという迷いを含んだ問いかけであり、だから、「芸術であると同時に芸術の理論」[註30]である作品を提供しうるルノワールのあの豊かな微笑ではなく、むしろ「映画とは何かという問いに答えるかわりに、ひとつひとつの画面が新たにその同じ痛烈な疑問をつきつける」[註31]ベッケルの険しい表情に似たものをそこに認めるべきなのだ。

書く人としてのゴダール

だが、あまりにながくひとびとを凝視し続けていると、いったい眺めてなんの役に立つのかと思わずにはいられなくなるのもたしかであり、それを避けることはむずかしい[註32]

最初に書いた評論は、映画の発見であると同時にわたしの小説の処女作でもあった[註33]

ひとつの事件を目撃した者にとって、それがたとえ偶然にせよ意図的であったにせよ、見てしまったことは否定しがたい事実であり、その場に立ち会いえたという秘かな喜びは、やがて悔恨に、そして証人たることの怖れへと変質してゆくものであり、だから、シネマテークの、あるいはカルチェ・ラタンのシネ・クラブの薄暗がりから抜けだした若いジャン＝リュックは、進んで証人となる道を選ぶのであるが、それはおそらく、喚問される怖れをいだく以前に、見てしまったことの幸福と悔恨とを自分の中で解消するためであったろう。

「シネ・クラブやシネマテークに通うことは、すでに映画の言葉で思考し、映画について考えることだった。書くこと、それがすでに映画を撮ることだった。なぜなら、書くことと撮ることの間にある違いは、量的なものであって、質的なものではないからだ」［註34］とあとになって語っているように、彼はまず、「自分を映画作家と自覚しながら」［註35］、書くこと、つまり批評家の道を選択したのである。そして、すでに自分の手から離れてしまったシャルロットに向かって、その口から決定的な言葉が発せられる瞬間を永遠の彼方におしやろうとしてしゃべり続けるジュールのように、ゴダールは精力的な批評活動を展開することになるのだが、それは一九五〇年の「ガゼット・デュ・シネマ」誌のハンス・リュカの署名記事からはじまり、五二年には「カイエ・デュ・シネマ」誌への定期的寄稿者となり、五八年からは、週刊紙「アール」にも進出して、トリュフォーと組んで戦闘的な時評家の姿勢を確立するにいたるまで休みなく続けられる。

そこには、まず「古典的デクパージュの擁護と顕揚」、「編集、この心ときめく気苦労」といった理論的な文章があり、続いてヒッチコック（『間違えられた男』『見知らぬ乗客』『知りすぎていた男』）、ニコラス・レイ（『無法の王者ジェシイ・ジェイムス』〔五七年〕『にがい勝利』〔五八年〕）、フランク・タシュリン（『スカートをはいた中尉さん』〔五五年〕『画家とモデル』〔五五年〕『底抜けのるかそるか』〔五六年〕）、ヴァディム（『大運河』〔五七年〕）、ダグラス・サーク（『愛する時と死する時』〔五八年〕）、ジャック・ベッケル（『モンパルナスの灯』〔五七年〕）、アンソニー・マン（『西部の人』〔五八年〕）等を扱ったかなり綿密な作品分析があり、続いて溝口、ベルイマン、ロッセリーニたちの作家論を通じて自己の映画観を模索する論文もあり、また「共感できる」(『現金に体を張れ』〔五六年・スタンリー・キューブリック〕)、「素晴らしい」(『いとこ同志』〔五八年・監督シャブロル〕)、「驚嘆に値する」(『私は黒人』〔五八年・監督ジャン・ルーシュ〕)、「見事というほかはない」(『壁にぶつけた頭』〔五八年・監督ジョルジュ・フランジュ〕)のごとく、短い項目にまとめられたジャーナリスティックな紹介文もあり、さらに、「カイエ・デュ・シネマ」の作家辞典のために執筆したブレッソン、ジャック・タチ、チャップリン、リチャード・リーコック、ジョナス・メカス、オーソン・ウェルズなどの項目も含まれており、最後に、ルノワールやアストリュックを相手に選んだインタヴューがあり、ゴダールの批評家としての活動はほぼこの六つの分野に限られると思うが、どんな工夫をこらしてここに挙げられた名前を組み合わせてみたところで、われわれの視点はいたずらに混乱するばかりで、決して作家ゴダールの肖像を捉えることはできないだろうし、だいいちそれは、シャブロルにヒッチコックに関する著作があり、トリュフォーがヒッチコックとの対話を一編の書物にまとめあげたというだけの理由で、彼らの作品に『サイコ』〔六〇年〕の作者の影を認めたといって得意がるのと同じぐらいに不毛ないとなみではないか。

われわれが指摘しうる確実な事実は、ゴダールがこれだけの作品を見てしまったということであり、しかも「カイエ・デュ・シネマ」派の批評家の特質が、「もしその映画が好きならそれについて語るし、その映画が嫌いであれば、悪口を言うのをさしひかえる」[註36]ことであるならば、彼はこうしたひとびとの映画をことごとく愛してしまったということであるにすぎない。さらに、「重要なのは、才能のある者とない者とを見わけることであり、もし可能なら才能とは何かを定義するか、説明する術を心得ていることだ」[註37]とも言っているのだが、この定義、あるいは説明という点に関して、はたしてゴダールの批評文が充分な説得力を持っているかどうかは疑わしいし、彼自身もそのことにはうすうす気が付いているかのようだ。

「映画の歴史を通じて、〈これは最も美しい作品だ〉という言葉でしか批評したくないような映画が五、六本ある。そういう言葉以上に立派な讃辞はありえないからだ。実際、『タブウ』〔三一年・監督F・W・ムルナウ〕について、『イタリア旅行』〔五三年・監督ロベルト・ロッセリーニ〕あるいは『黄金の馬車』〔五二年・監督ルノワール〕について、どうしてそれ以上のことを言う必要があろうか？（中略）こうした作品について、〈これは最も美しい作品だ〉と言ってしまえば、もうそれでおしまいなのだ。なぜか？　そうすることしかできないからだ。そしてこうした子ども染みた理論は、映画だけが顔を赤らめずに援用できるものである。なぜか？　それが映画だからである。そして映画は映画以外のものを必要としないからだ。ウェルズについて、オフュルスについて、ドライヤーについて、ホークスについて、キューカーについて、そしてヴァディムについてさえ、彼等の功績を讃えるには、〈これが映画だ！〉と言うだけでことたりるだろう」〔註38〕

ここに引用した文章は、「なぜわたしを見つめるの？」というパトリシアの問いに、「それは、俺が君を見つめているからさ」とミシェルが答える、『勝手にしやがれ』の一シーンのように、決して単なる直観を文体の綾でつつみ隠した言葉の遊技ではなく、理論をいったん放棄しながらも、なおかつ見つめていることを相手に伝えずにはいられない精神の苛立ちを表現したもので、「演劇（グリフィス）があり、詩（ムルナウ）があり、画家（ロッセリーニ）があり、ダンス（エイゼンシュテイン）があり、そして音楽（ルノワール）があった。だが、今日は映画がある。そしてその映画というのは、ニコラス・レイのことだ」［註39］という表現や、「フランス映画を作るにはいくつかの優れたやり方がある。ルノワールのようにイタリア式にやるか、オフュルスのようにウィーンふうにやるか、メルヴィルのようにニューヨークふうにやるかである。だが、ジャック・ベッケルだけがフランスふうにフランス的であった」［註40］のごとき言い方や、あるいは、「映画を作るにはいろいろなやり方がある。（中略）無声映画時代に話し言葉を操る小説を書いていたシュトロハイムのようにするか、彫刻をやるアラン・レネのようにするかである。そしてまたソクラテスのように、というのはつまりただ単に哲学を講じているロッセリーニのようにするかだ」［註41］という文章と同様に、そこには分析もなく叙述もなく、ただ映画に対するひたむきな信仰告白と、これ以上映画を愛するにはいったいどうしたらよいのかというせっぱつまった疑問が「できごとに関する批判的な解釈というべきビュトールの小説といったかたちの批評」［註42］として提出されているばかりなのだ。

誰でも生きている人間なら、自分の気にいったものを引用するものだ［註43］

「わたしが批評を書きはじめた時期には、映画の発見と同時に批評の発見があった」［註44］と述懐するゴダールは、いわば祖先と両親と兄弟と自分自身とを同時に認識しなければならない幸運と不幸とを背負って生まれてきたのであり、それは言い換えれば、映画とは何かを問うことではなく、映画にとって自分はなんなのかという疑問から出発しなければならない少年の特権的な苦しみでもあった。「「カイエ・デュ・シネマ」グループがあり——またアストリュック伯父貴も、カストも、レーナルトもいたが、彼はちょっと別だ――そして、レネ、ヴァルダ、マルケルのいわゆる左岸派を加える必要がある。またドゥミもいる」[註45]という大家族につつまれた自分の位置を確かめながら、祖先の残したもろもろのイメージを見つめることが、ゴダールにおける批評活動の出発点であった。「リヴェット、ロメール、トリュフォーに対して、もちろん自分は彼等とは違った存在だと感じはするが、われわれは、映画に対してほぼ同じ考えをいだいている。（中略）たとえその違いが大きかろうと、われわれは全員批評家だったので、相異点よりも共通点を認めることに慣れている」[註46]という証言は、おそらく批評家ゴダールの基本的な姿勢を示しているだろう。

「自分が好きな映画についてしか語らなかった」ジャン＝ジョルジュ・オリォールの、「当時としては感受性の鋭い、知的で、精彩のある人間が書いた批評」[註47]の時代が終わったあとに、はじめて「映画の言葉で思考し、映画について考えた」アンドレ・バザンが、「好きな映画とは何かを分析してみせた」[註48]のを目撃したゴダールは、おそらくそこに父の姿を認めたのであり、だからこそ、「批評は、ルーシュとエイゼンシュテインとを同時に愛することをわれわれに教えてくれたのだ」[註49]と誇らしげに言いきることができたのだろう。

それにもかかわらず、「映画はいつはじまるのか？」という形而上学的命題の魅力にさからいがたいゴダールは、「おそらく他の芸術と同じようにフォルムがスチルになる瞬間だろう。（中略）スチル……何と言ったらいいか。それは意識が自分に与える現実感だろう。それはまた、ヘーゲルによる自由の定義でもあると思うのだが」[註50]と自信なげに口ごもるのだが、映画の生まれる瞬間がいささかも明らかにはされていないこの曖昧な文章にあって、重要なのは、うろ憶えのマルローの美学や読みかじったメルロー＝ポンティの現象学の一句によってしか問題を捉えられない理論の弱点を指摘することではなく、もはや、見続けることばかりでは映画が愛せなくなってしまった人間の苦悩をこそ読み取るべきであり、今後ゴダールの作品の重要な構成要素となってゆくだろう「引用」、「挿入句」や「インタヴュー」の手法の萌芽を認めるべきなのだ。

　あくまで映画に忠実であろうとする批評家ゴダールは、あらゆるものを読み、あらゆる言葉を聞き、あらゆる音楽に耳を傾けることの必要性を、そしてときには凝視する姿勢を中断する必要性までをも批評を通じて学んだのであり、それはたとえば、『中国女』におけるフランシス・ジャンソンとアンヌ・ヴィアゼムスキーの対話シーンを、「ただひたすら傾聴する。眼をつむってもいいから、ともかく聞いてくれること」[註51]を観客に懇望する言葉によっても明らかであるが、今日では明確な方法のひとつとして意識されるにいたっている実際の人物との対話シーンに必要なこの瞳を閉じるという概念そのものが、じつはゴダールにとってはすでにひとつの「引用」であるという点にわれわれは注目したいと思う。

　事実、ゴダールは、ふたりの主人公が、「爆撃下のベルリンで、ただひたすら無邪気に眼を閉じていたおかげで、結局のところ、今日の映画のいかなる作中人物よりも深く自己の存在の内部にまで到達している」[註52]『愛する時と死する時』の美しさについて語りながら、おそらく彼にとってはさして問題にならないであろうある小品の中で、浜辺でボーイ・フレンドと戯れる少女の口から、「あたりがすっかり闇につつまれるように、まっ暗闇になるように眼をじっと閉じようと思うのだけれど、うまくいかないわ」[註53]という言葉が洩れるのを聞いて感動したことを思いだしている。そしてその感動、つまり聞いてしまったという衝撃は、明らかに「『悲しみよこんにちは』〔五八年〕の続き」〔註54〕を演ずるプレミンジャー的人物の引用にすぎないジーン・セバーグを通じて、『勝手にしやがれ』の中にそっくりそのまま再現することによってしか解消することのできない、甘美さに充ちた心の痛みなのである。「悲しみと虚無とを並べるなら、わたしは悲しみを選ぶだろう」というフォークナーの言葉を引用したばかりのパトリシアが、突然ミシェルに向かって、「あたりがまっくらになればと思って一所懸命に眼を閉じようと思うのだけれど、うまくゆかないわ。どうしてもまっくらにはならないの」とさりげなくつぶやく感動的な瞬間をわれわれははっきり記憶しているではないか。

が、ここで強調しなければならないのは、瞳を閉じることが、ゴダールがついに軽率に口を滑らしてしまったように「ただ無条件に外界が消滅すること」〔註55〕を目指しているのではなく、またその言葉にうかうかと乗せられたジャン・コレが指摘するごとく「夢への執着」の姿勢でもなく、その後のゴダールの作品が、フォルム自身の力としてわれわれにつきつけることになるようにさらに画面を見つめ、映画への愛をまもり続けるためのひとつの試みとして、仮りにイメージ以外の言葉に耳を傾けることでしかなかったのだから、完全な闇が訪れないのはごく当然のことだろう。

『勝手にしやがれ』ではメルヴィルを、『女と男のいる舗道』ではブリス・パランを、『軽蔑』ではラングを、『恋人のいる時間』〔六四年〕ではロジェ・レーナルトを、そして『ベトナムから遠く離れて』ではゴダール自身の言葉を聞いたわれわれは、だから、理論としては眼を閉じているべきだったのかもしれないが、現実には一時的に、そしておそらく無意識のうちに凝視する視線を休息させていたにすぎないのであり、したがって、ここでもわれわれはゴダールの言葉にまどわされることなく、作品自体へ、とりわけ『勝手にしやがれ』を無心に見つめることへと還ってゆかねばならないだろう。なぜならそこには、凝視を中断することへの誘惑が、あるときは日常的時間に組みいれられたかたちできわめて繊細に、そしてあるときには時間と空間とを超えたかたちで強烈に、いずれにしても理論を拒絶する衝撃的な感動として明らかに示されているからだ。

たとえばバッド・ベティカーの西部劇が上映されている劇場の暗闇で、ゴダール自身の声によって朗誦されるアラゴンの詩の一節が、不意にスクリーンの台詞と音楽とをかき消すように響き渡るのをわれわれはベルモンドとセバーグとともに聞きはしなかったか。そしてそのとき、抱擁し合うふたりは、決して画面に見入ってはいなかったではないか。ただ、かたく眼を閉ざし、おたがいの存在を確かめ合っていたではないか。また、彼等に破局が訪れる前夜、モーツアルトのクラリネット協奏曲のレコードを聞きながら、眠りに就こうと誘うパトリシアが、「眠るって悲しいことね、一緒に寝ると人は言うけど、結局は別々に眠るのだわ」とつぶやきながら微笑む瞬間のクロース・アップの美しさをわれわれは忘れてしまったのか。そして、画面がすっかり暗くなったあとも、なお鳴り続けていたクラリネットの旋律を、人は単なる抒情的な伴奏音楽としてしか聞かなかったのか。そして最後に、腰を撃ち抜かれて舗道に倒れたベルモンドが、みずからの手で眼を閉じて死んでゆく瞬間を、滑稽な笑いによってしか見まもることはできなかったのだろうか。

こうしたたとえようもなく甘く、そして限りない悲痛さに充ちた瞬間に立ち会いながら、すべてを見ることからはじめねばならないのに、結局は見ることを中断せざるをえないという、前提そのものを否定するかたちで提示された「方法序説」を、というよりむしろそれが破産へと向かう現実を読み取らずにはいられないわれわれは、そこに、「美であると同時に美しさの秘密」でもあったルノワールを完全に克服しえたゴダールを、つまり「美であると同時に美しさの拒絶」を身をもって生きえた批評家が作家に変貌する過程を認め、その脱皮の瞬間をただ美しいと思う。

撮る人としてのゴダール

映画には、おそらく何か楽天的要素があるだろう。もしもニコラ・ド・スタールが映画作家だったとしたら、おそらく彼は自殺しなかったかもしれない[註56]

ヌーヴェル・ヴァーグは、もはや存在しない映画への愛惜と郷愁からもなりたっている[註57]

「たて続けに一〇時間も壁を眺めていると、ついには壁に関して無数の疑問が生まれてくるが、それでも壁は壁でしかない。人は無意味な問題を捏造してしまうのだ。それだからこそ、映画の作品は一連の素描でもあるのだ。ひとびとを自由に活動させせねばならず、彼らをあまり長時間に渡って凝視していてはならない。そうでないと、もう何もわからなくなってしまう」[註58]という言葉は、おそらく、映画の中で生まれ、映画を見ることによって自己を確立し、なお映画そのものであり続けようと願うゴダールが、批評活動を通じて導きだした唯一の、そしてきわめて貴重な結論だろうが、そこには、愛の対象を凝視することが、結局はそのイメージを曇らせ、混乱させ、ついには見ている主体そのものまでをも解体してゆく危険を察知した者の体験が生なましく語られているとみていいだろう。

事実、「ゴールドウォーターを支持するジョン・ウェインを憎悪している自分が、『捜索者』〔五六年・監督ジョン・フォード〕が終わる直前の巻で荒あらしくナタリー・ウッドを抱きかかえる瞬間のウェインを、なんともいえず愛してしまうのはどうしてだろう」〔註59〕と彼自身が不思議に感じているように、作品というものは、知らず知らずのうちにわれわれの拠って立つ基盤を侵し、その思考を錯乱させ、ついにはその存在の内部に不気味な空洞をうがつ魔力を秘めてさえいるのだ。だから、凝視する姿勢を放棄しなければならず、過去に見てしまったものはもはや存在しない映画としてせいぜい哀惜の念を込めて記憶の底に隠すことで満足し、その後は視線が捉えるものを解放し、それに自由な動きを回復させることからはじめる必要があるのだが、それは、とりもなおさず、われわれが、『勝手にしやがれ』で読み取った「方法序説」とその「破産」とのあいだに拡がっている時間と空間とを無限の可能性をはらんだ場として想定することであり、もはや見ることへの誘惑も断たれ、暗黒の闇への失墜も許されないゴダールは、ただ、他人の視線にさらされる危険のみを感じながら、そこへ踏み込んでゆくほかはないのだ。

「わたしは、すでに自分の知っていることをするより、何か知らないものを捜すことの方が好きだ」[註60]とも言い、また、ベルイマンの方法について、「未知の土地を進み、危険のありかを知り、冒険し、恐怖をいだくことは困難なことだ」[註61]と高く評価しているゴダールではあるが、それでも実際にこの土地の入口に立ったとき、つまり、ベルモンドが人目を避けた視線を左右に投げはじめてから、自分でその眼を閉じてしまうまでの永遠の一瞬に、彼の意識が示した気まぐれな歩みを捉えようと身がまえる場合、彼にわかっているのはどうしていいのかわからないということばかりなのだ。「わたしは意識の流れをフィルムにおさめようと努力したのだが、どうすればそこに到達しうるのか？　それはあいかわらず誰にもわかってはいない」[註62]という告白が、なによりもその自信のなさを証拠だてているだろう。『われは黒人』は、自由な世界に自由な視線を自由に投げかける自由なフランス人の映画だ」[註63]とジャン・ルーシュを絶讃した批評家ゴダールは、ロッセリーニのひそみにならって、「映画を撮るには、自由なひとびとをフィルムにおさめればそれでよいのだ」[註64]などと宣言してしまったあとで、「波や液体がどんなものであるかを説明できずに水の中に飛び込まなければならない」[註65]自分を発見して驚くのだ。

　こうした不安な状況に立たされたゴダールは、『勝手にしやがれ』にとりかかったとき、結局、郷愁に救いを求めることしかなかったのであり、「わたしは、よく見ていた他の作家、つまりプレミンジャーやキューカーたちの画面を参考にして画面を設定した」[註66]という証言や、「フリッツ・ラングのように、それ自体として素晴らしい画面構成をねらったが、成功しなかった」[註67]という告白からもうかがわれるとおり、ゴダールが考えていたのは、「使い古された物語から出発して、それまでに作られたあらゆる映画を、それとは違ったかたちで作りなおそう」[註68]という野心だったのだが、にもかかわらず、われわれが見た『勝手にしやがれ』は、単なるパロディの形式をとった祖先帰りの試みとは似ても似つかぬ斬新な作品になりきっている。そのこと自体に驚いたゴダールは、「出発点において、わたしはふつうのアメリカ的なレアリスムのギャング映画を作りたかったのですが、実際は何かまったく非現実的なお伽噺めいたものとなってしまい、自分でもよくわからないのです」〔註69〕という言葉で逃げをうっているのだが、われわれはそうした証言をもはや証言と認めることなく、再び作品そのものを見ることによって、この奇怪な変貌ぶりの秘密を解明しなければならず、だから、そこにハワード・ホークスの『暗黒街の顔役』〔三〇年〕の思い出を投影することによって局面を好転させようとする姿勢など、敢然と拒否しなければならない。

それは冒険家たちを描いたというより、むしろ冒険についての映画なのだ〔註70〕

「『勝手にしやがれ』では、撮影期間を通じてずっと主題を捜し求めた。そして、結局ベルモンドに興味を惹かれたのだ。彼を一種の塊として眺め、その背後に何が隠されているのかをさぐるために、彼をフィルムにおさめる必要があると思ったのである。セバーグは、それとは逆に、わたしが気に入ったいろいろな仕草をやらせてみたいひとりの女優だった。それは、わたしの映画愛好家としての側面からきていたものだが、いまではもうそうした側面は失なってしまっている」〔註71〕

　この言葉からはっきりわかることは、ゴダールが、その出発点において囚われていた映画を愛する者としての姿勢、つまりあまりにも多くのものを見てしまった人間としての過去への執着を清算して、役者としてのセバーグではなく、ひとつの曖昧な存在としてのベルモンドに注意を集中し、そのあとから「走っていってものを聞きだす」[註72]インタヴュアーの役割を演じながら、未知の土地を駆け抜けようとする決意を固めたという事実であり、それは映画を、もはや愛情の対象としてではなく、自分の存在をすっかりつつんでしまう生活の環境として、またその環境そのものが、自分にとってつねに住み心地のよいものではなく、あるときはこちらの平衡感覚を乱し、あるときは異様な臭気に充ち、あるときは危険な毒気を漂わせ、あるときは不気味な深淵が口を拡げているといった、一瞬一瞬が死への契機ともなりうる試練の場として、つまり自分にとって敵なのか味方なのかさえ判然としない戦場として意識しはじめたことを意味しているだろう。

それはちょうど、いたるところに密告者の目が光っているはずのパリの街を、もう、冒頭の場面のように人目を避ける様子も示さずに、ときにはハンフリー・ボガートの肖像を無心に眺めいり、あるときは便所で金を奪い、張込みの警官を楽しげにまき、また嫉妬からというにはあまりにも無邪気にパトリシアを尾行し、その逢いびきのシーンを目撃すると臆病そうに引き返し、かからない電話に苛立ち、同じベッドに寝ながら自分の腕からすり抜けていってしまうような女を前にして悩み、そしてついにその愛する女によって裏切られるベルモンドの、自由なというにはあまりに限界のありすぎる、そしてシャブロルの人物の奔放さに比較すればあまりにもはじめから苛酷な条件を背負い込んでいる無秩序な行動の世界を、自分のものとして受けとめたことにほかならない。そして、そこに生きる人間は、究極的には自由を求めながら自由がなんであるかを知らず、また知ろうと努力する瞬間には自由の敵との闘いに専念しなければいられない生の描きだすためらいと、疑惑と、怖れと、希望とが交錯するほとんど無意識な選択に悩まねばならない。『気狂いピエロ』の中で「映画とは戦場だ」と言い放ったサミュエル・フラーの言葉を敷衍しながら、「映画を撮るということは（中略）住民の残っている土地を進んで行く軍隊のそれにも比較すべき冒険なのだ」[註73]と定義するときのゴダールは、作家として何かひとつの明確な思想を作品の中に表現するという態度をきっぱり放棄している。「達すべき目標、それは映画だ。だがひとたび撮りあげられると、それは過程にすぎず、目標に向かってのびる道程にしかすぎなかったことがわかるのだ」[註74]と言っているからである。

戦線を横切ること、それはあらゆる敵の視線に身をさらすことであり、そこで生き延びるために必要なのは、一点を凝視することでもなく、眼を閉じることでもなく、周囲一帯に均等な注意を向けることであり、それは、『気狂いピエロ』の冒頭でわれわれが耳にしたあのエリー・フォールの美しい文章「ベラスケスは、晩年になると、もはや明確なものの姿は描かなかった。彼はそのあいだにあるものを描いていたのだ」が表現している世界そのものの中に身を置くことだ。方向すらたしかでない空間を通過する場合には、ものとものとの関係を頼りに自分の位置を認識するほかはなく、しかもその認識の仕方は無限に存在するが、その方法を定義することは不可能で、ひたすら個人的な体験を土台に模索することでしか道は開かれない。だからこそ、この段階において、「一本の映画にはなんでもつめ込むことができる」[註75]という楽天的な姿勢と「それは映画ではなく、映画への試みだ」[註76]という慎重な言いまわしとがゴダールの中に同時に生まれてくるのだろう。

「『勝手にしやがれ』にはレアリスムが欠けていた」[註77]というゴダールの言葉に信頼をおくなら、

いまみた戦場としての映画という概念は『気狂いピエロ』以後はじめて明確に意識されたものだということになるが、では、あの自動車強盗ミシェル・ポワカールは、なにひとつ明確なものの姿を掴むことなく、ものとものとの間の曖昧な空間を迷ってはいなかったのか。彼の苦悩の表情は、じつは本物ではなかったというのか。パトリシアの微笑の奥に、彼は何かたしかな感情を捉えていたのか。彼女を美しいと呼び、醜いと言い、卑怯だときめつけ、最低だと罵倒する自分自身が、それではどんな気持をいだいていたか、彼は知っていたのか。女をイタリアに連れ去ることを本気で望んでいなかったのか。すべては曖昧だったではないか。また、金を用立ててくれそうなベルッティの居場所をつきとめるまで、彼はどれだけの人間に逢い、どれだけのキャフェを訪れ、どれだけの電話をかけ、どれだけの危険を冒したか。それでもなお、求める男の姿は捉えられなかったではないか。ミシェルにとって、パリの街は、パトリシアとベルッティ、つまり女と金というあまりに明確な事物のあいだに漂う、あのベラスケスの広大な夕暮れの暗さではなかったか。男は、自分が何に惹かれ、どこへ行くのか知っていたというのか。ただその闇の中を、焦燥と、期待とにさいなまれながら、手さぐりで揺れ動いていたのではないか。そこには、すでに「幻のように、鏡のように……、フランを横断した」フェスルディナンとマリアンヌの『地獄の季節』がありはしなかったか。それは、映画という戦場に立って、「次第〳〵にまったく混乱した観念をいだくようになり、だから映画を作るということは、この不明確な観念とはいったいなんであるのかをさぐっている」[註78]『気狂いピエロ』の作者そのものであったではないか。

われわれがはじめて出逢ったときの『勝手にしやがれ』は、決してゴダールの言うように『不思議の国のアリス』[註79]を思わせる夢物語ではなく、明らかにひとつの「映画への試み」であり、すでに「冒険についての映画」を超えた冒険そのものになっており、あたかも第二作が撮られることを拒絶するかのように自足しきった存在でありながら、その後のあらゆる作品を、サミュエル・フラーを、ベラスケスを、そしてこれまでに引用されてきた無数の発言をもすっかり包括しつくすほど豊かで充実したフォルムとして輝いていた。そのとき、作品はすでに作者の手を離れ、たくましく自分の生を生きており、その後にかたちづくられていった虚構としてのゴダール神話をかたくなに拒み続け、映画の中で占めるべき位置をみずから発見していったのだから、『エル・ドラド』（六六年）のホークスが『リオ・ブラボー』（五八年）について試みたように、あるいは『怪人マブゼ博士』（六〇年）のフリッツ・ラングがと言ってもよかろうが、もしゴダールが『勝手にしやがれ』を改めて凝視し、傾聴し、さらには「引用」する偉大な自由を持ちうるとしたら、それは間違いなく彼自身がゴダール神話の虚構性から脱却する、かけがえのない瞬間であり、また、ニコラ・ド・スタールが蘇生する美しい瞬間ともなることだろう。

註（すべての引用はゴダールの発言あるいは文章による）

1「アンリ・ラングロワの功績」〈ヌーヴェル・オプセルヴァトゥール〉61号　六六年一月十二日　2、3「〈ピエロ〉について語ろう」（ジャン＝リュック・ゴダール第二のインタヴュー）（以後「第二」と略）〈カイエ・デュ・シネマ〉（以後「カイエ」と略）171号　六五年一〇月　ジャン＝ルイ・コモリ、ミシェル・ドラエ、ジャン＝アンドレ・フィエスキ、ジェラール・ゲカン採録　4、5、6「ふたつの戦線の闘争をおこなう」（ジャン＝リュック・ゴダールとの対話）（以後「対話」と略）〈カイエ〉194号　六七年一〇月　7「恋多き女」（ルノワールのフィルモグラフィ解説）〈カイエ〉78号　五七年十二月　8「ハリウッドか死か」（フランク・タシュリン『底抜けのるかそるか』）〈カイエ〉73号　五七年七月　9「対話」前出　10「古典的デクパージュの擁護と顕揚」〈カイエ〉15号　五二年九月　11「曖昧な方法」（ジョルジュ・フランジュ『壁にぶつけた頭』）〈カイエ〉95号　五九年五月　12「道すがらのお遊び」（ヒッチコック『知りすぎていた男』）〈カイエ〉64号　五六年十一月　13「映画とその影」（ヒッチコック『間違えられた男』）〈カイエ〉72号　五七年六月　14「古典的デクパージュの擁護と顕揚」前出　15、16「ジャン＝リュック・ゴダールとのインタヴュー」（以後「インタヴュー」と略）〈カイエ〉138号　六二年十二月　「ヌーヴェル・ヴァーグ」特集号　ジャン・コレ、ミシェル・ドラエ、ジャン＝アンドレ・フィエスキ、アンドレ・S・ラバルト、ベルトラン・タヴェルニエ採録　17、18「ベルイマノラマ」〈カイエ〉85号　五八年七月　19、20「インタヴュー」前出　21、22「ベルイマノラマ」前出　23、24「映画とその影」前出　25「編集、この心ときめく気苦労」〈カイエ〉65号　五六年十二月　26「古典的デクパージュの擁護と顕揚」前出　27「J＝L・ゴダールがはじめて日本で語った彼の映画論」（座談会、司会＝小川徹）（以後「座談会」と略）〈映画芸術〉226号　六六年七月　28「いくつかの明白な不確定性について」（ミシェル・クルノーとの対談）（以後「対談と」略）美術雑誌〈ルヴュ・デステティク〉2〜3号　六七年　29「フレール・ジャック」〈カイエ〉106号　六〇年四月　30「恋多き女」前出　31「虚空への飛躍」（ジャック・ベッケル『モンパルナスの灯』）〈カイエ〉83号　五八年五月　32「第二」前出　33、34「インタヴュー」前出　35、36「第二」前出　37「インタヴュー」前出　38「ベルイマノラマ」前出　39「星の彼方に」（ニコラス・レイ『にがい勝利』58年）〈カイエ〉79号　六〇年一月　40「フレール・ジャック」前出　41「人妻」（『恋人のいる時間』64年）〈カイエ〉159号　六四年十月　42「第二」前出　43「インタヴュー」前出　44、45「第二」前出　46「インタヴュー」前出　47「第二」前出　48、49「インタヴュー」前出　50「女は女である」（同作品宣伝レコード中の言葉）　51「対話」前出　52、53「涙とスピードと」（ダグラス・サーク『愛する時と死する時』）〈カイエ〉94号　五九年四月　54「インタヴュー」前出　55「涙とスピードと」前出　56「第二」前出　57、58「インタヴュー」前出　59「映画の三〇〇〇時間」〈カイエ〉184号　六六年　60「インタヴュー」前出　61「ベルイマノラマ」前出　62「第二」前出　63「驚嘆に値する」（ジャン・ルーシュ『私は黒人』）〈アール〉713号　五九年三月十一日　64「女は女である」前出　65「対談」前出　66、67、68「インタヴュー」前出　69「座談会」前出　70「第二」前出　71、72「インタヴュー」前出　73、74「第二」前出　75「一本の映画にはなんでも投入すべきである」〈アヴァ

ン・セーヌ・デュ・シネマ〉70号　六七年五月　76「第二」前出　77「インタヴュー」前出
78「座談会」前出　79「インタヴュー」前出

『東風』まで

ゴダールは、いま、どこにいる

すべてがいたるところで険しい表情をまといつつ身をこわばらせ、あるいは曖昧な微笑のうちに力を失なってゆきながら、とにかく頽廃の淵へとゆきつくほかはない大がかりな歩みに歩調を合わせてしまっていた今日、たまたまジョン・フォードやフリッツ・ラングの高齢を生きる特権からは遠く、ジャン・ヴィゴに倣うにもすでに夭折する機会を逸してしまったゴダールにしてみれば、耳なれぬ呪文のようなものをあたりかまわず投げかけてゆくパゾリーニの厚顔ぶりに徹しきれるわけでもないし、と言って第三世界とやらに生まれたグラウベル・ローシャの便利な不在証明をも持ち合わせぬ以上、早すぎも遅すぎもせずに映画を識ってしまった者の栄光と悲惨とを一身に背負いながら、頽廃をおのれに拒絶する作業に専念しなければならない。

『勝手にしやがれ』以来、公然と開始されたゴダールの旺盛なフィルム体験は、したがって、自分が・・・・制度のうえで映画から気の遠くなるほど隔離された世界に生きながら、しかも映画の簒奪にみずから積極的に加担し続け、隔離の壁をますます堅固に築いてきてしまったという自己憧着を徐々に意識してゆく過程を痛ましく、そしてときには狂暴に刻みつけてゆくことでかろうじてその正当性を保ちうるものだった。映画を奪いつつ、しかも同時に映画を奪われた存在としてあるその漠たる自意識は、逡巡と遡行とを不断に繰り返しつつも、『東風』を通過して『イタリアにおける闘争』（七〇年）を撮りあげるにいたって、今日、つまり「十月革命以来五十年、アメリカ映画がいまだ全世界を支配している」この時期に、映画をおのれのものとしないことは、映画の独占と同質の悪であるというまぎれもない確信として、鮮明な言葉の輪郭を獲得したかにみえるのだ。つまり、無限の隔たりによって接触の道を断たれている対象から、まさしく無媒介的に犯されきっていた存在が、ようやくその不条理な浸触作用の磁力を自己の内面と外界に同時的なものとして捉え、その危険な力学構造の中枢部へと没入し、そこで受けとめる痛みそのものを作品として、批評として、また理論として、実践的な構築作業を通じて撮りあげようとするゴダールの姿が、『東風』において、かつてなく顕在化したのである。そこには、もはや創造や破壊の神話までが影を潜めた薄白い地平が平坦に拡がりだしているばかりで、映像とのみ親しく語りうる映像と、音響とのみ対話しうる音響とからなるフィルム断片が、その生産過程に参加したすべてのものと、さらにはわれわれ観客をも含めたいっさいの人間の想像力に隷属することのない自律的なフ

『東風』（ジャン＝リュック・ゴダール監督）

ォルムを誇示することになるのだが、言葉の真の意味での作品たるにふさわしい『東風』を、ひとびとは、華麗と呼ぶのでないとすれば、せいぜい壮絶なフィルムの殺戮劇と解し、ゴダールを映画への叛乱の首謀者のひとりにみたてて、一時の衝撃をかわしたつもりになりがちなのだ。

たとえば『東風』に作品の終焉を読み取るだけで自足するといったたぐいの批評の姿勢は、一連の視聴覚的イメージの完結した流れとして明らかに時間と空間の中におのれを閉じ籠めて生きる『東風』の、その材質的規定性にはあっさり目をつぶりいつもながらの精神主義から作家像の構築とやらを曖昧に志向しつつ、とどのつまりは真のフィルム体験を放棄した頽廃の上塗り作業でしかない。考えてみるまでもなく、無名の創造者集団に作家主体を埋没させ、タイトルからあらゆる人称性を抹殺し、特殊な上映組織を模索しつつ、一方で伝統的な劇的物語性を拒絶し、音響と映像の癒着を断ち切って、画面にささくれだった傷を刻みつけたぐらいで映画が破壊されつくされるものでないことは、あまりに明白なのである。

『東風』が、あるいは『イタリアにおける闘争』がつきつける衝撃は、徹底した映画の廃棄を志向するかにみえるそのあらゆる試みにもかかわらず、それらが材質として持つフィルムの時間的・空間的な有限性により、つまりは一定の上映時間を持ち、長方型のスクリーンに間違いなく上映されることで、明らかに自分を閉ざしているという作品の完結性ゆえなのである。だから、その告発の対象としてあるというアメリカ映画のイデオロギー昇華物たる西部劇のどのひとつとも物質的性格を異にするものでない以上、そのフォルムを生きることをおこたり、労働者もしくは第三世界への連帯、西欧社会の頽廃と諸矛盾、そしてそれを威圧するものとしての東風への期待といった叫びに共感することは、一篇のメロドラマに涙するのとなんら選ぶところのない非生産的なぐさみと言わねばならない。

『東風』は、作品としてのまぎれもない完結性によって、言い換えればフォルムそれ自体の自律性によってあらゆる連帯を拒絶し、かえって情念の流れの円環的閉鎖性を鋭利な刃物で断ち切りながら、俗にヨーロッパの合理思想と呼ばれる大がかりな精神のサボタージュによって失なわれていった科学する理性を回復せんとする試みである。その試みの一貫として、ゴダールは、われわれにとって映画とは何かという問いかけが含む疑似主体たる「われわれ」の空洞性を空虚なままに剔出しながら、改めて映画にとってわれわれは何なのかと設問しなおし、遺産として祖父たちから継承した映像と音響とを豊富に自分のものとしつつ、みずから映画たることへの志向をかつてなく鮮明に語りかけているのだ。

したがって、『東風』が生きることを強いたそれにくらべれば、圧倒的に貧弱な音響と映像しか所有していないわれわれにしてみれば、ジガ・ヴェルトフまでをもみずからの私有財産にしていたゴダールのうちに、かつて経験したことのない西欧の誇り高い挑戦を感じ取らねばならず、そこに、二十世紀のヨーロッパ精神が実現しえた稀有のブルジョワ的方法序説を読み取ることからはじめねばならないのだ。うすうすとは感じられていながら、いまここに明瞭となったものは、「第二、第三のヴェトナム」が、「第三世界」が、そして「東風」の概念までが、ゴダールにとっては、資本としての親譲りの財産を有効に回転させる円滑剤にほかならなかったという事実であり、彼についてはまだ充分に正当化しうるそのからくりも、まだその真のはじまりをも自分のものにしていない映画にすでに癒しがたく犯されているわれわれには、危険な罠としてしか作用していない。だから、現在のゴダールの、作品とは呼びがたくありながら圧倒的に作品たりえている無数のフィルム断片は、作者ゴダールの手のとどかない地点で、映画とは、自分の作品をも含めていまだに西欧ブルジョワジーの占有物であり、その映像も音響も、ことごとくフィルムの植民地的支配を完遂するものでしかないという裸の真理を、妥協のない苛酷さで語りはじめているのであり、したがってわれわれは、ゴダールその人が無意識に加担している差別と搾取の実態を、あますところなくあばきたててゆくことに、戦いの端緒を見出すべきなのだ。そのためにも、最も危険で有害なシネアスト・ゴダールが、誰を親として認め、そこからどんな資産を受け継ぎ、いかなる過程で自己を確立するにいたったかをふり返ってみなければならない。

兄たちとの語らい（短篇の時代）

シネマテーク・フランセーズの暗闇でゴダールが生まれ落ちたとする神話は、それなりの正統性を誇りうるものではあっても、しかしそこには映像と音響に犯されきったひとつの存在が核もなく揺れているばかりで、それがジャン＝リュックの人称性を獲得するにいたるのは、ひたすら受動的であったそのフィルム体験が、文章体験を通じて能動性をおび、みずからの傷の深さを言葉でまさぐりつつ、批評の筆を執りはじめた瞬間からであろう。そのとき彼は、体内を駆けめぐり筆先から噴出する血の濃淡を読みわけながら、両親の家系と兄弟の性格とを無意識のうちに感じ取り、世界における自分の位置を、裕福な映画の大家族の中に確かめえたのであるが、今日ほとんど接する機会もない『コンクリート作業』〔五四年〕と『コケティッシュな女』〔五五年〕を除く三つの短篇には、その兄弟たちとの語らいの思い出が色濃く影を落としている。

たまたま年齢的にその長兄のひとりにあたるジャック・リヴェットと言えば、集団的な意識の流れの錯綜する一点に反映する歪んだ個人のイメージに執着する呪われた作家として名高いが、その初期の短篇『王手飛車取り』〔五六年〕には典型的なブルジョワ・パーティーの場面があって、そこに「カイエ・デュ・シネマ」の批評家たちがそろって姿をみせている。つまりドニオル＝ヴァルクローズやトリュフォー、シャブロルといった顔ぶれが招待客を演じて派手に自己を主張しているのだが、しかしゴダールだけはいたって影が薄く、周囲に落ちつかない視線を投げるばかりなのだ。それでいて、ちっとも退屈したふうにみえないその表情は、いまから思えば、この恵まれた大家族の末っ子の位置をかなり象徴的に示していたと思えるのだが、そうしたゴダールの寡黙でしかも自分の役割を素直に受けいれている表情は、リヴェットの長篇第一作『パリはわれらのもの』〔五八年〕やロメールの『獅子座』〔六〇年〕の数カットからもうかがえるものだ。事実、ジャン＝リュックが、非商業的な商売の名手ピエール・ブロンベルジェから最初の短篇の演出をまかせられることになったとき、彼はいまひとりの長兄たるエリック・ロメールの脚本を譲り受けることで兄弟への忠実さを示すのだが、アンドレ・バザンとドニオル＝ヴァルクローズとともに「カイエ・デュ・シネマ」の編集長だったロメールは、人間生活の核でありながら、しかも不可能な存在たり続ける女性を徹底的に描写の対象として選び、リヴェットの『狂気の愛』〔六八年〕とともに六〇年代後半のフランス映画最大の収穫のひとつ『モードの家の一夜』〔六九年〕を撮りあげている、これまた呪われた作家のひとりなのだ。その彼の短篇時代に、「シャルロット」、「ヴェロニク」というふたりの少女を扱った連作があって、それを「教訓物語」の総題のもとにまとめているのだが、『男の子の名前はみんなパトリックっていうの』〔五七年〕は、このふたりの作中人物を一堂に集めたロメール自身の脚本を、アンヌ・コレットとニコール・ベルジェの主演俳優までそっくり受け継いで撮りあげたもので、カルチエ・ラタンのロケーションにゴダールらしいみずみずしさが認められるとはいえ、彼はまだ若い弟分の演出家の役割を素直に受けいれている。それに続く『シャルロットとジュール』〔五七年〕の脚本はゴダール自身の手になるもので、台詞の氾濫が画面を圧するという点で、すでに後年の彼を充分に予測させうる貴重な作品だが、やはり上記シリーズの一篇として作中人物のひとりをロメールの着想に負っていることには変わりがない。それが『水の話』〔五八年〕になると、ヘリコプターによる洪水風景の俯瞰に狂躁的な打楽器をかぶせ、それとのどかな道中記のナレーションとをそっけなく交錯させたりする手法が使われていて、持続切断への志向を鋭く感じさせて、すでにゴダール的なのだが、双生児の片われとも言えるフランソワ・トリュフォーが撮影を中断したフィルムとその残りをそっくり頂戴してこしらえあげた共同作品だという点で、作者ゴダールの才能はひたすら編集の領域に発揮されているにすぎない。

こうして、出発点そのものを一族の資産に負うところが大きいゴダールの初期短篇は、いずれもなんらかの曖昧さをその作品フォルムが引きずっているという意味で、題材や人物設定のきわだった違いにもかかわらず、ひとつの恒常性を示している。そしてその曖昧さは、『パトリック』にあっては、ジャン＝クロード・ブリアリによって演じられる青年の、時間的＝空間的な偽りの遍在性、つまりあらゆる男の子が同じひとつの名を持つという題名が含む矛盾のうちに、女たちからパトリックと呼ばれるたびに空洞化するその人称性として現われているし、また、決定的な一語が女によって発音される瞬間を永遠に引きのばそうとするかのように無益な饒舌をおのれに強いる『シャルロット』のベルモンドのように、語ることが危機の一時しのぎにすぎないことを知っていながら、その事実を受けいれまいとする不安定な意識の揺れに反映しているとも言えようし、さらには、米国製の自動車をたまたまヒッチ・ハイクでとめてしまっただけで、洪水地帯を横切るパリへの行程がそのままハンドルを握る色男の寝室に行きつくことを受けいれてしまう『水の話』のカロリーヌ・ディムの、あの憎めない微笑として現われてもいるものなのだ。そこに一貫して認められるものは、不決断の決断というか、おのれの現在を凝視しまいとする姿勢が余儀なく口にさせる無邪気な、あるいはせっぱつまった嘘のみが進路を示す精神の漂流なのであり、だから無限の不在証明を旅券として自己同一性を志向する不幸な旅人が、他愛ない作り話と、黒眼鏡と、帽子と、自動車とで周囲を武装しながら、みずからをあざむきつつおのれを求める行程のうちに、われわれは、ある種の感動とともに、ゴダールの原像というべきものを認めることになるのだ。

純粋な曖昧さとしてひとまず自己を確立したジャン＝リュックにとって、ということはつまり不確定性の衣をまとったまま映画の浸蝕から無意識におのれをまもっている彼にとって、真の生活がはじまるのは、やはり『勝手にしやがれ』の撮影を通じて、兄弟たちの資産と縁を切る瞬間からであるにすぎない。

父親の認知（『勝手にしやがれ』）

「カイエ・デュ・シネマ」のインタヴューのひとつで、フランソワ・トリュフォーは、ゴダールの作品には過去への言及がまったく認められず、両親や幼年期への追憶が顔をだしたためしがないと得意げに断定しているのだが、そのトリュフォー自身がシナリオを提供し、シャブロルが技術顧問として名をつらねている『勝手にしやがれ』ほど、作者ゴダールの血統証明への執拗な意志に貫かれた作品はほかに例をみない。そこには、秘かに兄弟たちを裏切ってまで家系の正統性を確証し、その嫡出子の位置におさまらんとする血のドラマが、虚偽の証言と真実の告白とをないまぜにしながら語られているのだが、すでにシャブロルがロメールと組んで一冊の書物を刊行することでヒッチコックを父と認定し、『大人は判ってくれない』〔五九年〕を撮りあげたトリュフォーがジャン・ヴィゴとの血縁を証明してしまっている以上、ゴダールもまたひとつの名前を、それも偉大な名前を必要としていたのである。多分に政策的なこうした本家争いがヌーヴェル・ヴァーグの運動を軌道に乗せる強力な推進力となってはいたし、またのちにはその限界を露呈せしめる役割をも演じてしまうことになるのだが、ゴダールの場合には、すでにハワード・ホークスを頂点に持つハリウッドの暗黒映画群が、『勝手にしやがれ』の源流のひとつとして神格化されてしまっている。

事実、彼自身が「カイエ・デュ・シネマ」のインタヴューで『暗黒街の顔役』〔三〇年〕に言及しているし、また『メイド・イン・ＵＳＡ』〔六六年〕の発想は『三つ数えろ』〔四六年〕から得たものだと明言している点からしても、ゴダールのフィルム体験の主要な部分をハワード・ホークスが占めていることは間違いなかろうし、それはハンフリー・ボガートの写真に見入るベルモンドの、あのおののきつつも惹きつけられる視線の動きからも充分にうかがい知ることができる。また、ホークスに劣らず重要な存在として、ちょうどロメールからアンヌ・コレットを借り受けたように、ジーン・セバーグのアメリカ娘を譲り受けているオットー・プレミンジャーの名前をも忘れてはなるまいが、これは『悲しみよこんにちは』の作者がプロデューサーとなって、ニューヨークを舞台にしたアメリカ版の『勝手にしやがれ』をゴダールに撮らせようとして実現しなかった挿話によって、伝説としてもかなり信憑性をおびてくる。

こうして形成されたゴダールにおけるアメリカ映画神話は、『東風』にいたるまであきることなく語り継がれることになったのだが、ここで見落としてならないのは、ホークスは親としてはあまりに偉大すぎて近寄りがたかったし、プレミンジャーはその後のみじめな零落ぶりによって親たるに値しない存在となり果てたことで、ゴダールが新大陸における親さがしに結局はじめから失敗しているという点なのだ。彼の思惑にもかかわらず、ホークスもプレミンジャーも、『勝手にしやがれ』をその一族に迎え入れようとはしてくれず、というよりむしろゴダールのほうが、ホークスの透明さと『勝手にしやがれ』の混濁ぶりとを引きくらべながら、自分をだましてその家系争いに割って入ることの居心地の悪さを素直に認めて引きさがってしまったのである。ヒッチコックから出発したシャブロルが、今日『肉屋』〔六七年〕、『不貞の女』〔六八年〕などの傑作で完全にヒッチコックを超えながら、なおもその教えに忠実にひとつの道をたどり続けているのに比較して、ゴダールの混沌とした性急さは、『暗黒街の顔役』のホークスにみられる落ちつきはらった語り口と技法的な完成度とを、積極的に排除する方向へと進まざるをえないのはあまりに明白であった。だから、彼自身もことあるごとに表明し、またわれわれもつい信じてしまうそのアメリカ映画への執着が、じつは意識的な迂回、あるいは偽の血統証明への試みではなかったかと思われさえするのだ。

あくまで親を求め、その権威を借りて世間を渡りながら、どこかで自分をその名にふさわしからぬ存在に仕立てあげてゆこうとするこうした反抗の姿勢は、まがいものの自立意識としてのきわめてブルジョワ的な精神構造だと言えようが、『勝手にしやがれ』のベルモンドが肉親についてふと口にする矛盾に充ちた言葉のかずかずは、その場限りの言い逃れと曖昧な証言に充ちていながら、ゴダールについてのなんらかの真実を告げているかのごとき一貫性を失なっていない。ミシェル・ポワカールと人から呼ばれながら、ラズロ・コバクスのパスポートを持ち、パリを故郷のような顔で闊歩しながらスイス言葉を何げなく洩らし、父親はクラリネットの名手で、弟が生まれたときには母親はすでに離婚しており、カウンターでビール一杯払えないくせに、祖父はロールス・ロイスを乗りまわしていたといった言葉を綴り合わせてゆくと、パリに生まれたスイス人でありながら、少年時代に母を失ない、兵役を逃れるためにふたつの国籍を巧みに操り、詩人ヴァレリーの秘書として世間的にもちょっと名の通ったスイスの銀行家ジュリアン・モノを祖父に持ち、その紹介で詩人ジャン・シュランベルジェの家に下宿人として入り込み、詩人の貴重な蔵書をかすめとっては売り払ってホークスの活劇を見て歩いたというゴダールの姿が、かなり鮮明な輪郭で浮きあがってくる。こうした伝記的な事実の詮索は、豊かに混乱しきった『勝手にしやがれ』のフォルム解読にはまったく力を持たないが、ゴダールの長篇第一作がいかに自分の家系への言及に充ち充ちているかの証拠がためとしては意味を持ちうるものであろう。

他者への距離(『女は女である』以後)

兄弟たちとの語らいを通じてひとつの曖昧さとしておのれの姿勢を確かめ、親を認知せんとする意識のうちに恵まれた末っ子としての自分からの脱却をはかりながら、再び新たな二律背反の中に身を埋めたまま、世間からはジャン＝リュック・ゴダールとしての自律的な人格をまとわされることになった『勝手にしやがれ』以後のゴダールは、うつろな内面をひとつの充実として生きることを強いられながら、進むべき道も知らぬままに世界へと踏みだしてゆかねばならない。兄でもなく父でもない他者たちの充満した空間には、もはや自分にわずかなりとも支柱を提供する親しげな作品ばかりではなく、むしろ非人称的な映画一般が揺れているのだが、そのときゴダールははじめて世界との接触を持ち、親兄弟の助力なしに映画の所有を目指さざるをえない状況にいる自分を発見するのである。所有の対象は、まず『女は女である』〔六一年〕の女、つまり異性として姿をみせるのだが、妻と恋人のあいだを捉えがたく身をかわしてゆくアンナ・カリーナの前でのその苛立ちは、当然のことながら『小さな兵隊』〔六〇年〕における不可能な殺人のテーマへと狂暴に発展せざるをえない。ひとりの女性との性的な関係が描く不確かな軌跡は、ひとりの男を殺すべき精神と肉体との逡巡する歩みとともに、ありうべからざる所有への無力感と抑えがたい欲求とをあからさまに刻みつけることになるのだが、時ならぬ成功のあとに続くこの二作は、前者は興行的な失敗により、また後者は政府の上映禁止処分により、他者との接触の困難さをゴダールの内面で一挙に重層化させてゆく。その困難さを避ける唯一の道は、『新・七つの大罪』〔六一年〕中の一篇『怠惰の罪』の場合のように、他者に注ぐ視線からいっさいの興味を抹殺するか、『ロゴパグ』〔六二年〕におさめられた『新世界』の場合のごとく、外界を狂気と見做して、これとの関係を断つか、『カラビニエ』〔六三年〕におけるがごとく絵葉書で所有の幻想を満足させるしかないのだが、それでもゴダールの存在は、あてどもない滑走を続けねばならない。そのとき、ゴダールは、ハリウッドが開拓したジャンルとしてのミュージカルと、スパイ活劇と、戦争映画とを恰好な隠れみのとして身にまとい、これを内面から突き崩しながらも、かえってアメリカ映画から蒙った手痛い傷口をますますさらけだしてゆき、やがては、『女と男のいる舗道』〔六二年〕にはじまる一時期の売春のテーマ、つまりはおのれを売り渡すことで代償をうる行為をあらゆる面から追及する作品群のうちに、所有のテーマの持つ冒険の精神を閉じ込めてゆくことになるだろう。まぎれもない他者の顕在化たる女性を殺人の対象に選ぶことで自己崩壊を招く『気狂いピエロ』の壮麗な挫折へとゆきつくまで、ゴダールは、作品ごとに、映画を求めつつ映画を逃れようとする矛盾に充ちた行程を、いわば目をつぶって疾走してみせることになるのだが、それでも馴れ合いの目くばせだけはあたりに投げかけていたので、ついわれわれも、破滅と境を接した地点をさ迷いながら、その視線を快く受けとめたりしてしまったのだろう。

引用から黒の画面へ

今日のゴダールが変貌を生きつつあるものだとするなら、それは彼が、もはや映画を求めつつ逃れようとする曖昧さとは縁を切り、みずから映画であることを敢然と志向し、同時に映画たることの悪のいっさいを自分が受けいれようとする決意そのものを作品化する作業に没頭している姿そのもののうちに認められるべきものだろう。映画は、あらゆる瞬間において目に触れるものとしてはなかったし、また今後もわれわれの瞳にその姿をさらすことを拒み、まさしくその不可視性によってわれわれを犯し続けてゆき、だから、短くはあっても、すでに充分な質と量を誇りうるその歴史は、われわれの背後に豊かな財産として堆積された不動の山ではなく、かえって現在に注ぐ視線を盲目にする危険な光源としてしか感知しえず、見る者の精神と肉体をゆるやかにむしばみ、生への執着を徐々に風化させ、明日への意志を沮喪させるものでしかないという事実を、ゴダールが、みずから映画から蒙った傷の痛みを介して意識するにいたったがゆえに、人ははじめて変貌を口にしうるのである。映画を見ることが自分を映画に譲り渡すことにほかならず、今日のわれわれはそうした余裕がいささかも残されていないことを彼は誰よりも先に自覚し、その事実をわれわれにうったえようとしながら、その言葉の真実に目覚めつつもなおわれわれが、そして彼自身までが映画との曖昧な関係を断ち切れまいという矛盾が、彼の目に避けがたい現実として映っているからにほかならない。

『イタリアにおける闘争』のあの黒の画面、あれは黒の画面であって単に黒い画面ではないのだが、あの黒がゴダールのフィルムで黒さを獲得するにいたったのは『たのしい知識（楽しい科学）』（六八年）からのことであり、そこで明らかにされることは、これまでの作品に充満していた無数の過去のフィルム断片の引用が、ついに飽和状態に達し、無数の色彩の撹拌がかたちづくる無彩色の充実しきった姿を獲得するにいたった豊かな黒であり、廃棄、拒絶、破壊の概念が想起させる黒とは異質なものだという点である。『たのしい知識（楽しい科学）』の終わり近く、「帝国主義的映画」のナレーションとともにジョン・フォードの顔が挿入される画面があって、フォードは例によって黒の野球帽をななめにかぶっているのだが、その姿が無造作な十字によって消される瞬間ほど、彼自身にとって、われわれにとって、また映画にとって感動的な瞬間はなかったと思う。『イタリアにおける闘争』の黒の画面は、その老年が苦しげに生み落としてゆく一作一作が彼にあれほどの感銘をもたらしたジョン・フォードの写真に、ゴダールがみずからの手でマジック・インキを走らせた瞬間から拡がりだしているものであり、そうした意味からすれば、すでに『東風』の全篇がそれと同質の感動を引きずっていたはずであり、だから、ゴダールのいささか上ずった思惑どおり、「苦痛だ」といった反応で身をこわばらせたりするひとびとは、まだまだ映画の未来を楽天的に信じ込んでいるべきだろう。

黒から輝きへ

たしかゴダール自身もどこかで口にしているとおり、あらゆるフィルム体験の根底には何かしら楽天的なものが漂っていて、だからいかなる衝撃とともに例の黒の画面を受けとめようと、それが衝撃本来の現在時を維持しつつ存在の深みへと沈下してゆくより先に、ゴダールの個人的体験史が顔を現わし、矛盾や混乱とみえたもろもろの畸型性の周辺に薄い調和の皮膜を張りめぐらせながら、すべてを秩序と統合の因果律に吸い込んでいってしまう。そんなとき、なぜ撮り、なぜ見つめるかの問いかけは、相も変わらぬ日常的な時間と空間の連鎖のうちに、たかだか本源的なと呼ばれる程度の小波瀾を惹起せしめるだけで消滅し、それ自身が映画たるべき瞬間をついに持とうとはしない。したがって、仮りにこの胡散臭さくはあっても否認しがたい楽天性を受けいれ、あの黒の画面を見てしまっている自分を承認せざるをえないとするなら、すべからく体験史的視点を放棄し、作家たるゴダール像との曖昧な癒着を断ち切るべきなのだ。すなわち、いま見ているものから視線を逸らし、その起源と思われるものへの模索に旅立つふりを装いながら、ありもしないゴダールの変貌を正当化しようとしたり、あるいは作品から作品へとその作家的成長を跡づけ、そこに浮かびあがるもろもろの断絶からその精神の混乱ぶりを揶揄したりすることで頽廃への道をたどることなく、ゴダールの生存がもたらしたあらゆる映像と音響とを同一の地平に捉え、たがいに招きつつ排斥し合う意味作用の磁場へとみずからを置き、初期の短篇から『イタリアにおける闘争』にいたる作品群がせめぎ合って重層化させる否認と肯定の同時的現前化そのものとして黒の画面を受けとめるべきなのだ。それは、「シネマテーク・フランセーズ」の暗闇であり、「カイエ・デュ・シネマ」のエクリチュールであり、『勝手にしやがれ』が生み落とした「ヌーヴェル・ヴァーグ」の虚構であり、ハワード・ホークスが神話化した「ハリウッド映画」であり、さらにはそうしたものの大がかりな撹拌運動に巻き込まれつつも核たる自分を執拗にまもり続け、ついにはそこに鮮烈なフォルムを現出せしめた強靭なブルジョワ的個体たるゴダールの、誇り高い自己顕示の姿なのだ。だから、われわれがいまだに手にしえないでいる映画の純粋に西欧的な独占の至上形態をこそそこに読み取るべきであり、間違ってもその自己批判だなどと解してはならないはずのものである。

それゆえ、あの黒の画面を共有する権利も義務もないわれわれとしては、視線が無理にも触知せざるをえない画面から黒さという黒さを奪い取って、そこに色彩と輝きと、透明さと、鮮明な輪郭とを回復することに専念しなければなるまい。明らかに有限なものとしてありながら永遠に引きのばされてゆくとしか思われないわれわれのフィルム体験は、黒をも含めたあらゆるもの音と姿かたちとを、生まれ落ちたその一点でたちどころに無効にしながら、ある日、ある瞬間、不意のきっかけから、われわれが映画を撮り、そして見ることを放棄することになりはしまいかといった予感をどこまでも引きずってゆく。そしていかなる未来への展望もがその一点を正確に把握させてはくれない映画の終焉が、撮ることと見ることの廃棄からくる怠惰な沈黙に支配されてはおらず、むしろ充実した音響と映像によってみずからを支えているであろうことを、立ちどまる暇もなく確かめてゆく歩みばかりが、われわれの視線を支える唯一の基盤となるはずだ。そんなとき、ひとつの変貌を生きたという『イタリアにおける闘争』のゴダールは、すでにその無数の作品群が衝突してはひとつに溶け合い、そして不意に身を離しては遠ざかるフォルムの海に姿を没し去り、何も語ってはいないがゆえにすべてを言いきることの可能な饒舌な沈黙を生きながら、映画それ自身と化しているだろう。

『万事快調』または映画による映画の空洞化

『万事快調』（ジャン=リュック・ゴダール監督）

『勝手にしやがれ』から『ブリティッシュ・サウンズ』（六九年）あたりにいたるゴダール的フィルム体験の歩みは、存在とそれを蔽い隠す衣服との曖昧な癒着を断たんとする苛立たしい試みの誠実な記録であり、必然的にコスチューム・プレイたらざるをえない性質をおびていた。ソフト帽、黒眼鏡、原色のセーターやシャツ、メーク・アップの顔料をはじめ、白壁のアパートや自動車までが、存在を隠蔽し同時に顕示しもする衣裳として機能していた点については別の機会に触れたことがあるが、『ワン・プラス・ワン』（六八年）以来四年ぶりに撮りあげた高度に商業的な劇場映画『万事快調』（ジャン＝ピエール・ゴランとの共同監督）にあっては、衣裳との二律背反を精算したあとのゴダール的存在が、より開かれた環境としての装置と新たな関係をとり結ぶことによって、映画による映画の空洞化の試みをおし進めている。

口実としての物語は、失業中のシネアスト（クロース・アップがすくないとごねたというイヴ・モンタン）とアメリカのジャーナリスト（ジェーン・フォンダ）との夫婦が自主管理中の食品工場に軟禁され、それを契機に状況の諸矛盾への認識を深化させるというものだから、図式的に言えば、『イタリアにおける闘争』をスクリーンとして『軽蔑』〔六三年〕と『カラビニエ』〔六二年〕を同時に上映したものだと思えば間違いない。

ここでは街頭での生なましいできごとは遠ざかり、すべてが巨大な工場のセットの中で展開され、しかも、例によって正面から捉えられた告白の長台詞も、それを口にする役者が意識してそれらしくふるまわないので、ことごとく贋の言葉に聞こえる。真実をあえて歪曲し、積極的な失望を生産せんとするそうしたゴダールの新戦略が、見る者から嘘の真実と戯れる特権をも奪ってしまうので、発表直後のフランスで、素直に失望した批評家が本気で腹を立てているさまは滑稽というほかはなかった。

積極的な失望とは、フィルム的エクリチュールの偽りの有効性を宙吊りにすることである。だから、大がかりな工場セットの壁をゴダールが一挙に取り払い、社長室から工場現場までの孤立した空間を二流の芝居の装置さながらあばいてみせたりすると、ジェリー・ルイスがやったほどには効果があがっていないとしたり顔につぶやく有効性論者が現われるのだ。

スーパー・マーケットでの学生と機動隊との乱闘を撮るにあたって、ゴダールはやはり『イントレランス』の向こうをはるような途方もないセットの組み立てをやるのだが、いつ果てるとも知れぬまま左右に移動し続けるカメラが捉えるものは、いかにもエキストラ然とした男女のいっこうに気乗りのしない買物姿ばかりであって、フランス共産党新綱領ポケット版の大バーゲンが学生にやっつけられたり、善良な市民が商品略奪者に変貌したり、最後に登場する機動隊が申し訳程度の混乱を引き起こしはするものの、このむやみと長い移動撮影が捉える画面のあらゆる要素は、失望の生産にしか有効でなく、だからここでは、大がかりなセット技法が、観客の期待をはぐらかすものとして機能しているのである。

だが、この雄大な、贅沢すぎる「失望」のファルスは、稚戯にひとしい非生産的ないたずらとして批評家から完全に抹殺され、ゴダールに偽りの「期待」のドラマを求めたひとびとからも否定的な反応で受けとめられた結果、作者ゴダールを新たな経済的矛盾へと追いやることになってしまった。これは彼が、一方でフランス・ブルジョワジーを徹底的に軽蔑しながら、ある一点でつい信用してしまった弱みを暴露するものだろう。頽廃の連鎖反応は、ゴダールの想像をはるかに超えた地点にまで波及してしまっているのである。

ゴダール　あるいは偉大なる単純さの自由

一方に撮ろうとする選ばれた意志がありいま一方に見ようとするありきたりな欲望があり、この選ばれてあることとありきたりなこととを隔てる境界線はもとはといえばごくいかがわしいものなのだが、ともに性急であったり稀薄だったりもするその意志と欲望とのほぼ中間地点に、両者の遭遇を統御するもろもろの制度的な装置がしつらえられていて、そこで意志と欲望とがとり交わす微笑は決して無媒介的な自由を享受しているわけでもないのに、あたかも完璧なる自由としてその遭遇が成就しているかのごとき錯覚をその装置は蔓延させているわけで、だから観客はたとえばゴダールの『勝手にしやがれ』が面白かったとか退屈であるとか、いずれにしてもおのれの知だの感性だのがつぶやく言葉に従って一篇の映画との距離を計測したつもりになりがちなのだが、たしかに個人的な体験にちがいなかろうそうした興奮なり失望なりが、じつは選ばれた意志とありきたりな欲望との快い遭遇を証拠だてるというより、その遭遇を組織した媒介としての映画という制度に深く犯されたことからくる不自由の確認にほかならぬという事実に人はいたって無自覚であり、しかもこの無自覚を隠蔽しつつ、かえってそれが知と感性の自由を保証するのだといった幻想をあたりに波及させるものこそが制度なのだが、自由と不自由とを錯覚させるこの制度が選ばれた意志とありきたりな欲望といういかがわしい二領域を決定的にわけ隔て、あちら側に作家がいてこちら側に観客がいるといった、じつはなんの正当な根拠もないとりあえずの対立を絶対化することで制度の機能ぶりを円滑化させてしまうのだが、そんな視点の曖昧な共有ぶりに向けて、ゴダールの『万事快調』が、いま、境界線の虚構を嘲笑する荒唐無稽な反＝記号としてたちはだかる。

『万事快調』という一篇のフィルムは、それが仮りにジガ・ヴェルトフ集団の匿名的主体から身を引き離したゴダール＝ゴラン作品として映画的制度の諸領域を流通しているにしても、撮ろうとする意志と見ようとする欲望とが、選ばれてあることとありきたりなこととを妥協せしめる虚構の結節点で、遭遇することを可能にする媒介として自分を提示することを頑迷に拒みながら、『東風』のように誇り高く映画に背を向けるというより、むしろ積極的に映画を模倣する不実なるフィルム断片としておのれを曖昧に宙に吊ってしまうので、映画に酷似しながらも巧妙に映画たる資格を欠落させた何ものかという文字通りいかがわしい資格を顕示しながら、制度的な不自由がそれを日常的ないとなみだと確信している意志と欲望との遭遇の場そのものを戸惑わせるとりとめのなさを身にまとい、したがって、『勝手にしやがれ』が面白かったり退屈だったりするようには面白くも退屈でもないこの『万事快調』は、ついに意志と欲望とをともに触れ合わしめることなく、観客ひとりひとりの知と感性をそっくり機能停止へと追いやり、そのことで作者としてかかげられたゴダール＝ゴランという記号までをも、その記号が記号として交換されてゆく過程で、その交換を円滑ならしめていたもろもろの制度的な神話を崩壊へと導き、作者なるものが一篇のフィルムにとってはあくまでとりあえずのものにすぎず、とりあえず選ばれた者の撮らんとする意志そのものが、見ようとするありきたりな欲望とほとんど瓜ふたつのいかがわしい凡庸さを意図的にまとうにいたるという意味で、これは、観客の期待に向けて投げだされた作品というよりは、制度としての映画そのものに仕掛けられた反＝装置というべきものであるが、ただし「反」と言っても映画にさからう磁力などこれっぽっちも放射させず、むしろ映画とのあからさまな類似を誇張するがゆえに映画と重なり合うことのない装置なのであって、だから制度としての映画が意志と欲望との遭遇をなおも組織せんとするなら、その遭遇への期待をはぐらかすことのみが唯一の機能にほかならぬ壮大なストライキとして、つまりは途方もない失望の生産装置として映画を意気沮喪させることになるだろう。

映画を積極的に模倣するという倒錯的戦略によって大がかりな失望を組織するストライキとしてのフィルム断片、それは当然のことながら面白くもなければ退屈でもなく、ひたすらその戦略の有効性によって評価さるべき作品と言えようが、ここでいう有効性とは、もちろん、とりあえずの物語としてとりあえずの役者たちによって演じられているストライキの情景を媒介として、人をそれに類似した立場へと誘いうるか否かという煽動性にあるわけではなく、ありきたりなものとしてある見る欲望が現にいま進行しつつあるストライキが生産する大がかりな失望を無媒介的に体験しうるか否かにかかっているのであり、しかもその失望の体験は、『気狂いピエロ』や『中国女』といったかつてのゴダールの作品と比較して『万事快調』が面白さにおいて劣るといった相対的な失望ではなく、旧作の面白さや退屈さそのものがそこに吸い込まれてゆく絶対的な負の陥没点として比較そのものを廃棄すべきものでなければならず、おそらくこうした過激なストライキ的資質によって、『万事快調』は、ゴダールの作品体系にとどまらずおそらくいわゆる映画なるもの一般を、たとえばわれわれがジョン・フォードを美しいと断じ、小津安二郎を残酷だと断じ、ジャン・ルノワールを卑猥だと断じ、あの映画がちょっと面白いとかこの作品がなかなか楽しいとか言ってきたそんな断定のいっさいを、そっくりとりあえずの断定として宙に吊らざるをえないようなかたちで、つまりはそうつぶやくことでじつは映画に犯されてある制度的不自由を告白したにすぎないと改めて断定せざるをえないようなかたちで包括することにもなる途方もないフィルム断片だというべきである。だから『万事快調』は、それが映画の一部なのではなく、映画が『万事快調』の一部をなしていると考えるべきなのだ。

戦略的に映画を模倣することで映画の限界を超えて溢れだすこの不実なるフィルム断片をいま仮りに映画と呼ぶなら、『万事快調』は、あらゆる比喩をしりぞけながら文字通り大いなる映画、語のもっとも正確なる意味で偉大なる映画として視界を覆いつくしているのだが、その失望への資質においてで比較を欠いたこの大いなる映画は、しかし、というかむしろもちろんとすべきだろうが、語の厳密な意味においていかにもせせこましく、また薄っぺらであり事実ここでのあらゆるものは、人物も装置もそれがあらかじめおさまるべき輪郭よりもはるかに小柄に見え、また単に小柄なばかりでなく貧弱で本当らしさを欠いており、実際、イヴ・モンタンやジェーン・フォンダといった国際的な大スターがこれほどみすぼらしいイメージにおさまったことはかつてなかったし、またストライキ中の工場がこれほど緊迫感を欠いた舞台として描かれたためしもなかったと思うが、闘争中の労働者がこれぐらい挑発とか煽動とかとは遠い弛緩した身振りを演じたこともなかったのであって、だから多くの人が、『万事快調』をゴダールの悪い冗談だとつぶやいてやりすごそうとするとき、まさにその瞬間に、これは超えがたい偉大なるフィルム的相貌を顕示することになるのであり、それというのも、見ようとするありきたりな欲望とは、撮ろうとする選ばれた意志から、きまって輪郭を超えて溢れでるイメージを期待しつつそれがかなえられたときに遭遇が成就したと錯覚するものだが、ここでの人物や装置はあらかじめそれがおさまるべき輪郭など与えられてはおらず、したがって欲望はついに溢れでる瞬間を持ちえずに堂々めぐりを演ずるほかはなく、したがって現実と虚構とが曖昧に折り合いをつける契機となるものはついに見当らないし、そもそも現実と虚構という二元論そのものが撮ろうとする意志と見ようとする欲望のそれと同様にどこまでもいかがわしい境界線に支えられていたということが明らかになるのだが、いったんその境界線が崩壊してしまうと、あとはもう、映画を模倣する映画ならざる何ものかは、映画そのものに対して宇宙さながらに膨脹してとどまるところを知らない。

あらかじめ想定された輪郭を超えんとする欲望を組織する制度が知と感性とを凡庸化させるとするなら、宇宙に向かって無限膨脹することでころあいの輪郭を思考から放逐することで意志と欲望との遭遇を永遠に無効にする資質を単純化のそれと呼びうると思うが、偉大なる映画としての『万事快調』はまた単純なる映画でもあり、この偉大なる単純さにおいて『万事快調』は制度の相対的不自由を絶対的な自由に向けて解放し、しかもその解放をいたって無責任に、つまりは教育的な意図や有効性などを自分に禁じながらますます映画との類似を演じ続けるわけだが、その結果としてこのフィルムの表層はどこまでも透明となって、人はそこで何かの影を認めたりすることが嘘のように思えてくるのだが、じつはゴダールはこうした試みをすでに一度行なっていて、それは『カラビニエ』でほとんど成功しかけながら最後の一点で失敗したものであり、事実、『カラビニエ』もまた凡庸化を避けつつ単純化を目指した作品であるがゆえに奇妙に居心地の悪い小規模な失望を生産しえたと言えると思うが、『カラビニエ』にあっては凝縮へと向かった単純化がここでは稀薄化に向かっているという点が重要なのであり、撮ろうとする意志が挿話の一貫性を堅持することでかろうじて映画であってしまった前者の例にくらべて、『万事快調』の場合はそれを断片化し細分化して散布しながら、意志と欲望との集中化をみずからに禁じているという現実が、ほとんど無媒介的な自由の体験として触知しうる水準にまで達しているので、これは偉大にしてかつ単純なる自由な映画と呼びうるものだと思うが、その自由は、たとえば映画館では人は瞳をこらして画面と向かい合わねばならぬという制度的不自由から人を解放するものでもあって、『万事快調』とは、おそらく目をつむったままで見ることができる世界でたったひとつの映画だとさえ断定しうるのであり、それはなにも台詞を聞いていさえすればすべてが了解しうるということではなく、ここでは、映像と音響とが律儀に対応し合って知と感性に快い遭遇の錯覚を駆り立てることのない断片として、ひたすら偏在しつつそのつど映画というよりは映像＝音響そのものに酷似しているので、だから欲望は、目をつむったり耳をふさいだり、あるいはときには席をたったりする自由をも保証され、だから、一篇の映画をはじめから終わりまで律儀に見たりする必要はないというこの自由こそが映画自身に仕掛けられた失望装置なのだが、この装置の生なましい存在感こそを人は『万事快調』によって触知しなければならない。

あとがき

旧版あとがき

ここに『シネマの記憶装置』としてまとめられた言葉たちは、過去一〇年ほどの間に、折りにふれて書かれた時評ふうの文章から選ばれたものである。それぞれの時代にそくした苛立ちだの戸惑いなどが、そのつど媒介なしに言葉を支えているという点で、映画をめぐる前著『映画の神話学』や『映像の詩学』とは性格を異にしている。作家論、作品論、映画論というよりは、映画的感性の動揺がそのまま文章へと移行したといった印象が強い。冒頭に据えられた「シネマの記憶装置」は、そのつどひと息で書きあげた文章を改めてひとつに融合させたものだが、こんなものを気の利いたジョークとして誇るつもりはもちろんない。ヒッチコックの『ロープ』とまではゆかぬとも、せめてジャン・ルーシュの『北駅』ぐらいには言葉で迫りたいという映画への嫉妬が、こんなかたちになったまでのことだ。まさかと思うが、こうしたことに積極的な意味があるとでも誤解されかねぬので、そのことは明らかにしておきたい。これは、映画に対する言葉の敗北のささやかな記念碑以外の何ものでもない。映画は必ず勝利するのだ。言葉はいうに及ばず、映画自身に対しても映画は勝利する。それが映画と呼ばれる記憶装置の宿命である。その宿命を容認することは甘美であると同時に苛酷でもある体験を構成する。この書物は、その甘美なる苛酷さのごく単調な報告書というべきものだ。
そうした性格を担った言葉たちは、必ずしも映画雑誌とは限らないきわめて雑多な新聞・雑誌をとりあえずの発表の舞台として持つことになった。それを列挙することはさしひかえるが、その機会を提供された編集者のかたがたには、ここで遅ればせの感謝の気持を捧げたいと思う。とりわけ冒頭の「シネマの記憶装置」のもとになった文章を定期的に掲載された「話の特集」の鈴木隆氏は、この改行のないひと息の長文を印刷することの技術的な煩雑さと、当然予想される読者からの悪意ある反応にもかかわらず、そのつど著者の試みを支援して下さった。その鈴木氏へと向けられる感謝の念は、また、フィルムアート社の奈良義巳氏、そして編集を担当された同社の小林清恵、稲川方人の両氏にも捧げられねばならない。さらにはまた、この企画の影のプロデューサーともいうべき若い友人の菅秀実氏にもこの気持は捧げられなければなるまい。菅氏はほぼ一年以上にも渡って、現在にあっての書物を作ることの困難を身をもって生き、その困難を実践的に解消するという貴重な役割を演じてこられた。だからこの書物は理解ある多くの友人・知人の協力によって可能となった映画をめぐる前二著にもまして、幸福の書物だと言うことができる。ゴダールも言っていることだが、映画には、どこか人を楽天的にするところがあるのかもしれない。この楽天性を戦略的に活用しなければならない。それがまた、映画と戯れることの倒錯的な戦略ともなってくれよう。だからこそ、ここで改めてこれは幸福の書物だと断言しなければならない。

著者

『シネマの記憶装置』
新装版あとがき

「雑」というのがこの書物の特徴である。実際、「雑駁」、「粗雑」などの「雑」にあたるものが、ここに書かれている言葉を律している。しいていうなら「複雑」の「雑」だといえば理解していただけるかと思うが、この書物には、多くのことがらが、これという秩序にしたがうことなく、「雑然」と列記されている。いま読み直してみて、ここに書いておいてよかったと思えるのは、鈴木則文についての短い文章である。彼こそ、映画が純粋さとは異質の「雑然」たる何ものかであることを、身をもって示してくれた貴重な映画作家だったのである。こまかな加筆訂正がその「雑」さを損ないはしまいかという思いから、ごく限定的なものにとどめた。だが、二十一世紀の読者は、すすんで「雑」と戯れる心の用意を持ちあわせているのだろうか。

二〇一八年十月三日　著者

蓮實重彥（はすみ・しげひこ）

1936年生まれ。1997年から2001年まで東京大学第26代総長。主な著書に、『反＝日本語論』（筑摩書房／読売文学賞受賞）、『凡庸な芸術家の肖像 マクシム・デュ・カン論』（青土社／芸術選奨文部大臣賞受賞）、『監督 小津安二郎』（筑摩書房／仏訳 映画書翻訳最高賞）、『「赤」の誘惑──フィクション論序説』『随想』（以上、新潮社）、『「ボヴァリー夫人」論』（筑摩書房）、『伯爵夫人』（新潮社／三島賞受賞）、『陥没地帯／オペラ・オペラシオネル』（河出書房新社）、『〈淫靡さ〉について』（工藤庸子との共著／羽鳥書店）など多数。1999年、芸術文化コマンドゥール勲章受賞。

シネマの記憶装置［新装第2版］

1979年5月15日　初版発行
2018年10月25日　新装第2版第1刷

著者　蓮實重彥

装幀　名久井直子
本文組版　宮一紀

発行者　上原哲郎
発行所　株式会社フィルムアート社
〒150-0022 東京都渋谷区恵比寿南1-20-6 第21荒井ビル
Tel. 03-5725-2001　Fax. 03-5725-2626
http://filmart.co.jp

印刷・製本　シナノ印刷株式会社

ISBN978-4-8459-1811-9　C0074